최강의 일머리

능력을 두 배로 인정받는

최강의 일머리

레일 라운즈 지음
김나연 옮김

TORNADO
토네이도

압도적 성과를 내는
사람들의 비밀

분명 어떤 이들은 성공할 수 있는 모든 자질을 다 갖추고 있다. 회사 사람들 모두가 그를 인정한다. 이런 사람들은 쉽게 동료를 친구로 만들고, 상사를 자신의 든든한 지원자로 만들며, 유망 거래처의 신임을 얻는다. 그뿐일까. 좋은 특혜와 임금 인상 그리고 승진까지도 매우 쉽게 거머쥔다. 이런 사람은 회사 모든 이의 존경을 한 몸에 받으며 우리가 오를 수 있는 가장 높은 자리까지 단숨에 올라선다. 대체 이들의 성공비결이 무엇일까?

어쩌면 이 글을 읽고 있는 당신은 지금껏 그런 행운을 한 번도 누려본 적이 없을지도 모르겠다. 하지만 대부분의 사람이 그러하니 너무 심란해하지는 말자. 어쩌면 당신도 끊임없이 갈구고 비난을 일삼는 상사를 모시고 있을지도 모르겠다.

당신의 직장에는 분명 다음과 같은 사람이 한둘은 존재할 것이다. 가십을 일삼거나, 사소한 일로 괴롭히거나, 뒤통수를 쳐서 신경을 계속해서 긁어대는 동료들 말이다. 당신의 머리채를 잡아 쥐고 하루 종일 흔들어대거나, 반대로 당신이 머리채를 잡아 뜯어버리고 싶은 부하직원이 있을 수도 있다! 어디 그뿐이랴, 당신이 상대해야 하는 고객 중에는 사소한 것까지 트집 잡는 사람도 있고, 뭐든 아는 척을 해야 직성이 풀리는 사람도 있으며, 도무지 만족하는 법을 모르는 사람도 있다. 이런 고객들을 상대하고 있으면 숨이 턱턱 막혀온다.

어릴 적에 미리미리 이런 사람들을 대하는 법을 배웠더라면 좋았 겠지만 어쩌겠는가. 부모님은 우리를 믿어 의심치 않았고 그저 잘한 다고 칭찬만 해주었다. 신생님은 다양한 꿈을 꾸라며 우리를 격려해 주었고, 심지어 우리가 무슨 말을 해도 열심히 들어주었으며, 먼 미 래가 다가왔을 때 어쩌면 우리가 실패할지도 모른다는 말은 절대 입 밖으로 꺼낸 적이 없다. 친구들은 또 어떠한가. 그때는 서로를 굳게 믿었고 함께 노는 것만으로도 즐거웠다.

물론 이따금 온갖 종류의 괴롭힘을 일삼는 깡패 같은 친구들도 마 주쳤지만, 그때만 해도 어른이 되어 사회에 나갔을 때 이런 애들과 하루에 여덟 시간씩 일주일에 닷새를 함께 보내야 한다는 생각은 전 혀 하지 못했다. 입 밖으로 내뱉는 말을 조심해야 할 필요성도 느끼 지 못했으며, 내가 한 말이 원인이 되어 나중에 매우 끔찍한 결과를 초래할지도 모른다는 공포는 더더욱 남의 일이었다.

졸업 후 회사원이 되어서도, 학창 시절과 그다지 다르지 않을 것 이라 믿었을 것이다. 오히려 어서 사회에 나가기를 바랐을지도 모른 다. 유쾌하고 쾌적한 업무환경에서 일하며 당신의 역량을 마음껏 펼칠 수 있을 거란 단꿈에 푹 빠져서 말이다.

그렇게 사회에 나왔을 때, 짜잔! 직장에서 벌어지는 일을 목격한 당신은 너무 놀라 넋이 나간다. 도무지 제정신이 아닌 것 같은 사람들을 상대하는 법도, 직면한 문제들의 해결방법도 모르는데다가 아무 대비도 되어 있지 않은 혈혈단신이기 때문이다.

분명 입사할 때만 해도 사수에게 업무와 관련된 설명을 들었겠지만, 그 설명서에 까다로운 사람들이나 파벌, 복잡한 기업문화에 대한 언급은 없었을 것이다. 어리둥절한 당신, 이 회사나 업계에 오래 몸담은 누군가에게 몇 가지 질문을 하고 싶어도 그 질문들이 자신을 바보로 만들까봐 무섭기만 하다. 게다가 새로 들어온 동료는 누가 봐도 아마추어 같은 행동만 일삼고, 상사의 뒤통수를 치는 사람도 종종 목격할 것이다. 아니면 반대로 당신의 직장상사가 농땡이만 피우고 있거나, 당신이 잘못하지도 않은 일로 추궁당할지도 모른다. 하지만 이런 말도 안 되는 상황을 보면서도 좀처럼 의자를 박차고 일어나 따끔한 충고를 할 수가 없다. 그러다가는 내 자리가 위태로워지기 때문이다.

시트콤 같은 역동적인 직장생활은 평범한 일상과 결이 다르다. 직장에서 마주치는 개개인을 상대하기란 결코 쉽지 않다. 그 사람의 직책과 그 사람이 가진 편견 혹은 선입견, 그 사람의 상사와 인간관계까지 모두 고려해야만 한다. 어디 그뿐일까. 이메일, 문자, 회사 메신저를 쓰고 화상회의를 준비하려면 '제2외국어'에도 능통해야 한다. 여러분 중 누군가는 분명 업무와 관련하여 증강현실이나 비슷한 종류의 신기술을 활용해야 할지도 모른다.

　지금까지 암울한 직장생활에 대해 주저리주저리 늘어놓았지만, 그렇다고 여러분의 회사에 불이라도 지르고 싶은 마음은 제발 넣어 두기를. 대신 그동안 강의하며 만난 수많은 비즈니스맨들의 사례를 바탕으로 한 노하우와 지난 10년간 세계 최고 엘리트들을 추적해 밝혀낸 성공의 비밀을 이 책에 담았다.

　이따금 현실은 소설보다 잔인하다고 하지 않은가. 특히나 직장에서 벌어지는 이야기는 더욱더 그러하다. 당신의 직업은 언젠가 꿈꾸었던 장래희망이 될 수도 있고, 삶을 비참하게 하는 악몽 그 자체가 될 수도 있다. 이 모든 것은 바로 당신의 태도에 달려 있다.

　여기까지 읽은 당신, '나의 태도에 달려 있다고?' 자문할 수도 있다. '상사와 동료들이 문제라니까'라고 생각하니까. 어쩌면 당신의 말이 맞을 수 있다. 그 사람들이 문제의 원인일 수도 있다.

　하지만 이 책에서 앞으로 다룰 '일머리 법칙'이라고 이름 붙인 기술들을 제대로 따라 하기만 하면 상사의 신임을 얻고, 동료들과 함께 힘을 합칠 수도 있으며, 부하직원도 헌신하며 따를 것이다. 무엇보다 중요한 것은, 이대로만 하면 당신의 직장이 지금보다 훨씬 더 유쾌하고 생산적인 곳으로 변할 뿐 아니라, 당신이 그토록 원하는 성공도 거머쥘 수 있다는 점을 명심하자.

일머리의 차이가 성공을 결정한다

직장에서 궁극적으로 얻고 싶은 것은 무엇인가? 사회적인 성공과 계급구조의 꼭대기에 서는 것이 당신의 목표인가? 오케스트라를 지휘하는 마에스트로처럼 휘하의 직원들을 지휘하며 최고의 상품이나 서비스를 제공하는 사람이 되고 싶은가?

만약 이런 꿈을 꾸고 있다면 꼭 알아둬야 할 것이 있다. 산 정상은 당신이 탐내는 것만 못할 수도 있다. 높이에 따라 산소가 희박해 숨 쉬는 것마저 힘에 부친다. 몇 군데 안전망을 설치하고 팽팽하게 당긴 줄로 아무리 당신의 몸을 단단히 묶어 놓는다고 해도, 단 한 번의 실수가 추락으로 이어진다. 규모가 큰 기업일수록 추락은 훨씬 길고, 충격은 배가 되는 법이다. 단 한 번의 잘못된 선택이나 경솔함으로 높은 자리의 경영자들이 발을 헛디뎠으며, 그렇게 높은 위치에서 굴러떨어지면 다시는 회생이 불가능한 경우도 있다.

만약 회사에서 제일 높은 곳까지 오르는 것이 당신의 목표가 아니라고 가정해보자. 그럼 당신은 그저 행복하게 일하고, 커리어를 쌓는 것으로 만족감을 얻으며, 일을 무사히 수행하는 데에서 성취감을 얻고자 할 것이다. 사실 이렇게 사소한 것부터 얻고자 노력하는 사람이 가장 축복받은 사람이다. 그러나 안심할 수는 없다. 이런 행복을 얻으려는 이들도 언제나 올바른 선택을 해야 하기는 마찬가지이다. 실수를 빠르게 회복하는 법, 덫을 피하는 법, 회사와 가족, 친구들, 그리고 무엇보다 자기 자신에게서 가치를 찾는 법을 배워야만 한다. 자, 당신이 목표를 달성하기 위해 꼭 필요한 '5가지 요소'들을 공개한다.

자신감

자신감이 없다면, 어떻게 다른 이들에게 나를 존중해달라고 할 수 있겠는가? 자신감을 다루는 첫 번째 파트에서는 타인에게 본인의 충만한 자신감을 효과적으로 드러내는 방법에 대해 이야기한다. 직장 내 관계 전반에서 당신을 만나는 모든 이들에게 100% 충전된 자신감 넘치는 모습을 보여줄 수 있을 것이다.

배려심

'남들은 당신이 얼마나 배운 사람인지 신경 쓰지 않는다. 당신이 남들을 얼마나 배려하는 사람인지 알기 전까지는.' 이 말을 언제나 마음속에 품고 일해보자. 안타깝지만 실천은 쉽지 않다. 이 책에서는 당신이 동료들을 진심으로 아끼고 배려하고 있다는 것을 직장 내 사람들에게 확실히 각인시켜주는 방법에 대해 이야기한다.

명확성

일을 할 때 의사소통이 명확히 되었는가를 우연에 맡겨 결과를 확인할 수는 없다. 그러기에는 위험성이 너무 높다. 이따금 동료에게 무언가를 설명한 후, 한 번쯤은 이렇게 소리를 지르고 싶지 않은가. "내가 지금 한 말을 당신이 완벽히 이해했다고 믿는 모양인데, 내가 말한 것은 그게 아니야. 당신이 듣고 싶은 대로 들어버렸잖아." 이 골치 아픈 문제를 해결할 방안은 손에 꼽게 드물다. 대화는 양방의 의사소통이므로 화자/청자 어떤 입장에서든 접목할 수 있는 해결법을 함께 고민해본다.

신뢰도

신뢰도가 떨어지는 말은 '소귀에 경 읽기'보다 못하다. 이런 실수를 반복한다면, 당신이 하는 모든 말들은 가치가 떨어지고 결국 아무도 당신을 믿지 않을 것이다. 이 파트에서는 타인의 신뢰와 믿음을 거머쥐는 기술과 함께 동료들에게 존중받는 법을 살펴본다.

공생하는 법

함께 일하는 사람들(잔인한 상사와 미쳐 날뛰는 동료들)만 없어져도 직장에서 일하는 것이 훨씬 수월해지지 않을까? 글쎄, 가까운 미래에는 그렇게 될지 모르지만, 일단 지금은 살아 숨 쉬는 인간들과 함께 부대끼며 일을 해야 한다. 이 파트에서는 문제를 일으키는 몇 가지 유형의 사람들을 파헤쳐보고, 그들을 어떻게 다뤄야 할지도 고민해본다.

우리 중 누구도 이런 사람들 때문에 고통 받으며 감정적으로나 업무적으로나 망가져서는 안 된다. 요즘 직장생활은 예전과 비교하면 훨씬 힘들다. 앞서 말한 5가지 성공적인 요소들을 온라인 세상에서도 증명해내야 하니 말이다. 자, 그럼 힘차게 시작해보자!

차례

PART 5 최대의 일머리: 끔찍한 상사, 미친 동료와 함께 공생하는 기술

PART
1

최소한의 일머리:
자신감을 드러내라

모든 사람은 경탄할 만한 잠재력을 가지고 있다. 자신의 힘과 젊음을 믿어라.
'모든 것이 내가 하기 나름이다'고 끊임없이 자신에게 말하는 법을 배워라.

– 앙드레 지드Andre Gide

01
....

당신은
한순간에 결정된다

자신감을 가감 없이 드러내는 것이 왜 중요할까? 이렇게 생각해보자. 당신이 다른 사람보다 나이가 조금 많다는 걸 누가 알고 있는가? 당신이 태어난 이후로 매일 매 순간을 함께 보내고 있는 사람은 누구인가? 당신이 살면서 무슨 말을 했고 무슨 행동을 했는지 일거수일투족을 모두 지켜본 사람이 있는가? 그건 바로 당신이다. 다른 사람이 아닌 오직 당신만 알 수 있다. 당신의 행동이 자신감에서 비롯된다는 것을 말이다.

세상 대부분의 사람이 그러하듯 당신 또한 심각한 자신감 부족을 겪고 있다고 하더라도, 그것을 직장에서까지 드러내고 싶지는 않을 것이다. 직장에서 만큼은 당신이 원하는 모든 것을 이루어낼 수 있는 사람처럼 보여야만 하니까. 그러나 불행히도 당신이 두려움이나 불안감을 느낄 때면, 몸 안에서 무수히 많은 변화가 일어나기 때문에 그것을 타인에게 숨길 수 없다. 당장이라도 동료는 마치 개가 냄새를 맡듯 당신의 불안감을 감지한다. 다만 직립보행이 가능한 인간이기에 이것을 코가 아닌 눈으로 탐색할 뿐.

상대방의 자신감 부족을 눈치로 알아차리는 능력은 수천 년 전부터 이어져 내려온 인간의 본성이다. 몽둥이를 들고 있는 두 원시인을 떠올려보자. 이름은 새그Thag와 아툭Atouk이라 하고. 그 둘이 황무지에서 맞닥뜨렸다. 둘은 몸이 얼어붙는다. 상대에게 시선을 고정한다. 이제, 결정해야 할 시간이다. 저 사람은 적일까, 친구일까? 싸움으로 번지게 된다면 누가 이길까? 저 둘은 자신에게 물을 것이다.

'몸집 큰 새그가 저 몽둥이로 나를 팰 만큼 힘이 셀까?'
'아툭은 몸집이 좀 작은데, 나를 제칠 만큼 교활할까?'
찰나의 순간, 두 사람은 결론을 내야 한다.
'싸울 것인가, 도망갈 것인가?'

시간을 오늘날로 돌려보자. 여기 자리 하나를 놓고 치열한 경쟁을 벌여야 하는 카를라Carla와 코너Conner가 로비에 앉아 있다. 둘은 본능적으로 서로의 태도를 곁눈질하고 있다.

'저 남자는 자기가 채용될 거라는 자신감이 있어 보이지?'
'저 여자는 자기가 이 좋은 자리를 얻어낼 거라고 확신하는 걸까?'

카를라와 코너는 포커를 치고 있는 것과 다름없다. 과연 누가 에이스를 갖고 누가 고배를 마실 것인가.

일단 채용이 되고 나면 자신감을 풀풀 풍기는 것이 그 어느 때보다 중요하다. 특히 처음 채용된 날부터 며칠간이 중요하다. 당신의 상사, 담당 사수, 그리고 동료들이 눈에 불을 켜고 당신만 주시하고 있기 때문이다. 악수를 하거나 간단한 인사를 건넬 때도 원시인들이 갖고 있던 그 본능이 흐른다. 그 짧은 순간에도 그들은 당신이 성공할 만한 재능을 갖고 있는지 조목조목 평가하려 들 것이다.

'이 남자가 일 처리를 잘할 수 있을까?'

'이 여자가 우리 팀에 도움이 될 수 있을까?'

'고객과 좋은 관계를 맺을 수 있을까?'

'같이 일하기 좋은 직원일까?'

'내 자리를 노리고 있는 건 아닐까?'

'내 프로젝트를 뒷받침할 수 있을까?'

그리고 그들은 모두 알고 있다.

- 구부정한 자세 → 불안해하고 있다.
- 시선 회피 → 주눅이 들었다.
- 수그린 고개 → 부끄러움을 타고 있다.
- 안절부절못하는 태도 → 무언가를 숨기고 있다.
- 단단히 낀 팔짱 → 방어적인 성격이다.

• 얕은 숨소리 → 자신을 믿지 못한다.

지금부터가 진짜 까다로운 부분이다. 만약 당신이 스스로에게 확신이 없다는 걸 저들이 알아차린다면 매우 사소한 결점마저도 당신을 판단하는 근거로 삼기 위해 호시탐탐 경계를 늦추지 않을 것이다. 사회심리학자phenomenon scientist(직역하면 현상과학자이나, 확증편향은 사회심리학 용어이고, 저자 또한 이를 근거로 들고 있어 사회심리학자로 번역했다. -역자)들에 따르면 사람에게는 '확증편향적 특성'이 있는데, 이는 누구나 자신이 처음으로 관찰한 결과가 옳았음을 본능적으로 입증하려는 자세를 뜻한다. 즉 당신과 마주한 개개인 모두가 당신이라는 사람에 대해 즉각적인 결론을 내려버리고는, 그 첫인상이 옳았는지 틀렸는지 각자 마음속 배심원이 다시 빠르게 판단하는 것이다. 그 누구도 자신이 틀렸다는 걸 좋아하는 사람은 없다!

그렇다면 마음속 배심원은 몇 명이나 될 것 같은가? 오직 한 명이다. 이 단 한 명의 배심원이 판사도 겸한다. 더불어 그는 사립탐정으로서 당신에 대해 자신이 내린 첫 판결이 옳았음을 입증하기 위해 분주하게 돌아다니며 증거를 찾는다. 안타깝지만 당신이 어떤 사람인지에 대한 결론을 내리기까지는 그리 오랜 시간이 걸리지 않는다.

당신을 처음 본 동료들은 새로운 동료이자 '경쟁자'로 인식한다. 그들에게 당신은 언젠가 자신의 위치를 위협할 수도 있는 인물이기에 자연스럽게 당신에게서 어떤 뛰어난 장점을 발견하고 싶어 하지 않는다. 단점을 발견해야만 자신의 자리를 보존할 수 있기 때문이다.

유감스럽지만 제 분야의 가장 높은 자리까지 올라간 유능한 사람 중에 자신감을 유연하게 드러내는 법을 익힌 이는 드물다.

당신은 어떠한가? 본인 스스로 날카로운 통찰력과 지성, 재능을 겸비해 다른 그 누구보다도 이 일을 잘할 자신이 있다는 걸 알고 있지만, 당신이 얼마나 유능한 사람인지 드러내는 데에는 영 재주가 없지는 않은가? 이는 그동안 아무도 자신감을 드러내는 구체적인 기술이나 요령을 가르쳐주지 않았기 때문이다.

지금부터 이를 다뤄보고자 한다. 당신이 그 직업에 종사한 지 고작 10분, 10년 또는 그 이상이 되었다 하더라도 상관없다. 지금부터 우리가 다룰 몇 가지 기술들이 내일 아침 당신이 출근해 처음으로 할 일이 될 것이므로.

02

....

*레드카펫 위를
걷는 것처럼 걷자*

'좋은 첫인상을 남길 기회는 두 번 오지 않는다'라는 말이 있다. 처음으로 당신을 만나는 상대는 머릿속으로 사진을 찍고 이를 저장한 다음, 함께 시간을 보내면서 자신의 의견을 덧붙여 당신이란 사람에게 색깔을 입혀 나간다. 오늘날 첫인상이 중요한 까닭은, 디지털 시대에서는 함께 일을 한다 하더라도 직접 만나는 일이 훨씬 적어졌기 때문이다.

그러나 여기에 대부분의 사람은 모르는 아주 작은 비밀이 있다. 매일 아침 문을 열고 등장하는 당신을 처음으로 힐끗거린 동료들은 이 모습에서 강렬한 인상을 받게 되는데, 그 잔잔한 파급효과가 온종일 그들을 지배한다. 당신의 태도는 동료와 상사에게 하루 중 첫인상이 되고, 당신을 기억하는 이미지가 되며, 결과적으로 당신이라는 사람에게 색을 입히는 상호반응을 불러일으키게 된다. 이런 생각을 해본 적 없이 출근하는 대다수 직장인들은 사무실을 어기적거리며 들어선다.

'아이고, 또 출근이네. 매일 똑같이 월급이나 기다리면서.'

그런데 만약 다음 날 아침 한 동료의 모습이 아주 미세하게 달라져 있다면? 가령 머리를 새로 했다면 곧바로 알아차릴 수 있다. 그날 오후쯤 그녀를 한 번 더 마주쳐도 여전히 새로운 모습이 눈에 띌 것이다. 그러나 세 번째 마주치고 나면 상대의 새로운 머리스타일은 그저 매일 보는 모습에 지나지 않고, 다음 날이면 그마저도 까맣게 잊어 눈에 들지 않는다.

이제 당신이 어떤 모습으로 사무실에 출근하는지 떠올려보자. 대부분의 사람이 그렇듯 당신도 받은 이메일들을 곱씹거나, 전날 상사가 했던 말들에 마음을 졸일 것이다. 어쩌면 오늘 있을 까다로운 클라이언트와의 화상 회의를 어떻게 해야 하나 여념이 없을 수도 있고, 그도 아니라면 아예 일 자체를 떠올리지 않고 있을 수도 있다. 지난밤 배우자와 벌인 사소한 말다툼을 곰곰이 생각하거나, 오늘 아침 눈앞에서 문을 쾅 닫아버린 자녀에 대해 떠올리고 있을 수도. 그러나 이와 같은 절망적인 생각들 때문에 당신이 동료들에게 어떤 모습으로 비치는지 전혀 의식하지 못한 채 출근한다.

다른 이들이 당신의 마음을 읽을 수 없다고 단언할 수 있을까? 타인은 당신의 마음을 읽을 수 있다. 걷는 방식, 처음으로 내뱉는 단어들에서부터 표현 방식까지 이 모든 것들이 당신의 마음과 머릿속을 말해준다. 찰나의 순간에 사람들은 무의식적으로 당신의 기분을 알아차리고 그것이 그날의 첫인상으로 굳어진다.

「첫인상은 0.1초 안에 결정된다First Impressions: Making up Your Mind After a 100-Ms Exposure to a Face」라는 논문에 흥미로운 실험 결과가 실렸다. 연구진이 실험자들에게 다양한 사람들을 선보이고 이들을 겉모습으로 판단하는데 시간이 얼마나 걸리는지를 재보았다. 그 후 실험자들에게 주어진 노출 시간을 늘려 다시 실험을 하였는데, 첫인상과 관련하여 의미 있는 심리적 변화는 일어나지 않았다고 한다. 결국 첫인상이 모든 것을 결정한다는 뜻이다.

이렇게 생각해보자. 오늘 아침 차가 너무 막혀서 지각하고 말았다. 출근하기도 전에 이미 진이 빠져 버린 것이다. 켜켜이 쌓아 올린 서류더미와 찰랑거리는 커피를 들고, 회사 건물에 들어서기 위해 보안카드를 꺼내려고 주머니나 지갑을 뒤적거린다. 가까스로 문을 연 당신, 서류도 떨어뜨리지 않고 커피도 쏟지 않은 채 어떻게든 쏜살같이 달려 들어갔다면 잠깐, 정지!

몇 초 전으로 되돌아가보자. 숨을 깊이 들이마시고 어깨를 활짝 펴는 거다. 커피는 잠깐 내려놓고 손에 든 서류나 다른 물건들 중에 삐져나온 것이 없도록 정돈한다. 프로페셔널하고 잔잔한 표정을 지어보자. 문 뒤에서 만날 동료들에 대한 걱정과 부정적인 마음을 지워버리는 것이다. 물론 지난날 그들이 보여준 모멸감과 무시, 무례함을 지워버리기는 쉽지 않을 것이다. 그러나 동료 캔디스Candice가 회의에서 당신의 말을 끊어버렸던 일이나, 커트Curt가 당신의 성과를 모두 가로챘던 기억을 곱씹는다면 그 모든 게 얼굴에 드러난다. 그들이 마주치는 사람은 스트레스에 시달리고 전전긍긍 마음 졸이는 일개 직원일 뿐이다. 당신의 출근길을 위엄 있는 입장 행사로 바꾸자. 마치 아카데미 시상식을 위해 깔린 레드카펫 위를 걷는 것처럼.

쇼는 지금부터 시작이다!

일머리 법칙

매일 아침 당당하게 출근하자

아침잠을 몇 분 포기하는 한이 있더라도 단장은 집을 나서기 전에 끝내야 한다. 자동차 백미러를 보면서 립스틱을 바르거나, 건물 로비로 달려 들어가면서 머리카락을 대충 빗어내리지 말 것. 만약 지각을 했고 서류들이 가방에서 빠져나오기 일보 직전이라 해도 사무실 문 앞 몇 발자국 전에 급브레이크를 밟자. 커다란 심호흡과 함께 당신이 좋아하는 노래를 머릿속으로 몇 소절 불러보거나, 귀여운 애완동물을 떠올려보거나, 또는 해변에서 보냈던 황홀한 순간들을 되뇌자. 귀찮은 회사일 말고 그 어떤 것이라도 좋다. 그리고 우아하게 문을 열고 들어가 미소를 지어 보이며 활기차게 인사를 건네는 것이다. "좋은 아침입니다"라고.

당신의 동료나 상사는 말보다 보는 것에서 훨씬 더 많은 영향을 받는다. 대부분 의사소통은 '말'이 상당 부분을 차지한다고 여기지만 이는 사실이 아니다. 미국 UCLA 대학의 심리학 명예교수 앨버트 머레이비언**Albert Mehrabian**의 연구 결과에 따르면 의사소통에서 언어가 차지하는 비율은 7%, 목소리가 차지하는 비중은 38%라고 한다. 나머지 55%는 행동과 표정이다.

물론 당신의 입에서 처음으로 나오는 '단어' 역시 중요하지 않다고 말할 수 없다. 신경과학에서는 타인이 자신의 이름을 불러줄 때 굉장한 효과가 있다고 본다. 호명이 될 때 fMRI(기능적 자기공명영상법)를 사용하여 뇌를 검사했더니 즐거움을 관장하는 부분이 활발히 움직였다고 한다.

자신의 이름은 아이가 처음으로 인지하는 몇 단어 중 하나이기도 하니, 연구 결과에 꽤 신뢰가 간다. 태어나서부터 지금껏 당신의 동료들은 친구나 가족에게 수천 번이나 제 이름으로 불렸을 테니까. 내일 아침 당신이 그의 이름을 부른다면 어딘가 모르게 애정이 메아리처럼 전달될 것이다. 동료의 이름을 부르며 그들을 맞이해보자. 다만 너무 지나치거나 아부하듯 부르지는 말 것!

03
....

걸음걸이의 속도와
방향의 비밀

이번에는 '자신이 어디에 있는지 정확히 알고 있는 사람', '자신이 뭘 하고 싶은지 확실하게 알고 있는 사람'처럼 보이는 방법에 대해 알아보자. 그전에 이 장에서 다룰 법칙이 어떻게 만들어졌는지 일화를 하나 소개한다.

교육 강연을 신청했던 기업 중에 인수합병M&A을 전문으로 하는 투자자문 회사가 있었다. 사내 직원들의 전문가적인 이미지를 고취시키기 위해 강연을 신청했는데, 문제는 내가 그 당시에 인수합병과 관련하여 전문지식이 충분치 않았다는 점이었다. 그래서 임직원들 앞에서 강연을 펼치기 전에 이 회사의 복잡한 비즈니스 체계에 대해 공부를 하고 싶었다.

곧바로 에이전시를 통해 의뢰를 맡긴 회사의 회장인 피터 드루스Peter Druss와 미팅을 잡았다. 그분이 몸담은 분야가 나에게는 너무도 생소했기에 분명 내가 건넨 첫 번째 질문은 퍽 진부했지만, 이제 와서 돌이켜보니 그 질문을 하지 않았더라면 결과가 어떠했을지 소름이 돋는다. 그가 나에게 건넨 잊을 수 없는 답변이 나에게 굉장히 의미 있는 선물이 되었던 까닭이다. 창피하지만 나의 첫 질문은 다음과 같았다.

필자　회장님, 의뢰인을 기준으로 합병하기 좋은 회사인지 아닌지 어떻게 알 수 있는 건가요?

회장　글쎄요. 레일 씨, 그건 긴 과정을 걸쳐야 알 수 있어요. 하지만 제 업무절차는 언제나 같습니다. 일단 그 회사의 높은 사람과 약속을 잡고 당사의 사무실들을 '훔쳐볼 수 있도록' 허락을 받습니다. 여기서 훔쳐본다는 건 고위급 임원의 대동 없이 저 혼자 돌아다닌다는 뜻입니다. 그리고 지켜봅니다. 직원들이 일을 처리하는 방식, 컴퓨터 앞에 앉아 있는 모습, 다른 사람과 대화하거나 통화하는 모습, 그리고 주로 무슨 일을 하는지 등등. 그저 관찰이 필요하다는 거죠.

필자　무슨 관찰이요?

회장　무엇이든지요! 예를 들어 직원들이 대화하며 상대방과 시선을 제대로 맞추는지, 말할 때 목소리를 힘차게 내뱉는지 아니면 다른 사람들이 혹 엿들을까 눈치 보면서 소리를 줄이는지, 대화하는 두 사람 사이에 혹시 적대감이 깃들어

있지는 않은지, 몸짓은 활기찬지 아니면 무기력해 보이는
지. 그렇게 관찰하다 보면 흥미로운 것들을 발견하기 마련
이죠. 저는 계속해서 그들의 활기찬 정도를 측정하려고 주
시합니다. 얼마나 힘차게 걷는지 지켜봅니다. 특히 복도를
걷거나 장소를 옮길 때 말입니다. 그들이 이른바 '목적'을
가졌는지 제대로 확인해보려고요.

상대는 분명 내 얼굴에 떠오른 당혹감을 읽은 것 같았다. 다음과
같은 설명을 덧붙였기 때문이다.

회장   직원들이 자신의 업무에 완전히 몰입해서 생산성을 발휘
할 때면 절대 느릿하게 어슬렁거리지 않아요. 한눈에 알아
볼 수 있지요. 자리를 잠시 비울 경우에도 그런 사람들은
자기가 어디를 향하는지 정확히 알고 있습니다. 절대 꾸물
거리거나 방황하지 않아요. 문자가 왔는지 확인하려고 핸
드폰을 들여다보지도 않지요.
만약 걷다가 동료들을 마주치더라도 서로 인사만 가볍게
하거나 몇 마디 사담을 나누고 이내 계속 나아가요. 그 걷
는 속도와 방향성이 많은 것을 말해줍니다. 그 사람이 업무
에 집중하고 있고 제대로 끝내고 싶어 하는지, 아니면 압박
감에 억눌려 있거나 그저 지루해하고 있는지 말이지요.

그의 설명을 듣고 있자니, 자연스레 집에서 책을 집필하던 나의 모습이 떠올랐다. 그리고 그가 옳다는 것을 깨달았다. 글이 잘 써질 때 나는 목이 마르면 곧장 부엌으로 달려가 물을 한잔 마시고 다시 컴퓨터 앞으로 돌아온다. 이따금 너무 집중하면 화장실에 가는 것마저 미뤄버린다.

하지만 반대로 피할 수 없는 창작의 고통에 빠지면, 화장실마저도 일부러 멀리 돌아간다. 핸드폰 충전이 다 되었나 한번 살펴보고, 거울 앞에서 몇 분씩 머리를 빗거나, 아무도 봐주는 사람이 없지만 괜히 옷매무시를 가다듬어보기도 한다. 컴퓨터 앞으로 다시 느릿느릿 돌아오면서 주방에 들러 냉장고에 뭐가 있나 확인도 해보고, 혹시 지갑을 두고 오지는 않았나 싶어 화장실도 한번 들여다보고, 현관문을 열어 바깥 날씨도 구경한 뒤에야 비로소 컴퓨터 앞에 풀썩 주저앉는다.

'사람들의 걸음속도를 파악한다'는 피터 드루스의 통찰력은 나를 완전히 사로잡아버렸다. 그 후로 몇 달간 다양한 회사들을 상담하러 갈 때마다 나는 사내 사람들의 걸음걸이에 어떤 속도와 에너지가 담겨 있는지 지켜보았다. 그리고 성공한 회사일수록 남녀를 막론하고 고위급 임직원의 걸음걸이가 훨씬 민첩하고 그 목적이 확실하다는 사실을 깨달았다.

또 한 번은 나의 컨설팅을 오래 받아온 한 회사의 경영진이 사내 승진 대상자를 미리 알려준 적이 있다. 피터 드루스의 회사평가방법을 터득한 후, 나만의 관찰법은 훨씬 더 확고해진 상태였는데, 승진 대상자를 관찰해보니 과연 높은 인사고과를 받는 직원일수록 다른 이들보다 훨씬 활기 넘치게 걷고 있었다. 그들이 장소를 옮길 때면, 마치 마음속에 정해놓은 정확한 목적지가 있는 듯했다. 그리고 그곳에 도착해서 어떤 일을 처리할 것인가에 대해 확고한 의지도 눈에 보였다.

반면 다른 사원들은 조금 더 느긋하게 걷거나 또는 아예 갈 곳을 잃은 사람처럼 보였다. 그중 몇몇은 아예 책상 앞으로 돌아가지 않을 핑곗거리를 찾는 듯 보이기도 했으니까! 물론 이런 질문이 떠오를 수 있다.

"그 사람들이 단지 당당하게 걷는다는 이유만으로 승진이 결정되었단 말인가? 그 사람들이 진심으로 헌신하고 맡은 일 처리를 서둘렀을까?"

답은 아무도 모른다. 다만 대개 경영진들은 승진 대상자로 빠르게 걷는 사원을 뽑는다. 만약 당신이 활기차게 걷고 목적을 확실하게 마음속에 품고 있다면, 회사의 모든 사람들은 당신이 일에 완전히 몰두해 있다고 여길 것이다.

회사에서 걷는 자신의 모습을 떠올려보자. 한 번이라도 복사기까지 걸어가는 당신의 '걸음 속도'가 실은 '업무 흥미도'를 암시하고 있다고 여긴 적이 있는가? 당신이 비품실까지 발을 질질 끌며 걸어가거나 달팽이처럼 느릿느릿 화장실로 기어간 적이 있다면, 보는 사람들은 당신을 두고 할 일이 없는 사람이라고 오해했을 수 있다. 월급을 받기만 하고 그만큼의 일은 하기 싫은 사람처럼 보였을 수도.

일머리 법칙

'어디를 향해 가고 있는지 아는' 걸음걸이

상사에게 당신의 걸음 속도가 느리다는 잘못된 인식을 심어주어
서는 안 된다. 직장 내에서 어디를 향하든 보폭은 넓고 성큼성큼
힘차게 걸어, 마치 무언가 꼭 마쳐야 하는 미션이 있는 것처럼 보
여라. 목적지를 마음에 두고 그곳에 도착하면 무슨 일을 처리할 것
인지에 집중하자. 목적이 뚜렷한 사람처럼, 당당한 사람처럼, 활기
찬 사람처럼!

04
....

멀리 내다보는 사람은
몸짓도 담대하다

'멀리 내다보자'라는 말에는 보통 '불가능한 목표를 그리자' 또는 '사고에 제한을 두지 말라'는 뜻이 암시되어 있다. 하지만 모든 사람들에게 맞는 조언은 아니다. 사장 또는 전문경영인이 현안은 무시한 채 독이 되는 결정을 내릴 경우, 회사는 금이 간 빙산이 바다 속으로 와르르 무너지듯 주저앉을 수 있다.

그러나 당신이 조직의 어느 계급에 속해 있든 멀리 내다보는 사고를 가지는 것은 매우 중요하다. 이 장에서는 커다란 사고를 표현하는 다른 방법에 관해 이야기 나누고자 한다. 바로 당신의 '몸짓'이다. 커다란 몸짓은 멀리 내다보는 자세와 확고한 자신감을 드러낸다.

몇 년 전쯤, 캘리포니아에 위치한 광고대행사의 카피라이터 리비아Livia가 나에게 이메일을 보내 자신의 의사소통 능력을 개선하고 싶다며 상담을 부탁했다. 안타깝지만 리비아는 나와 상담을 이어나가기에는 너무 멀리 떨어져 살고 있었다. 나는 언제나 상담을 원하는 의뢰인에게 직접 대면하여 코치하지 않을 시 효과가 미미하다는 점을 분명히 해왔다. 그러나 리비아의 편지에는 간절함과 진심이 담겨 있었기에 최대한 도와주고 싶어 그녀에게 전화번호를 알려주었다.

그런데 전화 너머로 들리는 활기찬 그녀의 목소리에 나는 적잖이 놀라고 말았다. 조언을 구하는 대개의 사람들과 달리 그녀의 목소리는 힘이 넘쳐흘렀을 뿐만 아니라, 마치 자신의 분야를 완벽하게 꿰뚫고 있는 최고의 전문가 포스가 느껴지는 것이 아닌가. 나는 꽤나 혼란스러웠다. 이미 완벽한 의사소통 능력을 갖추고 있는 듯한 사람이 무슨 조언을 구한다는 걸까? 목소리로 느낀 상대는 쾌활하고, 눈치 빠르고, 통찰력까지 갖추어 성공에 필요한 훌륭한 자질은 모두 가진 것 같았다. 그때 그녀가 나에게 말했다.

"우리 대행사의 제작 감독이 저보다 훨씬 경력이 적은 에디터를 먼저 승진시켰어요. 제가 보기에 그 광고는 별로 훌륭하지도 않았는데 말이죠."

그쯤 되자 나는 호기심이 일었다. 그녀에게 뉴욕에 올 일이 없는지 물어보며, 상담료 없이 순수하게 점심식사나 하자고 했다. 다음 달에 출장이 계획되어 있다는 말에 우리는 바로 약속을 잡았다. 약속 당일 나는 식당에 조금 일찍 도착해 그녀를 기다렸다. 세련된 복장으로 나타난 리비아는 온라인상의 사진보다도 훨씬 더 매력적인 사람 같았다.

　그런데 상대를 반기며 악수를 하는 순간, 맞잡은 손에 너무 힘이 없다는 걸 깨닫고 다소 실망하고 말았다. 걸쳤던 코트를 벗어 레스토랑 직원에게 넘겨주는 소심한 몸짓조차 마치 옷을 줘서 미안하다고 사과라도 하는 양 싶었으니까. 나를 따라 착석한 그녀는 너무도 뻣뻣해 보였다. 두 손은 무릎 위에 단정히 올려놓고 팔꿈치를 몸 옆에 단단히 붙인 채 냅킨을 펼쳤다. 마치 최대한 작아 보이려고 애쓰는 사람처럼 말이다.

　유선상으로 느꼈던 활기찬 목소리는 여전했지만, 대화를 나누는 내내 그녀는 무슨 조사라도 받듯 식탁만 뚫어져라 보았다. 어느 순간 리비아는 손바닥이 아래로 향하게끔 한 손을 테이블 위로 툭 올려놓았다(손바닥을 보여준다는 건 친밀감과 우호적인 자세를 뜻한다).

　대화 도중 보인 그녀의 행동은 너무 딱딱했고, 몸을 앞이나 뒤로 기울이지도 않았다(뻣뻣한 자세는 사고 또한 유연하지 못하다는 것을 암시하며, 대화 도중 몸을 앞으로 당기는 행동은 본인의 흥미와 관심을 드러낸다. 반대로 움직이면 암시하는 바도 같다).

　한두 번 정도 춥다는 듯 팔짱을 끼기도 했다. 물론 당연히 레스토랑의 난방이 잘되고 있었다(팔짱을 끼면 방어적으로 보이기도 하고, 더 나아가 저항하고 있다는 느낌을 준다).

이야기를 나누는 동안 그녀는 이따금 팔을 문지르기도 했고(이는 당신이 긴장했을 때 스스로를 달래주는 자기보호의 행동이다), 반대로 내가 이야기를 하는 동안 상대는 귀를 문질렀다(다른 사람의 이야기가 듣고 싶지 않다는 의미이다).

그제야 나는 왜 리비아가 직장에서 존중받지 못하는지 어렴풋이 알 수 있었다. 아무리 특출한 능력을 갖추고 있다 하더라도 머뭇거리며 의사를 전달하거나, 저 스스로에게 확신이 없다고 느껴지는 사람에게 회사는 절대 힘 있는 자리를 주지 않는다. 유감스럽지만 그녀의 소심하고 주저하는 몸짓으로 보건대, 리더의 자질을 찾을 수 없었다. 비로소 나는 회사 경영진이 그녀를 승진에서 왜 탈락시켰는지 깨달았다. 나 또한 그녀가 역동적으로 팀을 꾸려 이끌어나갈 만한 인재라고는 생각할 수 없었기 때문이다.

성공한 사람들, 특히 월등한 실력으로 최고의 자리까지 올라간 지도자들은 품이 넓은 몸짓을 사용한다. 이중문을 나갈 때면 정중앙을 걷지, 절대 한쪽으로 치우치지 않는다. 무언가에 손을 뻗을 때면 빠르게 움직이지 절대 주저하지 않는다. 그들은 자신감이 없는 사람과는 달리 거대한 몸짓을 사용한다. 다시 말해 그들은 자신 주변의 공간을 모두 활용한다.

그렇다면 자신이 활용할 수 있는 공간은 무엇일까? 이해를 돕기 위해, 아이들이 비눗방울 부는 모습을 떠올려보자. 투명한 비눗방울 하나가 당신을 감싸고, 이것이 당신이라는 사람을 보여주는 매개체라고 생각해보자. 자신감이 떨어지는 사람이라면 비눗방울을 가능한 한 작게, 최대한 다른 사람들의 눈에 안 띄게 만들어 그 속에 웅크리고 있을 것이다. 그러나 스스로에게 자신 있는 사람이라면 그 비눗방울의 크기는 거대하고 자신을 꽉 채워 담지 않겠는가. 그 속에 앉아 있든 서 있든, 그들은 스스로 힘 있는 자리를 차지하고 그 비눗방울을 '자기 것'으로 만든다.

이는 모든 영장류가 가진 본성이기도 하다. 고릴라는 자기가 정글의 왕임을 과시하고 싶을 때 꼿꼿하게 일어서서 몸집을 크게 만든다. 어깨를 활짝 펴고 가슴을 드러내며 두 다리를 넓게 벌림으로써 이렇게 이야기한다.

"나를 봐라! 나는 크다. 나는 강하고 힘세다."

고릴라는 가슴을 치며 간담이 서늘해지게 울부짖을 때도 있다. 인간은 그 정도로 드러내지는 않으니 다행이다(물론, 대다수의 인간이라고 해야겠지만). 그러나 누구나 본인이 강하고, 능력 있고, 자신 있다고 느끼는 순간이 오면 눈에 띄는 변화가 신체적으로 일어난다. 자기가 갖고 있는 모든 것이 확장되는 법이다.

그렇다면 어떻게 해야 커다랗고 담대한 몸짓을 사용할 수 있을까? 이는 천성이 아닌데 말이다. 다른 습관과 마찬가지로 꾸준한 의식과 연습으로 가능하다.

당신의 비눗방울을 커다랗게 불어보자

매일 아침, 잠에서 깨면 자리에서 일어나 허리를 세우고 두 손을 머리 위로 들어 올려 부드럽게 깍지를 낀다. 그대로 몸을 오른쪽, 왼쪽으로 쭉쭉 늘려보자. 그다음엔 두 팔을 양옆으로 최대한 넓게 벌리고 커다란 원을 그리듯 휘두른다. 엉덩이에 힘을 실어 탄탄하게 끌어올리고 발차기를 해보고 허공을 향해 주먹을 날리는 것이다. 매일 아침 보이지 않는 커다란 비눗방울이 당신 주위를 감싸고 있으며 그 공간은 모두 당신 것임을 느껴보자. 이런 식으로 당신의 공간을 늘리면서 자신감을 가득 채우는 것이다. 곧 맞이할 하루를 대비하면서!

이 훈련을 하루에 한 번 하는 것으로는 부족하다. 직장에서도 사람들이 없는 곳을 찾아보자. 빈 사무실이나 복도, 비품실이나 건물 밖도 좋다. 특히 중요한 회의를 앞두고 있다거나 인사고과 평가 전이나 새로운 고객을 만나러 가는 길이나 스트레스 받는 일에 직면했을 때, 꼭 이 운동을 해보기를 추천한다. 나 또한 강연하기 전엔 꼭 이 훈련을 거친다. 나에게 허락된 개인 공간이 화장실밖에 없다 하더라도 말이다. 이 훈련법을 성공을 위한 준비운동으로 여기고 실천해보자!

동료의 자신감을 측정해보자

수없이 많은 사람들을 만나고 상담을 하면서, 나는 자연스레 누군가를 보면 곧바로 그가 자신감이 있는 사람인지 아닌지를 알아차릴 수 있게 되었다. 마치 안테나같이 누군가를 보면 스스로 얼마나 확신을 갖고 있는지 바로 보인다.

당신의 동료나 상사의 자신감이 얼마큼 있는지 미리 알아놓자. 후에 이것이 어떤 영향력을 발휘할지 깨닫고 나면 아마 깜짝 놀랄 것이다. 이런 세심한 관찰력은 당신이 이들과 어떤 상호관계를 맺더라도 옳은 방향을 알려주는 좋은 길잡이가 될 것이다. 가령 '이상은 작지만 자존심은 센 사람'과 반대로 '이상은 크지만 소심한 사람'을 상대할 때의 방식이 다르지 않은가. 또 상사의 자존심이 얼마나 센지 알고 있다면 보다 전략적으로 다룰 수 있게 된다. 주변 사람들의 자신감 크기를 측정해보는 방법은 당신의 의사소통 능력을 향상시킬 수 있는 또 다른 도구가 될 것이다.

05
....

하는 일을
열정적으로 설명하라

살면서 아마 수백 번은 들어봤을 그 질문을 나 역시 물어볼 시간이다.

"당신은 무슨 일을 하십니까?"

아, 대답하기 전에 잠깐! 나는 당신의 직책을 물은 것이 아니다. 당신은 회사가 명함에 찍어준 직책보다 훨씬 더 근사한 사람이므로. 사람들은 보통 인맥을 생각하면 업무 외적으로 만나는 이들을 떠올린다. 나 또한 직원들이 직장 내에서 인맥을 쌓았다는 이야기는 들어본 적이 거의 없다. 사내 인맥은 매우 중요한 요소임에도 불구하고 말이다.

예를 들어 회사 창립파티에서 처음 만난 사람과 사소한 이야기를 나누거나, 다른 부서에 서류를 전달하거나, 엘리베이터에서 누군가를 마주쳤을 때 사람들은 아마 백이면 백 이렇게 물을 것이다. "어느 부서에 계세요?"라고.

이 질문은 내가 여러 회사에 컨설팅을 다닐 때마다 자주 묻는 말이기도 하다. 한 번은 휴게실에 혼자 앉아 있는 직원을 발견하고 다가가 합석이 가능한지 물었다. "물론이죠, 앉으세요"라며 여직원은 정중하면서도 따뜻하게 대답했다. 나는 자연스레 그녀에게 회사에서 무슨 일을 하는지 물었다. 그녀는 미소를 띠며 이렇게 대답했다.

"아, 저는 그냥 안내데스크에 있어요."

그 대답을 듣는 순간, 나는 그녀의 어깨를 흔들어 일깨워주고 싶었다. 왜 그런 식으로 자신을 비하하는 걸까.

'그냥?'

그녀는 정말 자신이 하찮은 직업을 갖고 있다고 생각하는 걸까? 이 회사에 방문하는 사람들을 처음 맞이하는 사람이 본인이라는 걸 모르는 걸까? 이 직원은 분명히 나에게 보여줬던 그 특유의 친절함을 무기로 채용되었을 텐데, 그토록 중요한 직책을 맡고 있으면서 하찮다고 생각하다니!

"그냥 안내데스크라니! 당신은 '안내를 책임지고 있는' 직원이잖아요."

나는 다정한 미소와 함께 그녀를 꾸짖었다. 그랬더니 어색한 웃음을 지으며 나를 좀 이상한 사람이라는 듯 쳐다보았다.

"저는 그냥 ＿＿＿이에요"라고 말하는 것은 자기비하에 불과하다. 심지어 당신의 직업에 확신이 없어 보인다는 인상을 주기도 한다. 만약 그 직원이 자신의 직업에 대해 구체적으로 무슨 일을 하는지

나에게 열정적으로 설명해 주었더라면, 안내데스크의 접수담당자라는 직업이 얼마나 근사해졌을까.

인맥도 사내에서 만들 수 있다

성공한 사람들은 모두 '엘리베이터 스피치(엘리베이터를 타고 내리기까지 60초 남짓의 짧은 시간 안에 투자자를 설득하는 일. -역주)'를 준비해둔다. 자기소개를 할 때 직업을 보다 긍정적인 태도로 설명한다면 좋은 인상을 남길 수 있다. 마치 '광고'처럼 짧고 간결하게 상대에게 당신의 이름을 남겨보자. 처음 보는 동료가 무슨 일을 하느냐고 물으면 절대 직책만 알려주지 말 것. 당신은 회사에서 중요한 업무를 맡고 있을 뿐만 아니라, 회사의 가치를 드높이고 있다. 그렇지 않다면 당신이 이 회사에 머무를 이유가 없지 않은가.

회사 사람들에게 그 사실을 일깨워라. 단순히 '판매담당자'라던가, '영업부 대리'라던가 또는 '출장전문 코디네이터'라는 대답은 기억에 남지 않는다. 조금 더 포장하라. 당신이 속한 부서와 친숙한 사람일수록, 함께 일하는 부서원들을 위해서라도 더더욱 살을 붙여 대답하라.

예를 들어 '판매담당자'라는 틀에 박힌 대답 대신 이렇게 말해보는 것이다. "저는 공급업체와 우리 회사 담당자를 연결해주고, 구매품목들을 선별 및 조절할 뿐만 아니라, 회사 윗선을 모시고 회의를 진행하는 일을 맡고 있습니다." 꽤 흥미롭게 보이지 않은가!

'영업부 대리'라는 말 대신에 "물품 판매 계획을 세우고 팀별 할당량을 설정하기도 하고, 영업팀의 자료를 분석하는 일도 합니다"라고 대답하는 것이다.

'출장전문 코디네이터'라는 말에 덧붙여 "국내외 출장 시 이동수단뿐만 아니라 숙박 문제도 해결해드리고 있습니다"라고 말하는 것이 어떠할까.

명심하라. 당신의 직업이 무엇이든 막힘없이 설명할 수 있어야 한다. 열정적으로 표현하는 것이야말로 성공에 있어 가장 중요한 요소임을 잊지 않아야 한다.

 일머리 법칙

엘리베이터 스피치 만들기

오늘부터 '매일 할 일'에 '다른 부서 사람들 만나기' 항목을 넣어보자. 한 번도 마주친 적 없는 사람들이 무슨 일을 하느냐고 물어보거든 즐거운 어조로 당신의 업무를 설명해보자. 당연히 직책만 알려주어도 상관은 없지만, 그럴 경우 직책은 맨 끝에 붙여 그저 당신의 설명을 거들어주는 정도로만 쓰자. 만약 부서에서 승진인사를 거론하거나 타 부서에서 사람을 데려오자는 이야기가 나올 때, 그들의 머릿속에 떠오르는 것이 당신의 이름이라면 좋을 테니 말이다.

06

....

평온하고 행복한
표정을 지어라

회사에서 일한 지 20년이 지났든 어제 막 입사했든 상관없이, 이번 장에서 다룰 기술은 당신을 자신감이 넘치는 사람처럼 보이게 할 것이다. 아무도 당신을 쳐다보고 있지 않다고 하더라도 말이다.

대부분의 직장인들은 생각해본 적도 없겠지만 '얼굴을 쉬게 해주는 것'은 '두근거리는 심장박동을 차분히 하는 것'과 같은 효과가 있다. 어떤 사람은 입꼬리가 자연적으로 말려 올라가는 축복을 받고 태어나 가만히 있어도 친근해 보이고 편안해 보인다. 반대로 입꼬리가 아래로 쳐진 사람들은 뜻하지 않게 화가 났거나 불만이 가득해 보이는 인상을 주기도 한다. 다시 말해 편안하고 따뜻한 사람이라 할지라도 원래 입꼬리가 처져 있다면, 동료들은 편안한 사람이라고 생각하지 않을 수도 있다는 뜻이다.

아기들의 표정을 보면 입을 꽉 다물고 있거나 짜증이 가득하지 않다. 청소년기를 힘겹게 보내거나, 좋지 않은 경험들이 축적되면서 표정이 굳어지는 것이다. 태어날 때부터 찡그린 인상을 갖고 태어난 것은 아니니 희망이 있다. 불만이 가득하거나 불안해 보이는 표정들도 영원한 것은 아니므로, 이를 고쳐나가기 위해 꾸준히 연습하면 된다.

지금 이 글을 읽는 당신이 직장에 있다면 주변을 돌아보자. 그리고 사람들의 입꼬리가 말려 올라가 있는지, 축 늘어져 있는지 살펴보자. 자신의 '쉬고 있는 표정'이 대체 어떤 얼굴인지 궁금하다면 거울을 한번 들여다보자. 눈을 감고 머릿속에 가득한 번뇌들을 밀어낸 후, 눈을 번쩍 뜨고 당신의 입술을 바라보자. 만약 당신의 입술 양끝이 자연스럽게 말려 올라가 있다면 당신은 선천적으로 입꼬리가 올라간 행운아다.

나는 내 강연을 듣는 수강자들에게도 똑같이 말한다.

"두 눈을 감고 사랑하는 사람을 그려보거나, 애완동물을 떠올리거나, 제일 좋았던 여행지를 떠올려보세요. 생각만 해도 설레는 여가활동이라던가 상상만으로도 즐거워지는 그 어떤 개인적인 공상도 상관없습니다."

나는 그들을 쭉 둘러본다. 두 눈을 감고 있는 그 순간 그들의 얼굴에는 놀랄 만한 변화가 스쳐 지나간다. 긴장, 거리감, 불안감들은 누그러지고 편안하고 온화해진다. 그제야 나는 자신감과 만족감으로 가득 찬 수많은 사람을 마주하게 되는 것이다.

앞서 말했듯이 몇몇 사람들은 태어날 때부터 특유의 안정적이고 즐거워 보이는 표정을 갖고 태어나는 행운을 누렸을지 모르나, 나처럼 그렇지 못한 사람들이라면 무조건 연습을 해야 한다. 다음 법칙을 따라서 한 달 정도 연습했더니 나는 어느새 행복한 표정을 짓는 것이 습관이 되었다. 평화로운 표정을 지으면 덩달아 회사 사람들의 반응도 달라진다는 점을 명심하자.

 일머리 법칙

평정심이 가득한 미소를 머금어보자

직장에서 누군가와 대화하지 않고 가만히 앉아 있을 때도, 당신은 사람들에게 인상을 남긴다. 그러므로 아무도 당신을 쳐다보고 있지 않아도 입꼬리를 살며시 끌어올리는 연습을 해야 한다. 활짝 웃으라는 것이 아니다. 그저 평온하고 행복해 보이는 표정만 지으면 된다. 책상 맡에 자녀들 또는 사랑하는 이의 사진을 붙여 놓아도 좋다. '희미하게 행복을 머금은 미소'를 짓게 하는 것이라면 무엇이든 상관없다. 당신에게 효과적인 방법을 간구하라.

이와 달리 신경 써야 할 것이 있다면 바로 당신의 어깨다. 어깨가 귀를 향해 움츠려 올라가 있거나 굳어 있다면 풀어줘야 한다. 굳은 어깨는 긴장감의 또 다른 신호이기 때문이다.

다음 장에서는 당신의 부족한 자신감을 가장 확실하게 드러내는 방법에 대해 이야기하고자 한다. 이 행동은 마치 24시간 쉬지 않고 방송하는 텔레비전 프로그램처럼 당신이 그 순간 어떤 감정을 느끼는지 당신을 힐끗거리는 모든 사람에게 무방비하게 드러나는 지표이다.

07

....

허리를 곧게 펴라

혼자 집에 앉아 텔레비전을 보고 있다고 상상해보자. 때마침 복권 추첨 방송을 하고 있다. 그런데 귀에 꽂힌 숫자 두 개가 당신이 이번 주 뽑았던 숫자와 일치한다. 제대로 확인해보기 위해 주머니를 뒤적거린다. 세상에, 숫자가 맞다! 그리고 연달아 나오는 숫자들이 일치한다. 로또 영수증을 쥐고 있는 당신의 손바닥에선 축축한 식은 땀이 흘러내린다. 그리고 마침내 아나운서가 마지막 숫자까지 모두 불러주었을 때 깨닫는다. 로또에 당첨된 것이다!

의식하지 않아도 당연히 당신은 고개를 번쩍 치켜들고 어깨를 뒤로 젖히겠지. 당신의 몸 전체가 에너지를 발산하고 있다. 왜냐하면 당신은 방금 로또에 당첨되었으니까! 그 후로 일주일 동안 당신은 내딛는 발걸음마다 생기가 흘러넘치고, 두 눈은 또렷이 빛나며, 입꼬리에 웃음이 가득할 것이다. 몸짓 하나하나가 '나는 성공한 사람'이라고 소리칠 것이다. 바로 이 모습이 당신이 직장에서 보여야 할 모습이다!

지난 몇 년간 친구들과 가족의 핸드폰에는 당신의 사진이 수백 장 들어 있다. 사진 속 당신은 대부분 웃고 있거나 바르게 서 있다. 당신은 정말 그 순간을 즐기고 있었으니까! 눈썹을 찌푸리지도 않고 어깨를 구부정하게 수그리지도 않았을 것이다. 당연히 걱정스럽거나 긴장된 표정도 짓지 않았을 것이다.

그런데 직장에서 당신은 어떤 모습인가? 만약 누군가 당신이 책상 앞에 앉아 있는 모습이나 고객을 상대하는 모습, 또는 휴게실에서 커피를 마시는 순간을 몰래 찍는다면 어떤 모습일까?

복권에 당첨된 사람처럼 보일까? 혹시 켜켜이 쌓인 서류더미 위에 쓰러져 있거나, 컴퓨터 앞에 구부정한 거북목으로 앉아 있거나, 벽에 기대고 서 있는 모습은 아닐까? 비록 이런 자세로 아주 잠깐 시간을 보냈다고 하더라도 당신의 이런 모습은 타인에게 인상을 남긴다. 흐트러진 자세를 좀처럼 취하지 않는다고 해도, 만약 좋지 않은 타이밍에 상사가 지나간다면? 그 찰나가 다른 사람들에게는 당신이 게으름을 피우는 직원이라는 인상을 주기에 충분하고도 남는 시간이 되어버리는 것이다.

'곧은 자세'야말로 당신을 떠올렸을 때 자신감을 나타내는 가장 효과적인 방법이다. 하버드Harvard와 컬럼비아Columbia 대학교의 공동 연구진은 자세와 스트레스의 관계 연구를 통해 「구부정하거나 곧은 자세가 스트레스 반응과 연관이 있는가?「Do Slumped and Upright Postures Affect Stress Responses?」라는 논문으로 이를 증명한 바 있다.

연구진은 26명의 여성과 16명의 남성을 대상으로 의자에 바르게 앉아 있는 상태에서 타액 표본을 채취한 후, 다음과 같이 말했다.

"의자에 앉아 팔꿈치를 몸에 붙이고 고개를 떨어뜨리십시오. 2분 간 몸을 구부정하게 말아주십시오."

그 후에 다시 한번 타액을 채취했다. 두 표본을 비교한 결과, 연구진은 실험자의 테스토스테론testosterone과 코르티손cortisone같은 호르몬 분비량에서 놀라울 만한 변화를 감지했다.

곧은 자세를 취한 다음 채취한 타액에서 테스토스테론은 급증하고 코르티손은 줄어들었다는 점을 발견한 것이다(참고로 테스토스테론은 남녀에 상관없이 자신감을 드러내고 위험을 감수하고자 할 때 분비되며, 코르티손은 스트레스에 반응하며 사람을 민감하게 만든다). 이와 반대로, 힘없는 자세를 취했을 때의 실험자들에게서 코르티손은 급증하고 테스토스테론은 급감했다.

반듯한 자세를 취할수록 자신감이 생기고, 더 명확한 생각을 할 수 있으며 옳은 결정을 내릴 수 있다는 것이 과학적으로 증명된 것이다.

그렇다면 어떻게 '곧은 자세'를 만들 수 있을까? 정수리에 책을 올려놓고 균형을 잡거나 일주일에 두 번 헬스장에 가는 것도 도움이 되겠지만, 이 자세가 자연스러워지려면 많은 연습이 필요하다. 컴퓨터 앞에 앉아 있을 때, 동료들과 수다를 나눌 때도 의식적으로 연습을 거듭해야 한다. 운전 중에도, 가족과 저녁을 먹을 때에도, 또는 친구들과 가볍게 맥주를 한잔 걸칠 때마저도. 완벽한 자세를 취할 때까지 연습을 거듭하다 보면 나중엔 의식하지 않아도 자연스럽게 습관이 되어 있을 것이다. 물론 이를 위해서는 평소에도 꾸준히 자세를 의식해야만 한다. 직장까지 따라와 자세를 교정해줄 헬스 트레이너를 고용할 수는 없으니 말이다.

당신이 평소에 자주 하는 행동을 하나 떠올리고, 그것을 일종의 '큐 사인'으로 삼는 것도 좋은 방법이다. 예를 들어 당신은 사무실 문을 하루에도 열두 번씩 지나칠 것이다. 화장실 역시 들어가면 나와야 하고, 휴게실과 식당 모두 마찬가지다. 집에 들어가면 현관문을 지나쳐야 하고, 주방을 드나들고, 거실을 지나다니며 방문을 열고 닫는다. 언젠가 한 번 내가 하루에 몇 번이나 문을 드나드는지 세어보았더니 글쎄, 오십 번이 넘게 나온 적도 있다! 내가 장담하건대 당신처럼 바쁜 사람이라면 오십 번은 바로 넘을 거라 자신한다.

일머리 법칙

자신감을 향해 열린 문

문을 드나들 때마다 문턱에 정수리가 스친다는 생각으로 고개를 높이 치켜들고 일등으로 결승선을 넘는 것처럼 가슴을 넓게 펴자. 특히 회의실이나 상사의 사무실에 들어가면서 이 기술을 사용하

자. 어디서든 좋은 인상을 남기고 싶을 때마다 이렇게 자세를 곧게 세우자. 문턱을 넘을 때마다 보이지 않는 트레이너가 나타나 당신의 구부정한 허리를 꾹꾹 찔러 눈치를 준다고 여겨보자. 그렇게 연습하다 보면 머지않아 자연스레 언제 어디서든 복권에 당첨된 사람처럼 보일 것이다.

08
....

한 걸음 더 다가서라

누구나 한 번쯤은 공원에서 비둘기에게 먹이를 준 적이 있을 것이다. 빵 부스러기를 땅에 흩뿌려 놓으면 배고픈 비둘기들이 갑자기 어디서 나타났는지도 모르게 날아와 열 발자국쯤 떨어져 내려앉는다. 하지만 용기 있는 한 비둘기는 부리를 이용해 빵을 바삐 낚아채어 휙 날아가 버린다. 용맹한 친구가 살아남은 걸 본 나머지 비둘기들은 그제야 친구를 따라 부스러기 주변으로 몰려든다. 당신이 자신들을 해치지 않을 것이라는 자신감이 붙으면 조금씩 더 가까이 다가오고, 이내 당신은 한 무리의 비둘기에게 둘러싸이고 만다.

인간 역시 비둘기와 같은 본능을 갖고 있다. 동료가 당신을 자신감 있고 편안한 사람이라고 여기면, 즉 스스로 '안전'하다고 느끼면 물리적인 거리감 역시 줄어든다. 그러나 당신에게 위협을 느끼고 부정적인 생각들로 가득 차 있다고 느끼면 멀어질 것이다.

당신 역시 무의식적으로 같은 행동을 한다. 가령 당신이 여성이고 함께 일한 지 오래된 다른 여성과 함께 이야기를 나누고 있다고 생각해보자. 대화를 지속하면 할수록 본능적으로 거리감을 좁힐 것이다. 함께 있으면 편하니까. 회사 밖에서 만난 친구라면 훨씬 더 가까워지는 건 당연한 일이다. 반대로 상대가 본인에게 위협적이라고 느껴지면 굳이 의식하지 않더라도 거리는 넓어진다. 이처럼 사람 사이의 거리는 많은 것을 드러낸다.

온순한 성격의 사원은 상사가 있는 곳의 문을 조심스럽게 두드리고, '두려운 공간'으로 들어서기 전까지 몇 번이고 주저하다가 문지방 근처를 서성거리며 질문을 건넨다. 그러나 당신의 상사는 아무 거리낌 없이 당신의 책상까지 성큼성큼 다가온다.

인간의 거리감을 과학으로 증명한 학문이 '근접학近接學'이다(인간과 문화적 공간의 관계를 연구한 학문. -역주). 이 교묘한 거리감의 기술을 습득하면 당신이 주고 싶은 이미지를 상대에게 줄 수 있다.

미국의 인류학자 에드워드 홀Edward Hall은 인간이 맺는 사회적 거리감을 총 4가지로 세분화했다. '친밀한 거리', '사적인 거리', '사회적 거리', 그리고 마지막으로 '대중적 거리'이다(에드워드 홀에 따르면 사람은 자기 주변의 일정한 공간을 자기만의 것으로 인식하며, 타인이 이를 침범하면 긴장감을 느낀다고 주장함. 인간이 사무적으로 맺은 '사회적 거리'는 대략 120~360cm. -역주).

유감스럽게도 그의 사람과 사람 사이에 거리를 몇 cm로 세분화하여 계산하는 방식이 나에게는 그다지 실용적이진 않았다. 대화하면서 머릿속으로 상대와 나 사이의 거리를 측정한다는 게 좀처럼 익숙지 않았던 탓이다. 그렇다고 이야기하는 도중 줄자를 꺼내 상대와 나의 거리를 잴 수도 없는 노릇이지 않은가. 그러므로 내가 주로 쓰는 비법을 소개하고자 한다.

당신과 동료가 마주 보고 서서 이야기를 나누고 있다고 상상해보자. 그 상태로 두 사람 모두 양팔을 앞으로 나란히 뻗어본다. 만약 내 손 중지 끝이 상대의 손가락 끝에 닿지 않고 몇 센티미터 떨어져 있다면, 이건 곧 두 사람 중 한 명이 위협감을 느끼거나 두 사람 모두 서로에게 적의를 느끼고 있다는 뜻이다. 나는 이것을 '손가락이 닿지 않는 거리'라고 부른다.

여기서 더욱 자신감을 표현하고 싶다면 한 발자국 앞으로 다가서보자. 팔을 뻗었을 때 상대와 손바닥이 닿을 만큼의 거리로. 이건 '손바닥이 닿는 거리'라고 부른다.

상대에게 더욱 확실하고 편안한 모습으로 자신감을 드러내고 싶다면 두 사람 모두 팔을 뻗었을 때 상대의 손목이나 팔뚝을 잡을 수 있을 만큼의 거리로 다가선다고 생각하자. 하지만 남성들의 경우 서로 최대한 멀리 떨어져 이야기를 나누는 것이 일반적이라고 감안할 때, 이 '손목 또는 팔뚝이 잡히는 거리'는 약간 민망할 수 있다. 그저 본인의 직감을 따르는 것이 중요하다. 여자 동료들과 이야기하듯 남자와도 비슷한 거리를 두면 된다. 만약 상대 여성이 한 걸음 다가온다면 그건 그쪽에서 선택한 거리지만 이를 보는 다른 사람들에게는 의도치 않게 잘못된 메시지를 전할 수도 있음을 명심하자.

마지막 측정법이 남아 있지만, 이는 솔직히 말해 직장에서 하기엔 너무 가깝다. 이를 '코끝이 닿는 거리'라고 부르며 당신의 손가락이 동료의 코끝을 만질 수 있는 거리이다. 두 사람 사이가 아무리 친근하다 하더라도, 직장 내에선 이와 같은 거리는 피하는 것이 좋다! 지금껏 설명한 근접학이 이렇게 많은 의미가 있는지 의아할 수도 있지만, 내가 장담하건대 사람과 사람 사이의 물리적 거리감은 매우 많은 것을 드러낸다.

 일머리 법칙

자신감 있게 다가가자

타인과의 거리를 좁히는 모습은 당신이 스스로에게 확신이 있다는 인상을 심어준다. 한 걸음 가까이 다가서는 것만으로도 당신의 불안감이나 적대감을 완벽하게 위장할 수 있다. 그러므로 직장 내 당신을 불안하게 하거나 짜증나게 하는 이가 있다면, 그저 살며시 미소를 지으며 반 발자국만 다가서 보자. 그 누구도 절대 당신이 두려워하거나 화가 났다는 사실을 깨닫지 못할 것이다.

그러나 절대 하지 말아야 할 행동이 있다. 만약 당신이 한 걸음 다가섰는데 상대가 뒤로 한 걸음 물러서서 다시 거리를 벌린다면 절대 또다시 다가서지 말 것. 그건 상대의 영역을 침범하는 행위이기 때문이다. 그리고 반대로 상대가 당신에게 한 걸음 다가온다고 해도 당신의 영역을 지킬 필요가 있다. 그건 그 사람이 편안한 공간이다. 본인이 편안하다고 느끼는 영역은 전부 다르다는 점을 명심하자.

업무 시 동료의 자신감을 측정하는 것만큼이나, 당신의 의견을 듣고 상대방이 침묵하고 있지만 속으로는 어떻게 생각하는지 알아차리는 것도 중요하다. 상대가 선택한 거리감 또한 하나의 단서가 될 수 있다.

나의 강연을 들은 수강자 중 한 명인 엠마Emma는 팀장으로서 팀원들에게 업무를 할당할 때 팀원들의 고개가 본인을 향하는지 반대로 돌아가는지 자세히 지켜본다고 했다. "특정한 상황에서 사람들의 기분이 어떤지 알아차리는 건, 다양한 사람들과 프로젝트를 이끌어가는 저에게는 아주 많은 도움이 돼요"라고 그녀는 설명했다.

다음 법칙은 당신이 어떤 의견을 제시하였을 때 동료들이 어떻게 받아들이는지 눈치챌 수 있도록 도와준다. 또한 이후 동료들을 대할 때도 매우 중요한 정보가 될 것이다.

상대방이 벌려놓은 당신과의 간격을 살펴볼 것

만약 당신의 의견이나 당신에 대하여 동료가 어떤 감정을 느끼는지 알고 싶다면 그 사람이 다른 사람과 이야기를 나눌 때 주로 반복하는 특정 행동을 유심히 살펴보자. 그리고 그 사람이 당신과 이야기를 나눌 때 어떻게 행동하는지 비교해 볼 것. 믿거나 말거나, 이런 사소한 것들을 센스 있게 알아차리다 보면 직장 내에서 벌어지는 불편한 관계들을 회피하는데 도움이 된다.

09
····

이메일을 쓸 때는
명확한 어휘를 사용하자

유감스럽지만 '당당한 모습으로 출근하기, 힘차게 걷기, 큰 몸짓으로 소통하기, 편안한 표정 짓기, 꼿꼿한 자세 취하기, 한 발 다가서기'와 같은 기술을 글쓰기에서 사용할 수 없다. 그렇다면 이메일에 자신감을 담아내는 방법은 무엇일까?

그 해답을 찾기 위해 어린 시절 갖고 놀던 '틀린 그림 찾기' 책을 떠올려보자. 기억이 새록새록 떠오르는가? 책을 펼치면 온갖 귀여운 것들이 그려져 있다. 풀을 뜯는 동물들이 사는 농장이라던가, 그 옆에 서 있는 농작용 트랙터, 바람이 부는 방향을 따라 휘날리는 깃발들이며 그 외에도 다양한 그림들이 있다.

어린아이인 당신은 크레파스를 꺼내 틀린 곳을 찾기 위해 두 눈을 번뜩인다. 눈썰미가 좋은 아이였다면 트랙터에 바퀴가 세 개뿐이라는 사실을 발견할 수 있을 것이다. 시작이 좋다며 당신은 커다란 동그라미를 그린다. 조금 더 자세히 들여다보았더니, 깃발 두 개가 바람과 반대 방향으로 나부낀다. 그 위에도 표시한다. 이제 틀린 그림이 마구 보이기 시작한다. 고양이 얼굴의 강아지에게도 동그라미를 치고, 맨발을 드러낸 아이의 발가락이 여섯 개라는 것도 발견했다. 그 외에도 무수히 많은 '틀린 곳' 투성이다.

이제 어른 버전의 '틀린 그림 찾기'를 해야 할 시간이다. 이름하여 '틀린 문장 찾기'이다. 그동안 사람들이 나에게 보낸 이메일에서 몇 문장을 발췌해보았다. 당신의 눈에 자신감이 부족해 보이는 곳을 찾아보자.

세리나Serena	오늘 있을 회의 일정에 변경이 없는지 여쭤보고 싶었어요.
토마스Tomás	오늘 안에 끝낼 수 있도록 노력해보겠습니다.
클라리사Clarissa	제 생각에 다음 주에는 클라이언트 쪽에 회신을 보내야 할 것 같아요.
매켄지Mackenzie	죄송하지만 오늘 미팅을 미뤄야 할 것 같습니다. 혹시 내일 시간 괜찮으십니까?
주다Judah	제가 보낸 메일은 받으셨는지 여쭤보려고요.

이 중에 어떤 문장이 불안감을 드러내고 있는가? 분명 여러분 모두 답을 알고 있을 것이라고 생각한다. 답은 전부 다이다. 왜냐고? 모든 문장이 이른바 '연약한 단어'들을 사용하고 있지 않은가.

먼저 세리나, 오늘 회의가 있는지 없는지 여쭤보고 싶었던 게 아니라 여전히 궁금한 것 아닌가? 과거형으로 자신의 본심을 드러내는 것은 가장 흔히 사용하는 '공손한 질문법'이다. 나에게 메일을 보내는 사람들은 굉장히 빈번하게 자기비하적인 문장을 구사한다. 가령 '저랑 잠깐 이야기 나누실 시간이 있는지 궁금했어요'라던가, '다른 의견은 없으신지 여쭤보고 싶었어요'처럼. 당신의 본심을 과거형으로 표현하는 것은 그것을 드러내기에 부끄럽다는 인상밖에 심어주지 않는다. 본인이 바라는 바를 주저하지 말고 현재형으로 쓰자. '이것이 지금 제가 궁금한 겁니다'라는 의미가 자신 있게 드러나야 한다.

토마스의 예시처럼, '노력해보겠습니다'는 언제나 물러 보인다. 본인이 원하는 바를 성취할 수 있는지 없는지 확신할 수 없는 사람처럼. '이번 주 안으로 무슨 일이 있어도 끝내겠습니다'로 표현함으로써 자신의 능력에 확신이 있다는 인상을 심어야 한다.

클라리사, 본인 '생각'에 다음 주까지 회신을 주어야 할 것 같은가? 보다 확실하게 말하자. '다음 주에는 회신을 보내야 합니다'라고.

매켄지, 왜 사과하는가? 잘못한 것이 없는데. 그저 단순하고 명료하게 적으면 된다. '오늘 예정된 미팅은 사정상 어렵습니다.' 그리고 다음 날 시간이 되는지 물어보아라.

주다, 물론 상대가 업무사항을 접수했는지 다시 한번 확인하고 싶은 것이 당연하지만, 그럴 경우 그저 '업무사항 전달받으셨습니까?'라고 물어보면 된다. 본인은 이미 전달한 사항이라는 것이 훨씬 더 확실해 보인다.

'그냥 제 생각에', '단순한 질문인데요', '시간 빼앗아서 죄송합니다만', '제가 어쩌면', '못할 수도 있습니다' 더불어 '~처럼, ~같아서요', '그게 가능할지 궁금해서요' 등 역시 연약해 보인다. 이제 좀 감이 잡히는가. 더욱 확고한 의미의 어휘를 사용하자.

 일머리 법칙

물러 터진 어휘 사용을 피하자

'노력해볼게요', '제 생각에', '그냥'처럼 앞서 다룬 흔한 어휘를 삼가자. 또한 의견을 하찮게 만드는 과거형 문장을 남용하지 말고, 자신이 원하거나 느끼는 감정을 확실하게 드러내자. 무엇보다 중요한 건, 본인이 죄책감을 느끼지 않을 때는 절대 '죄송합니다'라는 표현을 쓰지 않는 것이다(특히 우리 여성들은 이 표현을 너무 자주 쓰는 경향이 있다!)

10
....

지나친 자신감은
독이 된다

몇 해 전, 나와 종종 일을 같이 했던 강연 에이전시의 대표 마틴Martin에게 전화가 왔다. 만 45세 이하의 명망 높은 경영인들로 구성된 '젊은경영인협회YPO, Young Presidents' Organization'에서 나를 다음 정기모임의 첫 세션 강연자로 초청하고 싶다는 것이다. 그간 동료 강연자들에게 그 협회원들의 호응과 관심이 열정적이라는 말을 매우 많이 들어온 터라, 초청을 받았다는 사실만으로도 흥분을 감출 수 없었다.

이튿날 다시 마틴에게 전화를 걸어 협회 측에서 요청한 강연이 정확히 무엇인지 물어보았더니, 많은 사람들이 나에게 요청하는 것처럼 그들도 '대화하는 법'을 원한다는 것이 아닌가.

"농담하지 마세요." 내가 웃으며 말했다.

"이미 성공한 사람들 앞에서 내가 무슨 의사소통에 대해 강연하겠어요. 젊은 나이에 사장, 전문경영인까지 된 사람들인데, 그들은 이미 최고의 소통가라고요."

"그 사람들이 원하는데 제가 무슨 말을 더하겠어요. 그쪽 강연기획자가 그렇게 요청하는 걸. 그래서 강연하실 거예요?"

"네, 당연하죠! 혹시 조금 더 중요하게 다루어야 할 분야가 있나요?"

"구체적으로 보디랭귀지와 관련해서 조언을 구하고 싶대요."

"뭐-라-고-요?" 명확하게 이해하지 못한 내가 되물었다.

"그쪽에서 요청한 건데요, 제 생각에는 권위적인 모습을 확실하게 표현하는 법을 배우고 싶어 하는 것 같아요."

"하. 하. 하." 나는 빈정거리는 듯 웃음을 터트렸다.

"농담이 아니라 진짜로요."

기가 막힌 나는 이렇게 대꾸했다.

"뭐, 어쩌면 그럴 수도 있겠네요. 회사를 물려받았거나, 결혼으로 그 자리를 얻었거나, 창립자와 연결고리가 있어서 그 자리에 올라간 사람들도 있을 테니까요."

나중에 알고 보니, 난 완전히 잘못 짚었다. 아주 소수의 경우를 제외하고 YPO의 회원들은 그 자리를 매우 공정한 방식으로 얻어냈다. 열심히 일하며 옳은 결단력을 바탕으로, 진정한 지도자가 그러하듯이.

강연 전날, 나는 콜로라도스프링스Colorado Springs로 날아갔다. 커다란 호텔 로비에 들어서자마자 경쾌하게 이야기를 나누고 있는 협회 회원들과 마주쳤다. 그들은 모두 능수능란한 처세술과 완고한 자신감을 갖고 있는 듯했다. 이내 나는 충격에 빠졌다. 내 숙소까지 엘리베이터를 타고 올라가는 내내, 마치 뇌신경학과 전문의들 앞에서 개두술開頭術을 집도해야 하는 열 살짜리 아이가 된 것 같았다. 너무 두려웠다. 나를 초청한 기획자는 해고당할 것이 분명했다. 담당자는 내 강연을 다음 날 아침 9시로 잡아놓은 상태였다.

'차라리 잘됐네. 다들 비행기도 오래 탔을 테고, 오늘 밤 환영 만찬까지 있으니 아마 내일 아침 그 시간이면 다들 졸려 죽으려고 할 걸.'

나는 애써 그렇게 위안했다. 하지만 그런 행운은 일어나지 않았다. 다음 날 아침 9시 정각이 되자, 연회장은 60여 명의 권위 넘치는 사람들로 가득 차 있었다. 나는 내가 준비한 권위 넘치는 보디랭귀지 강연 내용이 그들에게는 너무 기초적일 것이라 확신했다. 한 명씩 조용히 문을 열고 나가 결국은 나 혼자 그 커다란 연회장에 홀로 남아 오도 가도 못하는 장면이 눈앞에 훤히 그려졌다.

고압적인 태도는 독이 된다

정말 놀랍게도, 나의 강연은 그 주말에 열렸던 세션 중에서도 가장 많은 이야깃거리를 만들어냈다. 나는 그들의 리더십 넘치는 모습에 대해 칭찬을 건네며 강연을 시작했다. 그리고 나에게 강연 기회가 주어진 것 자체가 순전히 행운이었음을 말하며 농담을 건넸다.

"대체 여러분에게 제가 무엇을 가르칠 수 있겠어요."

그러자 한 청중이 손을 입가에 가져가 소리쳤다.

"조금 덜 권위적인 사람처럼 보이는 법을 가르쳐줘요!"

순간 청중들이 모두 웃음을 터트렸다. 하지만 목소리를 높여 소리친 그분은 꽤나 진지했다. 그렇다. 모두가 그걸 배우고 싶어 했다! 그들에게 이유를 묻자 몇몇 참가자들은 자신들이 사내에서 이른바 '우월해 보이는 태도'로 야유를 받는다고 설명해주었다.

한 명은 이렇게 대답하기도 했다. "저는 공감 능력이 떨어진다는 말을 들었어요." 또 다른 회원은 "저는 타인에게 너무 무관심하다는 이야기를 들었어요"라고 했다. 그제야 나는 제대로 감을 잡았고 금세 신이 나기 시작했다. 그리고 계획했던 강연내용을 모두 버리고 열린 토론을 진행하기에 이르렀다.

참가자 중 한 회사대표가 말하길, 협회원들은 지난 몇 년간 이 문제를 인식하고 고쳐보고자 '사원들에게 더욱 친밀하게 말하는 법'에 대해 여러 강연을 신청했다고 한다. 그럼에도 불구하고 사원들의 불만은 여전했다. 그래서 이번에는 초청강연 기획자가 새로운 의견을 냈다. 협회원들과 누구보다도 가깝게 지내면서 살펴본 결과, 그런 평판들이 어쩌면 행동에서 비롯된 것은 아닐까 생각하게 되었다고 한다. 그리하여 강연 에이전시를 통해 보디랭귀지 강연전문가를 초청하기에 이르렀다는 것이다.

그 순간 나는 의뢰인들의 니즈를 제대로 이해하지 못했던 마틴을 용서해주기로 마음먹었다. 그의 잘못이 아니었다. 이 강연은 정말 유일무이한 요청을 담고 있었으므로. 그 어떤 기획자에게서도 '본인을 드러내지 않는 법'에 대한 강연을 요청받은 적은 없었을 테니까 말이다! 그 자리의 각기 다른 회사 대표들이 들어온 이야기들은, 그동안 나의 강연에서 들어온 상사에 대한 불평불만들과 마치 불협화음처럼 귓속에서 울려 퍼졌다. 청중에게 그간 나의 강연에 참석했던 회사원들이 가장 많이 털어놓곤 했던 이야기를 몇 가지 들려주었다.

"제 상사는 잘못을 지적할 때마다 저한테 손가락질해요."
"꼭 제가 무슨 말만 하면 믿음이 안 간다는 듯이 두 눈을 흘겨요."
"제가 이야기하고 있으면 눈앞에서 보란 듯이 팔짱을 낍니다."
"지시사항을 알려주면서 꼭 양손을 허리에 짚어요."
"업무에 대해서 한참 설명하고 있는데 그냥 가버린다니까요."

일부 청중들의 입가에 수줍은 미소가 떠올랐다. 또 몇 명은 다소 난감한 목소리로 중얼거렸다. "찔리네." 동시에 몇몇의 안색은 다소 혼란스러운 듯 어두워지기도 했다.

한 여성은 꽤나 어리둥절한 표정으로 목덜미를 문지르다가 팔뚝을 쓸어내렸다. 강연이 점점 더 열린 토론의 형식으로 진행되면서 나는 이 주제에 관한 그녀의 생각을 물어보았다. 그녀는 주변을 둘러보고는 이렇게 대답했다.

"여기 계신 분 중에 저와 같은 경우도 있을 거예요. 저는 가업家業을 물려받았어요. 지난해 아버지가 돌아가셨거든요. 사업적인 면에서만 보면 저는 완벽히 통달했어요. 회사와 함께 자랐으니까요. 그런데 지금 제가 맡고 있는 대표자리만 놓고 본다면 절대 그렇지 않아요. 언제나 불안정하다고 생각하니까요. 그래서 실은 조금 더 지나치게 행동하는 면이 없지 않아요."

주변의 다른 젊은 대표들은 그녀의 말에 공감한다는 듯 고개를 끄덕였다. 결국 자신의 심리적 불안감을 들키지 않으려고 다소 거친 태도로 일관한 사람이 그녀 혼자가 아니었던 셈이다.

강연장에 구비된 이젤과 종이를 발견한 그녀는 지금껏 나온 오만한 태도들을 적어달라고 요청하였고, 내가 사원들에게 매직마커를 전달하자 박수가 터져나왔다.

강연은 자유롭게 토론하는 분위기로 마무리되고 있었다. 토론이 끝날 무렵, 종이에 적어 내려가기 시작한 사원들의 불만이 총 여섯 장 분량이나 되었다. 그 강연은 절대 잊을 수 없는 기억이 되었다. 강연이 끝나고 나는 그 종이를 가방에 챙겨왔다. 그리고 여기, 그날 나누었던 대화 중 일부를 발췌하여 싣는다.

"그분은 제가 이야기를 하고 있으면 팔짱을 끼고 의자에 등을 기대 누워요. 마치 들을 가치가 없는 이야기인 것처럼요."
"복도에서 마주쳐도 그냥 스쳐 지나갑니다."
"제가 회의에 들어가서 프레젠테이션을 할 때마다 대표님은 노트에 낙서를 끼적여요."
"자기가 나보다 훨씬 우월하다는 듯이 시선을 내리깔면서 제 책상에 걸터앉아요."

"말씀드릴 일이 있어서 찾아가면요, 책상 위에 발을 툭 올립니다."

"대표님 방에 가서 이야기를 나눌 때가 있는데요, 이야기 도중에 새 메일이 들어오잖아요. 그럼 제가 있는데도 매번 그 자리에서 바로 확인해요."

"우리 사장님은 편하게 기대고 앉아서 머리 뒤로 깍지를 껴요."

"제 의견이 마음에 들지 않으면 손가락을 까딱까딱 저어요. 박자 맞추는 메트로놈처럼."

"책상에 손바닥을 기대고 서서 저를 빤히 쳐다봅니다."

"고개를 치켜들고 사람을 봐요."

"내가 당신보다 낫다!"라고 소리치는 제스처

종이에 적혀 있던 행동들을 3가지 유형으로 분류해보았다.

행동에서 우월감을 드러내는 유형
- 손을 허리춤에 올리거나, 머리에 깍지를 끼어 뒤로 기대기
- 책상 위에 발을 올리거나, 손가락질하기

무관심한 유형
- 시선 마주치지 않기
- 지루해 보이거나, 전혀 경청하지 않는 자세

거부형

- 팔짱을 끼고 빤히 바라보거나, 눈 치켜뜨기
- 이야기를 하는 도중 자리 뜨기

 일머리 법칙

오만한 태도는 절대 금물이다

직장 내 다른 이들이 보기에 언제나 통솔력이 있고 자신감 넘치는 사람처럼 보여야 하지만, 그렇다고 해서 남을 배려하지 않는 고압적인 태도는 삼가야 한다. 너무 자신만만한 사람처럼 보일 경우 성공을 향해 올라가는 사다리에서 떨어질 수 있다. 사람들은 자기가 남들보다 우월하다는 듯이 행동하는 사람들에게 분노하기 마련이다.

이제부터는 성공과 성취감에 있어 자신감만큼이나 중요한 또 다른 자질에 관해 이야기하고자 한다. 바로 함께 일하는 동료를 배려하는 법이다. 안타깝게도 타인을 배려하는 마음은 오늘날 대부분의 업무환경에서 사라지고 있는 것 같다. 하지만 분명 이런 격언을 들어본 적이 있을 것이다.

'남들은 당신이 얼마나 배운 사람인지 신경 쓰지 않는다. 당신이

남들을 얼마나 배려하는 사람인지 알기 전까지는.'

이보다 더 훌륭한 격언이 있을까. 지금부터 타인을 배려하는 법에 대해 하나하나 짚어보자.

PART 2

최선의 일머리:
사람의 마음을 얻어라

누군가와 공감할 때
관계는 보다 깊어질 수 있다.
– 오쇼 라즈니쉬Osho Rajneesh

01
....

상대의 자존감과 능력에
상처 주지 마라

혈우병 환자들은 피부에 상처가 나면 피가 멈추지 않는다고 한다. 직장인들은 저마다 각기 다른 상황에 처해 있으나, 직접 피를 흘리거나 상처를 입는 경우는 없다. 다만 자아에 상처를 입는 경우 감정적으로 출혈이 생긴다. 이런 사람들을 '자아 혈우병 환자'라고 부르기로 하자.

그럼 혼자 속으로 끙끙대며 앓는 이들의 천성이 나쁜가? 아니, 전혀 그렇지 않다. 우리 마음속 깊은 곳엔 아기가 산다. 우리는 모두 요람에 누워 타인의 관심을 요하고 '특별한' 사람으로 취급받기 위해 울부짖는다(모두가 각기 다른 자신만의 방법으로 말이다). 모든 사람은 이런 자신의 모습을 직장에서도 똑같이 투사하며, 이렇게 표현해 얻은 경험들 또한 제각기 다른 모습이다.

그렇다면 대체 자아란 무엇일까? 단순히 말해 '자아'란, 사람들이

내면에 만들어놓은 자신을 뜻한다. 자아는 평생토록 매일, 매 시간, 매 순간을 함께 보내야 하는 사람이다. 그래서 자아를 보호한다는 말은 곧 생존을 의미한다. 문제는, 사람들의 자아가 깨지기 쉬운 달걀과도 같다는 점이다. 우리는 모두 어둠 속의 댄서와 같은 능력을 발휘하여 무대 위에 흩뿌려 놓은 이 연약한 달걀 사이를 활보해야 한다. 물론 단 한 알도 깨트려서는 안 된다.

회사 내에서 입지가 높아질수록, 당신은 자신이 소속된 단체의 발전을 위해 보다 옳고 단호한 결정을 내려야 한다. 그러나 진정으로 성공하고 싶다면, 함께 일하는 타인의 자존감이나 긍지를 꺾어선 안 된다. 종종 부하직원들은 당신이 주류에 반하는 의견을 고수할 경우 이에 찬성하지 않을지도 모른다. 그러나 옳지 않은 것은 개선해야 한다. 누군가 무엇을 부탁했을 때 단호하게 싫다는 말을 해야 하고, 개인적으로 좋아하던 직원을 해고해야 할 수도 있다.

앞에 나열한 것들은 성공을 위해서 밟고 올라가야만 하는 계단에 불과하다. 다른 이들의 자존감과 능력에 상처를 주지 않고 본인의 업무능력을 발전시켜 나간다면, 진정한 의미의 성공을 이룰 뿐만 아니라 타인의 인정 또한 받을 수 있을 것이다. 이제부터 어떻게 행동해야 하는지 알아보자. 먼저, 당신의 미소에서부터 시작해보자.

02

....

웃음에도
전략이 필요하다

우리는 모두 직장에서 미소를 짓는다. 그중에 몇 번은 진심으로 웃은 적도 있다! 분명 여러분도 직장에서 여러 종류의 미소를 마주친 적이 있을 거라 믿는다. 항복의 미소, 남을 속이면서 짓는 미소, 가짜 미소, 음흉한 미소, 그리고 정말로 웃음이 터졌을 때의 익살스러운 미소 등등.

나도 상사가 농담을 했을 때 사원들이 억지로 짓는 미소를 본 적이 있다. 그 함박웃음은 마치 바나나를 본 원숭이만큼이나 우스꽝스러웠다. 사람들은 정말 미소라는 게 단순히 이를 드러내고 입술을 벌리고 '하나, 둘, 셋. 치즈'라고 말하는 것보다 훨씬 더 큰 의미를 담고 있다는 것을 모르고 있는 것일까?

거짓 미소를 짓지 않아도 된다거나, 거짓된 감정을 드러내지 않아도 되는 직장에 다니고 있다면 정말 좋지 않을까? 당신의 생각을 꾸미지 않아도 되는 회사라면? 동료의 프레젠테이션이 정말 좋았다고 거짓말하지 않아도 되고, 누군가의 주말 계획을 듣고 억지로 반응을 해주지 않아도 되는 회사. 그러나 내가 지금껏 컨설팅을 한 수백 곳의 회사 중 직원들이 가짜로 미소를 짓지 않아도 되는 곳은 단 한 곳도 없었다. 종종 무언가가 웃기지 않을 때도 있고, 누군가의 의견에 동조할 수 없는 경우도 있지 않은가. 하지만 사회생활이란 이유로 또는 타인을 배려하는 인도적 차원에서라도, 우리는 종종 생각과 감정을 꾸며야 한다.

우리는 동료의 웃음이 진실인지 거짓인지 알아차리는 기술도 배워야 한다. 이런 기술이 없다면 잘못된 선택을 하거나 큰 실수를 저지를 수도 있다. 누군가 진심으로 당신의 의견에 동의하거나, 당신의 재치에 웃음을 터트리거나, 당신의 아이디어에 깊이 감명 받았다면 그 사람의 눈을 통해 알 수 있다. 정확히 말하면, 그 사람의 눈가 주름을 보면 된다. 이 주름을 안륜근 또는 눈둘레근이라 부른다(꼭 알고 있어야 하는 기술이지 않은가).

당신은 어쩌면 이렇게 생각할지도 모르겠다. '좋았어. 이제부터 다른 사람을 향해 억지로 웃을 때는 꼭 내 눈가를 찡그려야지' 하고 말이다. 하지만 그렇게 쉽게 결정할 일이 아니다! 눈둘레근은 본인의 의지로 움직일 수 없는 불수의근, 즉 의식적으로 조절할 수 없는 근육이므로 억지로 눈가의 주름을 잡기란 불가능하기 때문이다.

진짜 웃음과 가짜 웃음 사이의 또 다른 차이점은 반응 속도다. 가짜로 미소를 지을 경우, 입술이 갑자기 삐쭉거리며 굉장히 빠른 속도로 치아가 보인다. 그러나 누군가 정말 의미심장하거나, 웃긴 이야기를 들었을 경우에는 천천히 웃음꽃이 핀다. 타인의 말을 듣고 이해하는 데에 시간이 필요하기 때문이다. 자, 이제 당신의 웃음을 조금 더 진실하게 만들 수 있는 기술이 여기 있다.

일머리 법칙

절대 빠르게 웃지 말자

웃을 때는 커다랗게 천천히 웃을 것. 타인이 무슨 말을 하는지 경청하고 난 후에 얼굴 가득 미소를 지으며 마치 잔잔한 파도가 밀려오는 것처럼 상대를 사로잡아야 한다. 웃음이 당신의 가슴에서 비롯되어 뇌를 거치고 마침내 당신의 입술에 도달하는 것이라고 생각해보자. 물론 여기에서 속도는 1000분의 1에 불과하나, 그 차이는 엄청나다. 너무 빨리 웃음을 짓는 사람들은 거짓말을 하는 것처럼 보이며, 이는 아예 웃지 않는 것보다 더 좋지 않다.

다음에 소개할 일머리 법칙은 오직 여성들에게만 해당한다(그렇지만 남자들이여, '미소를 보류해야 성공할 수 있다' 글의 마지막 두 줄만큼은 잊지 않길 바란다. 왜냐하면 그 기술은 당신들을 위한 것이기 때문이다).

억지로 짓는 웃음은 아무런 도움도 되지 않는다

'미국 남부 연합이 쓰던 달러'라는 표현을 들어본 적이 있는가? 미국의 남북전쟁이 발발하기 바로 직전에 발행된 남부 연방의 화폐는 북부 연합의 승리 이후로 그 어디에서도 쓰이지 않아 전쟁 이후 통화 가치가 5센트 이하로 하락하고 말았다. 이와 마찬가지로 여성들이여, 미소를 남발하면 그 가치가 하락한다는 사실을 잊지 말자.

우리는 어린 시절 아버지의 무릎에 앉아 잔망스러운 미소를 짓고 나면 내가 원하는 걸 쟁취할 수 있다는 것을 알고 있었다. 사춘기 시절을 보내면서 남자에게 미소를 지어 보이는 것만으로 그의 환심을 살 수 있다는 사실을 깨닫기도 했다. 그리고 어른이 된 지금, 여자인 친구들과 함께 어울릴 때 웃음소리가 끊이지 않는다. 왜? 그들과 함께하면 정말 재밌으니까.

그러나 직장에서 만큼은 우선순위가 달라져야 한다. 당신과 협력하는 동료들, 특히나 남성인 경우, 그들에게 웃음을 지어 보이는 것은 때로 오해의 소지를 일으킬 수 있다. 당신이 연약하다든지, 더 나아가 그들에게 이성으로서 호감을 갖고 있다는 식의 착각을 불러일으킬 수 있다는 뜻이다. 아무리 당신이 영향력 있고 유능한 사원이라고 할지라도, 어릴 적 아버지에게 원하는 것을 얻어내기 위해 그랬던 것처럼 웃음을 이용하지 말아야 한다.

미소를 보류해야 성공할 수 있다

몇 년 전, 엔지니어 협회에 의사소통에 관한 강연자로 고용된 적이 있다. 당시 부회장이었던 플로렌스**Florence**와는 몇 차례 이메일만 주고받은 상태였는데 어느 날 아침, 협회의 중간관리자들을 만나는 자리를 마련했다며 나를 초대해주었다. 참고로 중간관리자들은 모두 남성들이었다. 도착해서 보니 플로렌스는 당당하고 품위 넘치는 여성이었는데, 자리에서 일어나 악수를 청하며 이렇게 말하는 것이 아닌가.

"만나서 반가워요. 레일리."

레일리? 이게 무슨 상황이란 말인가! 고등학교 시절 내 친구들이 나 부르던 애칭을, 그것도 졸업한 이후로 나 스스로 절대 사용하지 않았던 애칭을 쓰다니(그 이름은 내가 원하고 되고 싶어 했던 '전문직 여성'의 이미지와는 너무도 어울리지 않았기 때문이다). 아마 발음을 잘 못했겠지, 하며 대수롭지 않게 넘기려 했다. 하지만 상황은 점점 더 악화되고 있었다. 회의 중에 이토록 지위가 높고 프로페셔널한 여성이 이번엔 나에게 윙크를 하는 것이 아닌가.

세상에, 너무도 어울리지 않았다! 특히나 그녀는 회의 내내 너무나 통솔력 넘치는 모습으로 진두지휘하는 상황이었다. 나는 곧 다가올 강연일정에 대해 회의하는 내내 그녀의 윙크를 머릿속에서 지우려고 안간힘을 썼다.

곧 회의가 끝나고 모두가 자리에서 일어나는데, 플로렌스가 말했다.

"레일리, 잠깐 이야기 좀 나눌까요?"

그녀는 회의실 문을 닫으며 까르르 웃음을 터트렸다. 나는 너무도 당황해서 어안이 벙벙했다. 깔깔거리는 웃음이 이 여성과는 좀처럼 어울리지 않았다! 더군다나 상대는 따스하고 커다란 미소를 지어 보이며, 두 팔을 벌려 나를 껴안으려는 게 아닌가.

'미치겠네, 이게 다 무슨 일이야?'

그제야 나는 상황을 깨닫고, 마침내 플로렌스가 누구인지 알아볼 수 있었다. 고등학교 동창 플로렌스였다(그리고 나는 그녀를 '플로시 Flossie'라고 불렀다). 언제 어디서든 터지곤 했던 그녀의 해맑은 미소는 보는 사람마저도 활짝 웃게 만들었고, 그녀는 학교에서 유명 인사였다. 누구나 그 웃음을 사랑했다. 플로시는 언제 어떤 상황에서든 웃음을 참지 못했고, 그게 바로 그녀의 매력이었다. 기절초풍 직전의 내가 소리치고 말았다.

"세상에! 플로시? 정말 너야?"

"맞아, 레일리. 나야. 어쩜 이렇게 다 만나니. 얘!"

그녀는 꺅, 하고 비명을 지르며 나를 껴안았다.

"오늘 오후에 일정 없으면 같이 점심이라도 먹는 게 어때?"

"물론이지! 우리 이야기할 게 너무 많잖아"라고 대답을 했지만 사실 내가 진짜로 물어보고 싶었던 것은, 어떻게 플로렌스가 회사에서는 그토록 진지하고 전문가다운 모습을 유지하다가 동료들이 모두 자리를 비우고 나서야 특유의 활기차고 사랑스러운 플로시로 모습을 바꾸었는가였다.

점심 식사가 절반쯤 지났을 때, 와인의 힘을 빌리고 나서야 나는 그토록 물어보고 싶었던 질문을 할 수 있었다.

"저기, 플로렌스, 너 아까 회사에서는 좀 달라 보이더라……."

그녀는 유쾌한 웃음을 터트리며 말했다.

"아, 제발. 레일리, 그냥 플로시라고 불러. 내가 달라 보였다고 물을 필요도 없어. 나 안 바뀌었어. 그냥 예전처럼 시도 때도 없이 웃지만 않을 뿐이야."

그녀는 다소 진지한 표정으로 설명을 이어나갔다.

"사실 한 가지 달라진 점이 있다면 필요 이상으로 웃지 않는다는 것, 그거 하나야. 예전 직장에 다닐 때 나보다 경력이 한참 모자란 후배들이 나보다 먼저 승진을 했어. 엔지니어 분야는 워낙 남자들이 주름잡고 있으니까 내가 여자라서 늘 승진에서 밀려나는구나 생각했지. 그래서 남녀의 차이에 대해 조사를 해봤는데, 여자들은 남자들보다 너무 자주 웃는다는 연구들이 쏟아지더라. 그리고 그게 여자들이 갖고 있는 전문성을 깎아내린다는 거야."

"정말? 그래서 그때부터는 아예 웃지 않았어?"

"세상에, 아니지!"

플로시가 빙그레 웃으며 뒤로 넘어지는 시늉을 했다.

"그냥 웃는 빈도를 좀 줄였어. 그리고 지금은 직장에서의 대우가 달라졌지. 특히 남자들한테 말이야. 물론 나도 일하면서 즐거운 일이 있거나 웃긴 일이 있으면 웃어. 하지만 일을 할 때 만큼은 웃음에 좀 인색해져. 특히 내가 동의하지 않는 상황이라면 예전처럼 억지로 웃지 않아. 어렸을 때는 다른 사람들에게 인정받고 싶은 마음이 너무 간절해서 억지로 웃음을 지었던 것 같아."

플로시와 나는 저명한 인류학자 헬렌 피셔Helen Fisher의 연구 결과에 대해 이야기를 나누었다. '다수의 남성들이 여성의 미소를 비굴하거나, 연약하거나 때로는 약점으로 여긴다'는 내용이었다. 우리는 학교에 다니던 시절, 길에서 마주치는 남자들이 때로 '이봐, 아가씨! 한번 웃어봐!' 하고 소리치던 기억을 떠올리며 웃음을 터트렸다. 만약 그 사람이 그 말을 지나가던 남자들에게 했더라면 바로 주먹이 오갔을 테니까.

이 연구 결과를 읽고 나니, 플로렌스의 행동이 옳았다는 사실을 깨달았다. 새롭게 이직한 직장에서, 그것도 여전히 남초 현상이 뚜렷한 업무환경에서 그녀가 부회장직에 올랐다는 것이 그 증거이다. 재빠르게 웃지 않음으로써 자신을 숨기는 것! 너무 자주 웃음을 지어 보이면 웃음의 가치마저도 잃는다. 그러므로 여성들이여, 당신의 미소 철학에 약간의 변화를 주는 것은 어떨까.

✓ **일머리 법칙**

여성들의 웃음, 개정이 필요한 시점

당신이 남초 직업군에 종사한다면 너무 빨리, 너무 환하게, 너무 자주 웃는 습관은 꼭 고쳐야 한다. 빈번하게 짓곤 하는 영혼 없는 미소는 최고의 전문직 여성이 되고자 하는 당신의 이미지 향상에 전혀 도움 되지 않는다. 당신의 사랑스러운 미소는 친구들, 가족들

그리고 아이들을 위해 아껴두자.

___

하지만 여성으로서 감독관의 자리에 올랐거나, 누군가의 상사라면 웃음에 조금 더 관대해질 필요가 있다. 특히 업무상 보고를 받는 자리라면 당신의 미소 한 번이 팀의 사기를 높일 수 있는 절호의 기회가 될 것이다. 당신이 남성이라면 동료나 부하직원들에게, 특히 여성들에게 더 자주 웃어주자. 크고 따스하고 진심 어린 미소를 가진 남자와 일하는 즐거움을 느끼게 해줄 것이다.

빠르게 스쳐 지나가는 웃음이 필요할 때도 있다

'재빠르게 스치는 웃음'의 엄청난 중요성을 폄하하는 것은 아니다. 사실 고객 관리 분야와 같은 특정 업종에서는 즉각적인 미소가 굉장히 중요하다. 가령 주유소 직원이라던가, 식료품마트 점원, 또는 호텔 안내데스크 직원이 영수증을 건네며 심드렁한 표정을 지어 보인 적이 얼마나 있을까? 그런 흔치 않은 기회를 접할 때마다 나는 무심코 이렇게 입을 놀릴까봐 무서워 입술 안쪽을 꾹꾹 씹어 삼킨 적도 있다. "저기요, 좀 웃으시면 안 돼요?"라고. 고객 관리를 하는 직원이 웃질 않는다면 그건 '고객 관리'가 아니라 '고객 무시'다.

내가 컨설팅을 맡았던 한 은행의 은행장은 눈에 띄게 많은 수의 고객들이 타 기관으로 주거래 계좌를 바꾸는 것을 알고 굉장히 골머리를 썩고 있었다. 그는 나에게 은행원들의 태도에 대해 엄청난 항의가 들어오고 있다고 했다.

"도무지 이해할 수가 없더군요. 우리 은행원들은 교육도 많이 받았고 굉장히 유능하단 말입니다."

그가 말했다. 마치 자기가 피해자라는 식의 말투에서 명쾌한 해답 없이 어찌할 바를 모르고 있다는 것이 느껴졌다.

나는 일단 그 은행에 계좌를 하나 열어보기로 했다. 제일 바쁜 시간대인 점심시간을 골라 은행에 방문해 돈을 예치시키거나 수표를 현금화하는 업무를 보러 가서 차례를 기다리는 동안 은행원들을 '훔쳐보기' 시작했다. 직원들은 고객의 업무를 처리하면서 자신이 교육받은 대로 금액이 맞는지 확인하거나, 현금을 세거나, 청약서 양식을 채우는 등 은행 규정에 따라 처리하고 있었다.

은행원들에게 단 한 가지 부족한 점이 있다면, 바로 고객들을 향해 환영의 미소를 짓지 않는다는 것이었다. 맡은 업무가 끝나면 그들은 "다음 분이요" 하고 소리치는 게 전부였으며, 심지어 어떨 때는 고개를 들지도 않았다.

그리고 내 차례가 되었을 때, 나는 은행원에게 다가가 눈을 맞추고 미소를 지으며 말했다. "좋은 아침이네요." 그러자 내 담당 은행원은 무덤덤한 목소리로 "예, 그러네요" 하고 대꾸하며 내가 건네는 질문들에 무표정으로 일관했다. 창구 앞에서 오른쪽, 왼쪽을 번갈아 가며 지켜보니, 다른 고객들의 은행 업무 역시 별다른 문제없이 진행되고 있었다. 하지만 은행원이나 고객들의 얼굴에선 그 어떤 미소도 찾아볼 수 없었다. 거래가 끝나면 은행원들은 나지막이 중얼거렸다. "좋은 하루되세요"라고. 하지만 그 말은 인사가 아니라 무조건 좋은 하루를 꼭 보내야만 하는 협박처럼 들렸다.

그 이후로도 몇 번이나 다른 은행원에게 업무를 보고 나서야, 나는 은행의 문제가 그들에게 만연한 고질병이라는 것을 발견했다. 이후 은행의 중간관리 담당자와 함께 일명 '미소 짓기 훈련법'을 실행했다. 그 훈련법은 정말 미소 짓는 법에 불과했지만, 효과는 상당했다. 우리의 훈련이 거듭될수록 고객의 항의는 점점 줄어들었고, 은행은 직원과 고객들 모두에게 기분 좋은 공간으로 탈바꿈할 수 있었다.

일머리 법칙

씩 웃고 마는 미소도 중요하다

특히나 고객관리 부서에서 근무한다면 무조건이다! 가끔은 시간적 여유가 없거나 천천히 드러내는 웃음을 지을 필요가 없을 때도 있다. 이런 경우라면 처음 응대하면서 씩 웃고, 업무 도중에 가끔 웃고, 마지막 배웅 시에 또 한 번, 이렇게 고객을 응대하면서 사이사이에 재빨리 웃음으로써 큰 차이를 만들어 낼 수 있다. 당신에게 일어나는 변화도 마찬가지로 크다. 당신을 알지 못하는 고객이나 동료들도 당신을 훨씬 더 대우해 줄 것이다.

03

....

상대에게 온전히 집중하라

부동산 중개업으로 유명한 번스 앤 컴퍼니Burns and Company에서 있었던 일이다. 휴가 일정을 잡으며 회사와 큰 언쟁이 오간 후로, 팀장은 분노하며 탁자를 내리쳤다. 그리고는 부하직원들에게 올해는 무조건 휴가를 쓰고 말 거라고 으름장을 놓았다. 자신이 거느리는 팀원들을 전부 회의실로 불러 모아놓고 휴가를 발표했다.

"켈시Kelsey, 12월 15일부터 1월 1일까지 쓰세요."

'오예!' 켈시는 속으로 환호성을 터트렸다. 반짝반짝 빛나는 크리스마스트리를 떠올리며 상상했던 계획들을 떠올렸다. 너무도 기분좋은 소식에 몸이 덩달아 앞으로 움츠러들었다. '복 받으실 거예요! 팀장님.' 그녀는 속으로 생각했다.

"아루에고Aruego, 11월 17일부터 그달 말일까지 쉬시고요."

'팀장이 어떻게 나한테 이럴 수가 있지?' 아루에고는 속으로 투덜 거렸다. '그때 해변 날씨는 완전 엉망진창이잖아.' 그는 상체를 돌려 회의실 문을 향해 돌아앉았다가 이내 생각했다. '아, 그 주에 추수감 사절이 있구나. 그럼 가족들이랑 최소한 여행은 갈 수 있겠군.' 그는 몸을 다시 반 바퀴 돌려 팀장을 바라보았다.

"돈Don은 3월 1일부터 15일까지예요."

'젠장! 이 여자 완전히 마녀 아니야.' 자신에게 배당된 휴가가 손 톱만큼도 마음에 들지 않은 돈은 뒤로 몸을 기대 누워버리고는 팔짱 을 꼈다. 어깨를 휙 돌려 회의실 문을 향해 틀어 앉았다.

부하직원들의 머리에 비닐봉지를 뒤집어쓰고 있었더라도, 이 상 황을 지켜보았다면 그들이 상사에게 각각 어떤 감정을 느끼고 있는 지 알아차리는 게 어렵지는 않을 것이다. 켈시는 기쁨을, 아루에고는 실망감을, 그리고 돈은 분노를 느꼈다. 이들의 감정선은 분명하다. 상반신 방향이 모든 것을 말해주고 있다. 눈, 팔, 손, 다리, 그리고 신 체의 모든 부분이 보는 이에게 어떤 감정을 느끼고 있는가를 알려주 지만, 특히나 상반신은 이를 거의 소리치듯 알려준다. 감정을 읽는데 비상한 통찰력 따위는 필요치 않다.

시드니 패터슨Sydney Patterson은 내가 사내 직원교육 자문을 맡았던 한 회사에서 가장 사랑 받는 팀장이었다. 회의를 주관하며 그녀는 절대 회의실의 기다란 회의용 탁자 상석에 앉는 일이 없었다. 대신 그녀는 테이블의 긴 가로줄을 가로질러 직원들 사이에 자리를 잡았다. 부하직원이 말을 할 때면 고개를 돌리고 가슴이 그 사람을 향하도록 몸을 틀었다. 이야기를 들어줄 때마다 고개를 끄덕였고, 자신이 이해하고 있다는 점을 확실히 하며 때때로 추임새를 넣었다.

"그거 정말 흥미로운 관점이네요"라던가 "무슨 말씀을 하시는지 알겠어요" 또는 "그 점은 다시 한번 짚고 생각해봐야겠네요'처럼. 회의 도중에 고개를 돌릴 때가 있다면 그건 직원들의 의견을 자신의 노트에 적을 때뿐이었다. 그런 자세가 타인에게는 존중받고 있다는 느낌을 들게 했다.

또한 복도에서 마주친 누군가와 대화를 할 때 그녀는 몸을 완전히 상대방을 향하게 했다. 여러 명이 이야기할 때는 몸을 자연스럽게 틀어 한 사람씩 화자를 향해 돌아섰다. 모든 직원들이 그녀가 경청하고 있고 실제로 팀원들을 배려하고 있다는 것을 알고 있었다. 그리고 그녀의 노력은 분명 효과가 있었다. 팀원들은 그녀의 지시에 충실했을 뿐 아니라 매사에 최선을 다했다.

한번은 시드니와 이야기를 나누며 경청하는 자세를 칭찬한 적이 있었다. 그러자 그녀는 이렇게 대답했다.

"이건 전부 저희 아버지 덕이에요. 무대 조명 디자이너이셨거든요."

"아버님이요?"

"저는 전형적인 10대 시절을 보낸 것 같아요. 왜냐하면 아버지는 끊임없이 저한테 남의 말을 잘 들어주는 사람이 되어야 한다고 잔소리하셨거든요. 한번은 너무 단호하게 말씀하시는 거예요. 아버지가 고안해낸 게임에 참여하지 않으면 외출 금지라고요. 외출 금지는 싫잖아요. 그래서 어쩔 수 없이 한다고 했죠."

"어떤 게임이죠?"

"아버지가 그러시더라고요. 제 가슴에서 커다란 불빛이 나온다고 상상해보래요. '다른 사람과 이야기할 때마다 그 사람을 향해서 조명을 쏘아봐'라고 하시더라고요. 그래서 저는 그냥 알았다고 중얼거리듯 대답했어요. 처음엔 좀 이상하다는 느낌이 들었거든요. 하지만 금세 습관이 되어버렸어요. 나중엔 굳이 의식하지 않아도 될 정도로요. 그 후로 저와 이야기를 나누는 모든 사람에게 가슴에서 조명을 쏘아 비추기 시작했어요. 그랬더니 저를 대하는 사람들의 반응이 완전히 달라지는 걸 알 수 있었죠. 그리고 그건 절대 착각이 아니란 걸 알아요. 그러니까 저를 칭찬하실 일이 아니에요. 저희 아버지를 칭찬해주세요."

'아하, 그래서 시드니가 경청의 달인처럼 보이는 거였구나!' 나는 속으로 생각했다. 그 후로 그녀와 일하는 시간 내내 그녀의 일머리 법칙에 온 신경을 곤두세웠고, 얼마나 눈부신 효과를 얻는지도 알아차릴 수 있었다. 나 또한 같은 방법을 쓰고 있으며, 이제는 습관이 되어 버렸다.

상반신에서 뿜어져 나오는 조명효과

일어서서 대화를 할 때는 단순히 고개만 그쪽으로 돌리는 것 이상으로 표현하라. 마치 당신의 가슴에서 불빛이 뿜어져 나오는 것처럼 상반신 전체가 상대방을 향해야 한다. 회의실 탁자에 앉아 있을 때도, 화자를 향해 상체를 틀어보자. 당신의 조명을 받는 모든 사람들이 자신의 말을 경청하고, 이해하고, 인정받고 있다고 느낄 것이다. 이것은 타인을 배려하는 의사소통에 있어서 가장 중요한 덕목이다.

이 방법은 성별에 따라 달리 활용해야 한다. 만약 당신이 남성이고 일대일로 대화를 나누는 상대방 역시 남성이라면 이야기가 조금 달라진다. 만약 그와 얼굴을 맞대고 서 있다면, 이 방식을 사용했을 때 상대는 개인적인 영역을 침범한다고 느끼거나, 때에 따라 공격적이라고 여길 수도 있다. 이때는 약간 측면으로 몸을 돌려야 한다. 완벽하게 정면으로 바라보지 않아도 되므로 45도 이하의 각도로 상대를 바라보는 유연성을 갖자.

책상이나 회의실 탁자를 마주 보고 있는 경우라면 상대방을 조금 더 정면으로 바라보는 것도 괜찮다. 왜냐하면 두 사람 사이의 탁자가 당신의 '안전 구역'을 지켜줄 것이기 때문이다.

남성들은 정면으로 얼굴을 마주 보며 이야기를 나누는 것이 좀처럼 익숙하지 않다(서로 화가 난 상태가 아니라면 말이다). 남성들은 이러한 세부적인 의사소통 기술이 여성보다 약한 경우가 많다. 그러므로 여성들이여, 직장에서 벌어지는 의사소통 시스템이 가끔씩 무너지더라도 남성들에게 기회를 주자. 그들은 불리한 조건에서 이 게임을 하고 있다!

04

....

뺑소니처럼 툭 던지고
지나가는 칭찬은 금물

우리는 동료에게 도움을 받았거나, 업무보고서가 잘 정리되었을 때 상대에게 감사의 말을 한다. 이는 당연한 도리이며 표현하지 않을 경우 무례한 사람이 되기도 한다. 하지만 우리가 평범하게 사용하는 '고마워요', '잘하셨어요'와 같은 말은 강아지에게 칭찬을 해주는 것만큼이나 진부하다. 이런 식의 칭찬은 엘리베이터에서 흘러나오는 잔잔한 음악만큼이나 상대의 귀에 꽂히지 않는다. 여기 간단하면서도 편리한 칭찬 기술이 있다. 감사하는 마음을 보다 진정성 있게 표현하는 방법이다(이 과정에서 상대방은 당신에게 더욱더 많은 보답을 해주고 싶어질 것이다).

가령 이렇게 생각해보자. 팀장님을 사무실 복도에서 마주쳤다.

"오늘 아침에 서류 찾아줘서 고마웠어요."

물론 당신은 기쁘다. 아침부터 받은 칭찬에 기분이 좋고, 그 행복은 최소한 복도 끝에 다다를 때까지 지속될 것이 분명하다. 하지만 상상해보자. 팀장님이 개인 사무실에서 나와 당신의 책상까지 걸어와서는 걸음을 멈추고, 미소를 짓는다. 당신의 눈을 똑바로 바라보면서 당신의 이름을 부르면서 이렇게 말한다.

"분실한 줄 알았던 서류를 오늘 아침에 찾아줘서 너무 감동적이었어요! 분명히 다른 팀의 누군가가 아무 폴더에나 저장해 놓은 거였겠죠. 그런데 그걸 어젯밤 늦게까지 남아서 컴퓨터를 다 뒤져 찾아주시다니! 포기할 법도 한데 정말 감사드려요. 진심으로요."

와, 당신의 기분은 어떨까. 날아갈 것 같지 않을까! 속으로 내내 웃음이 끊이질 않을 것이다. 퇴근 후 집에 돌아오는 길에도, 여전히 기분은 좋다. 저녁을 먹으며 가족에게 팀장님이 무슨 칭찬을 해주었는지 자랑하고 싶고, 갑자기 당신은 팀장님이 너무 좋아진다. 자연스럽게, 다음에 팀장님에게 문제가 생기면 훨씬 더 노력해서 도움을 주고 싶을 것이다. 이건 두 사람 모두에게 이득이며 조금 더 보탠 감사인사 몇 마디가 불러온 결과이다.

또 다른 사례를 보자. 당신이 별로 좋아하지 않는 동료 케일리 Kaylee가 당신에게 자신이 쓴 보고서를 검토해줄 수 있냐고 부탁해왔다. '왜 나만 매번 도와줘야 해? 나도 할 일이 많아서 읽을 시간 없는데.' 하지만 친절한 사람이 되기 위해 당신은 이렇게 말한다.

"응, 케일리. 거기 두고 가."

그날 오후, 당신은 교정본을 들고 평범한 감사인사를 기대하며 그녀에게 다가간다. 그런데 이럴 수가, 케일리는 고마움이 가득한 미소를 지으며 당신을 올려다보고 이렇게 말한다.

"세상에 너무 완벽하다! 나 때문에 너무 고생했지? 부탁하고 나서 너무 미안한 거야, 근데 어쩔 수가 없었어. 내가 부탁할 사람이 자기밖에 없잖아. 너무 고마워. 자기는 나보다 훨씬 잘 쓴다, 진짜⋯⋯."

그 순간 당신은 이렇게 생각할 것이다.

'뭐, 이 여자도 생각보다 별로는 아니네.'

어쩌면 그것보다 더욱 케일리를 향한 따스한 감정이 피어나며 삭막했던 직장생활에서 우정이 싹틀지도 모를 일이다. 상대가 감사인사를 고작 몇 초 더 덧붙였기 때문에.

동료나 부하직원이 일을 훌륭히 수행했거나 당신의 부탁을 들어줄 때마다 칭찬을 아끼지 말자. 말을 늘리고, 세부적으로 포장하자. 그 사람에게 당신이 어떻게 감명을 받았고 무엇이 감사한지 설명해주자.

마지막 예시가 남아 있다. 가령 당신의 부탁으로 동료가 휴가를 하루 바꾸어주었다. 감사인사를 전해야 할 타이밍이 오면, 상대가 당신에게 베푼 호의를 조금 자세히 짚어주자.

"휴가 바꿔줘서 정말 고마워요. 최고예요. 연휴 앞두고 아직 선물을 못 샀는데, 일을 하루 빼지 않으면 답이 없더라고요. 우리 아들은 장난감 기차 세트만 목이 빠져라 기다렸어요. 우리 아이도 당신한테 고마워할 거예요! 정말 고마워요. 나중에 부탁할 일 있으면 나한테 꼭 말해요."

칭찬이 너무 매력적이지 않은가! 당신의 배려에 제3자까지도 고마워한다고 말해보자. 효과는 배가 될 것이다.

칭찬은 무조건 길게

칭찬할 일이 있으면 무조건 기-일-게 늘려라. 동료나 부하직원이 당신의 부탁을 들어주었다면 감사인사 한마디로는 충분치 않다. 최소 세 문장 정도로 늘리자! 당신이 칭찬을 늘리고 늘릴수록 그들의 귀에는 달콤한 음악이 흐른다. 사랑을 나누는 것처럼 오래 끌면 끌수록 더 좋다.

당신이 직장 상사라면 절대 구렁이 담 넘어가듯 은근슬쩍 칭찬하고 넘어가지 말 것. 다른 사람을 칭찬할 때는 걸음을 멈추어야 한다. 그 자리에 서서 숨을 고르고, 부하직원의 눈을 바라보며 그들을 치하하라. 긴 칭찬만큼 효과가 확실한 것도 없다. 상대의 존중과 충성, 그리고 당신에게 잘 보이고 싶은 마음을 모두 얻게 될 것이다.

감사인사를 훨씬 더 효과적으로 만드는 법
모든 직장인에게는 상사가 있다. 그리고 하나같이 모두가 상사에게 좋은 인상을 남기고 싶어 한다. 상사의 마음에 들기 위한 경쟁은 어디서나 일어난다. 고로 여기 당신이 배려 넘치고, 아낌없이 베푸는 사람이라는 것을 보여줄 수 있는 간단한 방법이 있다. 물론 경쟁이 치열한 회사에서 사용하기엔 위험이 따르는 조언이기는 하지만, 이 일머리 법칙은 당신의 감사인사를 남들보다 특별하게 만들어줄 뿐 아니라, 직장 내의 인간관계도 돈독해지도록 도와줄 것이다.

 일머리 법칙

칭찬이 곧 업무성과

기회를 잘 포착하여 칭찬에 한 번 더 방점을 찍어보자. 동료, 상사와 함께 이야기를 나누는 자리에서 자연스럽게 동료가 한 일을 칭찬해 보는 것이다. 타이밍이 완벽한 칭찬으로 당신의 동료는 온몸이 짜릿할 것이고, 상사의 눈에 당신 역시 좋은 사람으로 보일 것이다.

05
....

눈은 입만큼
많은 말을 한다

당신이 누군가를 배려하고 존중하고 있다는 것을 보여주는 가장 단순하고 확실한 법이 있다. 함께 일하는 사람들에게 선물을 주는 것이다. 물론 물질적인 것을 뜻하는 게 아니다. 동료 개개인이 느끼기에 특별하다고 생각할 만한 것을 줘야 한다. 물론 공짜로! 바로 '아이 콘택트, 눈맞춤'이란 선물이다.

우리는 이따금씩 지루하거나 불쾌한 대화를 나눌 때면 시선을 회피한다. 이때 시선 회피는 당신이 반감, 혐오, 악의 또는 공포를 느낀다는 신호가 될 수 있다. 사람들은 종종 영화에서 무서운 장면이 나올 때 눈을 가리거나 고개를 돌려버리지만, 존경하거나 우러러보거나 감사한 사람에게는 본능적으로 시선을 고정한다. 우리 모두 갓 낳은 제 아이를 사랑해 마지않는 눈빛으로 오래도록 바라보는 부모를 본 적이 있지 않은가. 사랑에 푹 빠진 연인들 또한 사랑이 영원할 것처럼 서로만 바라보지 않는가.

상대에게 시선을 고정시키면, 무의식적으로 강렬한 힘이 전달된다. 국제학술지 〈지각과 운동기술〉에 게재된 논문 '시선의 움직임으로 보는 집중과 생각, 그리고 불안감의 연관 관계An Eye Movement Phenomenon Relating to Attention, Thought and Anxiety'에 의하면 장시간 시선을 맞추고 있으면 뇌에서 아드레날린과 비슷한 물질이 분비되며 심장박동을 높인다고 한다.

두 사람이 시선을 마주하고 집중하면 뇌에서 마법 같은 상황이 펼쳐진다. 무슨 말을 하는지 이해하고, 서로를 어떻게 여기는지 파악하게 된다. 눈맞춤은 전화, 화상회의, 디지털과 관련된 그 어떤 기술도 견줄 수 없는 의사소통 기술이다. 당신과 라이벌인 동료가 있다면 서로에게 보내는 시선만으로도 상황과 분위기가 결정된다.

유명한 지휘자 레너드 번스타인Leonard Bernstein은 두 눈과 눈썹만으로 오케스트라를 지휘한다. 아마 이런 방식을 이용해 회의를 진행하는 상사를 본 적이 있을 것이다. 당신을 바라보면 말을 해야 할 차례라는 것을 깨닫고, 시선을 굴리면 당신은 곧바로 입을 다문다. 상사가 고개를 끄덕거리며 승인의 신호를 보내면, 당신은 계속 의견을 이어나간다. 반대로 눈살을 찌푸리면 당신은 꼭 변명이라도 해야 할 것만 같은 기분에 사로잡히고 만다.

가끔 직장에서는 당신의 진짜 감정을 숨겨야 한다. 안타깝지만 사실이다. 그렇다면 어떤 감정을 드러내고 숨겨야 하는가. 전달하고픈 메시지를 정확히 눈으로 표현하는 연습을 해야 한다. 직장에서는 사생활과 다른 규칙이 통용된다는 점을 잊지 말자. 동료의 말에 전혀 동의할 수 없고, 그 내용이 지루하다 하더라도 절대 무관심이나 경멸하는 시선을 보여선 안 된다. 감정을 제대로 감추기만 해도 좋은 지도자로서의 자질을 보여줄 뿐만 아니라, 동료들과도 계속해서 좋은 관계를 이어나갈 수 있다. 눈맞춤 기술을 연마하면 지지와 존경, 그리고 좋은 평판을 보상으로 얻을 것이다.

신경과학과 인공지능을 접목한 최첨단 분야 자율신경 로봇공학 **neurorobotics** 연구자들 또한 눈맞춤의 중요성을 알고 있다. 그래서 수백억 달러를 투자하여 당신과 똑같은 능력을 갖춘 인간형 로봇, 휴머노이드를 만들려고 한다. 그 연구는 아직 성공을 거두지 못했고, 당신은 그 역할을 할 수 있다. 물론 투자비용 없이!

당신의 상사와 동료들의 말에 적극적으로 관심을 보이자. 그들의 말에 귀를 기울이고, 더 듣고 싶다고 조바심을 내자. 시선을 잠깐 피했다가 다시 돌려줌으로써 표현할 수 있다.

시선을 상대에게 고정시키자

대화를 나눌 때 당신의 동공과 상대의 동공에 고무줄을 묶어놓았다고 상상해보자. 이따금 시선을 돌려야 할 때가 오면, 마지못해 시선을 뗀다는 듯이 천천히 눈을 피해라. 두 눈 사이에 묶인 고무줄이 늘어나지 않아 애를 먹는 것처럼. 그 순간에는 사려 깊고 세심해 보이는 눈빛이어야 한다. 그리고 재빠르게 당신의 시선을 원래 자리로 돌려놓자. 다음에 이어질 대화를 기다리고 있다는 느낌을 주어야 한다.

이 방법을 사용하면 직장 내 동료뿐만 아니라, 적도 이길 수 있다. 그들에게 시선을 고정시키면 그들의 머릿속은 당신이 자신을 바라보고 있다는 생각으로 가득 차버린다. 뿐만 아니라 침묵을 지키면서 시선을 떼지 않으면 통찰력 넘치는 사람이란 인상도 심어줄 수 있다. 꽉 막힌 사람이 아니라 열린 마음으로 새로운 정보들을 융합하는 사람이 되는 것이다.

회의를 하거나 소그룹으로 이야기를 나눌 경우

다음 기술을 사용하여 상황 전체와 대화 내용을 아우를 수 있는 리더의 모습을 보여주자.

 일머리 법칙

듣는 사람을 바라보자

때로는 말을 하고 있는 사람에게서 시선을 떼서 말을 듣고 있는 이들을 바라보자. 이렇게 행동하면 상황을 전체적으로 이해하고, 당신이 가진 지식 외에 다른 세부적인 것들을 더 알아보고자 한다는 인상을 심어준다. 상대는 자신이 세심하게 배려 받고 있다고 느끼게 된다. 또한 타인의 종합적인 이해도와 반응을 세심하게 조율하고 있다는 느낌을 준다. 대신 주의해야 할 점이 있다. 절대 과하게 행동하거나 오버해서 쳐다보지 말자.

06
....

상대의 감정에
공감을 표시하라

이 법칙은 동료와의 관계를 훨씬 좋게 만들어 주기도 하고, 대하기 불편했던 동료마저도 참을 만하게 해준다. 동시에 다른 사람의 불평, 가십, 고함, 그리고 그 외에 일터에서 벌어지는 여러 종류의 불미스러운 잡담을 듣느라 허비했던 수많은 시간을 아낄 수 있다. 의사소통이라곤 찾아볼 수 없던 회생 불가한 회사에서 나를 섭외했다. 나는 이 법칙을 알려주고 놀라운 효과를 목격할 수 있었다.

이 법칙을 알려준 사람은 엘린Elin 인사과장이었다. 그녀는 자상하고 세심한 업무 처리로 함께 일하는 모든 사람들에게 호감과 존경을 한 몸에 받고 있었다. 그녀의 사무실은 고민상담을 요청하는 직원들로 늘 북적였다. 동석하는 것을 허락받고 상담에 참여하여 직원들의 다양한 불평불만들을 들을 수 있었다.

"우리 부장님은 1분에 한 번씩 나를 훔쳐봐요. '오지랖'이라고 개명시키고 싶어요."

"제가 하는 일에 비해 월급이 너무 적어요."

"자기가 해야 할 일을 자꾸 저한테 미뤄요."

그곳을 찾는 사람들은 칠칠치 못하거나, 무례하거나, 하루 종일 투덜대거나, 남의 소문을 퍼트리거나, 끊임없이 떠들거나, 목소리가 너무 큰 동료 등 말도 못할 수많은 고민들로 골머리를 썩고 있었다. 어떤 사람은 심지어 동료를 엘리베이터 통로에 밀어버리고 싶다고 했으니, 꽤 무서운 일이 아닐 수 없었다.

엘린과 몇 차례 함께하며 투덜거리던 사원들이 한결 차분해져서 나가는 모습을 지켜보고 난 후에, 그녀를 칭찬하며 말했다.

"정말 대단하시네요. 이 회사에 당신이 있길 천만다행이에요. 이렇게 다양한 문제들을 효과적으로 다룰 수 있는 기술이 뭔지 여쭤도 될까요?"

"글쎄요, 제가 자주 하는 방법이 있긴 있는데 진짜 간단해요. 직원들이 찾아와서 불만을 털어놓으면, 저는 그 상황을 자세하게 눈으로 그려요. 그리고 그 사람들이 어떤 감정을 느꼈는지, 그 기저에 깔린 의도가 무엇인지 이해하려고 노력해요."

"예를 들면요?"

"대부분 상사에게 화가 났거나, 회사 방침이나 고객들 때문에 부아가 치밀어서 그렇거든요. 열에 아홉은 같은 사람 때문에 화가 나 있어요. 그분들이 무엇에 화가 났든 처음에는 아무 말도 하지 않아요. 그저 듣고, 바라봐요. 그리고 그분들이 어떤 기분인지 알아차리면 코멘트를 하죠. 하지만 다른 말은 하지 않아요. 오로지 그분의 감정에 대해서만 이야기해요."

그녀가 말해준 기술은 너무도 완벽했으며 마치 마법 같았다. 나는 이 기술을 '엘린의 비밀 공식'이라 부르기로 했다. 이후 참석한 모든 상담시간마다 매우 면밀히 살펴보기 시작했다. 상심한 직원들의 고민을 들은 그녀는 이렇게 말했다.

"굉장히 애를 먹었겠어요."
"진짜 분통 터지는 일이었겠네요."
"당신이 왜 화가 났는지 이해하겠어요."
"맞아요. 그러면 정말 실망스럽죠."

그저 감정을 공감해주는 말을 했을 뿐이다. 이 기술로 사무실 내 인간관계가 개선되는 것을 느끼면 당신도 아마 깜짝 놀랄 것이다. 게다가 따라 하기도 매우 쉽다!

상대가 느끼는 감정을 똑같이 말해보자

대부분 화가 나면, 이야기를 들어주는 상대가 자신의 분노를 이해해줄 때까지 계속 이야기한다. 절대 당신이 공감하고 있다는 것을 지나치게 표현하지 말자(그런 행동을 하는 사람들이 많지만, 이 방법은 너무 힘에 부친다). 대신 가끔씩 당신이 관찰한 바에 따라 그들이 느끼는 감정을 읊어주자. 당신은 이미 그들이 원하는 바를 준 것이나 다름없다. 바로 당신의 이해와 공감이다. 동료의 감정에 대해 간간이 언급하는 것만으로도, 끈끈한 유대관계를 형성할 뿐만 아니라 대화에서 빠르게 도망칠 수 있다. 타인의 일에 당신의 의견을 첨언하는 것은 또 다른 문제를 초래할 수 있으므로, 당신의 의견을 피력해야 할 상황이 오기 전에 피해야 한다.

07

....

기분 좋게
충고하는 기술

나는 컨설팅을 진행할 때 종종 이런 질문을 한다.

"직장에서 호감을 얻는 것과 존경을 받는 것 중에 무엇이 더 중요할까요?"

"존경받는 것이 훨씬 중요하죠."

이런 대답을 하는 사람들은 존경받을 수는 있으나, 그들의 머리 위에 유리천장이 있다는 사실을 깨닫지 못하게 된다. 이 유리천장은 동료들의 마음속에 적대감으로 만들어진 장벽이다. 유리천장 위로 올라가기 위해 미끄러운 경사면을 기어오르지만, 동료들을 배려하는 법을 모르기 때문에 이들이 떨어지기만 기다리며 눈에 불을 켜고 있는 적들과 맞닥뜨리게 된다.

물론 다르게 대답하는 사람도 있다.

"호감을 얻는 게 훨씬 중요하다고 생각해요."

이런 대답을 하는 사람들은 종종 본인의 신념을 잃고 타인에게 굴복하게 된다. 최고의 리더는 절대 이런 실수를 범하지 않는다. 같이 일하는 모든 이들에게 존경과 호감을 함께 얻을 수 있는 방법을 소개한다.

존경과 호감, 둘 다 얻는 법

나는 종종 강연에 참석한 수강자들에게 다음과 같은 질문을 한다.

"존경하고 호감을 갖고 있는 상사에게 훈계 받은 적이 있는 분? 아니면 지금도 그런 상사와 일을 하거나?"

몇몇 사람들이 손을 들었다. 나는 자신의 이야기를 편안하게 공유하고 싶은 사람이 있는지를 재차 물었다. 그러자 쇼나Shauna라는 한 젊은 여성이 손을 들었다. 그녀는 홍보판촉물 회사의 영업사원이었다. 그리고 지난해 함께 일하는 동안 그녀의 삶 전체를 지옥으로 만들어버린 상사에 대한 이야기라며 입을 열었다.

"제가 맡은 업무 중의 하나인데요. 매달 각 부서에서 전달받은 상품 개선 방안을 하나로 모아 보고서를 쓰는 거예요. 저희 팀장님께 제출할 보고서를 통합해서 작성하는 일이죠." 그녀는 설명을 이어나갔다. "저는 이 일을 좋아했어요. 글쓰기에는 어느 정도 자신이 있었거든요. 전공이 영문학이기도 했고, 언젠가는 제 글을 출판하고 싶은 꿈도 있었고요."

"그런데 팀장님께 제 첫 보고서에 대한 부정적인 피드백을 받은 이후로 저는 제가 정말 글을 잘 쓰는 사람인가 의문이 들기 시작했어요. 보고서를 제출했는데, 팀장님께서 방으로 부르셔서는 막 쏘아 붙이시는 거예요. 제 얼굴에 보고서를 내미시는데, 보고서가 온통 빨간 볼펜으로 떡칠이 되어 있어요. '소설 쓰니?', '윽', '무슨 말인지 모르겠음', '단어가 이상함.' 완전히 좌절했죠. 글을 쓰는 재주가 없다고 생각했어요. 제가 어떻게 해야 좋을지 몰라 여쭤봤더니 그분이 이렇게 대답하시는 거예요. '내가 너라면 아예 처음부터 다시 쓸 거야'라고요."

그러더니 갑자기 쇼나의 얼굴에 환한 미소가 떠올랐다.

"그러고 나서 몇 달 있다가 팀장님은 잘렸어요."

그 말이 끝나기가 무섭게 청중들 사이에서 환호성이 터져 나왔다. 분명 그 자리에 있던 사람들은 쇼나의 상사가 누구였는지 알고 있었던 까닭이겠지. 모두가 같은 사람에게서 같은 감정을 느꼈던 것이 분명했다.

쇼나의 일화는 재미있었지만, 듣고 있자니 퍽 당황스러웠다. 왜냐하면 내 질문은 훈계를 받고 나서도 여전히 호감이 있는 상사에 대한 것이었으므로.

"당신은 그 팀장님을 존경하나요?" 내가 물었다.

"어우, 아니요." 쇼나가 웃음을 터트리며 대답했다. "제가 말씀드릴 분은 다음에 오신 팀장님이에요. 지금도 함께 일하는 중이구요. 성함은 사만다Samantha 씨예요." 이름을 들은 청중들이 미소를 짓기도 하고 긍정의 의미로 고개를 끄덕이기도 했다. 쇼나는 설명을 이어나갔다.

109

"부서별로 통합해서 첫 월례보고서를 올렸더니, 팀장님께서 저를 방으로 부르셨어요. 말할 것도 없이 저는 너무 긴장했죠. 마지막으로 보고서를 올렸을 때의 기억 때문에요. 그런데 처음 방에 들어가자마자 팀장님께서 뭐라고 하신 줄 아세요? '쇼나, 보고서 정말 잘 썼어요. 글 쓰는 데 소질이 있네요!'라고 하시는 거 있죠."

"진짜 팀장님을 껴안을 뻔했어요!" 쇼나는 들뜬 목소리로 말했다.

"새로 오신 팀장님은 제가 잘한다고 칭찬을 해주신 뒤 설명을 해주셨어요. 글은 너무 잘 썼지만, 판촉물 부서의 보고서 같은 경우 눈에 띄는 특이사항만 강조해서 단조로운 설명체로 써야 한다고요. 그다음에는 저를 옆자리로 부르시더라고요. 나란히 앉아서 제 보고서를 함께 읽을 수 있게요. 시간적 여유를 두고 각 항목들이 의미하는 바를 설명해주셨어요. 제가 정확하게 이해할 때까지요. 그 후에는 함께 보고서를 보면서 불필요한 부분은 줄이고 강조사항들만 나열하는 작업을 했고요."

"면담이 끝날 때 팀장님이 이렇게 말씀해주시더라고요. '이렇게 지루한 문서에 당신의 재능을 낭비하는 걸 보는 건 힘든 일이에요. 하지만 형식은 지켜야 하니까, 어쩌겠어요'라고 팀장님은 어쩔 수 없다는 듯이 저를 거들어주셨어요. 당연히 저도 동의하죠."

"아무튼, 그분은 최고예요. 팀장님께서 지시하시는 일들을 하면서도 즐겁죠. 그날 이후로 일을 할 때면 두 배로 노력해요. 팀장님은 가끔씩 제가 일을 많이 하는 것도 알고 있다고 칭찬해주시고요."

나는 속으로 배시시 웃었다. 사만다 팀장이 어떤 방법으로 부하직원을 다루었는지 정확히 알고 있었기 때문이다. 상대의 자존심과 자아를 짓밟지 않고도 원하는 방식으로 일을 처리하게 하다니! 누가 이 방법을 고안해냈는지는 모르나, 그분에게 어쨌든 감사인사를 전하고 싶다. 그 후로 나 또한 같은 방식을 사용하고 있기 때문이다. 나는 이것을 '햄버거 기술'이라고 부른다.

백전백승의 기술

타인에게 건설적인 비판이나 충고를 해야 하는 경우 이 기술을 사용하면 성공할 수 있다. 특히 잘난 체하는 것처럼 보이지 않는다는 것이 가장 큰 장점이다. 이 기술을 사용하면 동료의 짜증스러운 습관이나 방식을 효과적으로 고칠 수 있다. 그럼 '햄버거 기술' 사용법을 알아보자.

육즙이 흐르는 큼지막한 햄버거가 있다고 상상해보자. 맨 위에 부드러운 빵 반쪽이 있고, 그 아래 햄버거의 중요한 속을 담당하는 고기 패티가 있다. 그 밑으로 양상추, 토마토, 양파와 같은 내용물이 있을 것이다. 그리고 빵 반쪽이 바닥에 깔려 있다. 햄버거를 사 먹는 이유는 바로 소고기 패티 때문이다(채식주의자라면 반대로 생각해보자. '좋은 것' 다음에 '메인이 되는 속재료', 그리고 다시 '좋은 것' 순으로).

쇼나의 사례에서 제일 위에 있는 '빵'은 글쓰기 실력 칭찬이었다. 그 아래의 '패티'는 보고서를 제대로 쓰는 법을 가르쳐 주는 것. 사만다 팀장은 면담이 끝날 때쯤 다시 한 번 부드러운 '빵'으로 마무리를 지었다.

햄버거 기법

동료나 부하직원에게 충고해야 할 일이 생기면, 일단 그 사람이 고쳐야 할 부분에 대해 구체적인 칭찬을 먼저 하자. 그다음에 당사자가 꼭 고쳐야 할 태도에 대해 언급하는 것이다. 그리고 마지막으로 면담이 끝날 때 다시 한 번 칭찬을 건네자.

만약 상대에게 한 가지 이상의 충고를 해야 된다면, 칭찬을 여러 가지 버전으로 꾸민다. 케첩, 머스터드, 치즈, 양파를 꽉꽉 집어넣듯이 말이다. 제일 중요한 '고기 패티'가 여러 개로 늘어날 때는 충고와 충고 사이에 다시 한 번 부드러운 빵을 끼워 넣어라. 작은 햄버거가 아니라 커다란 '와퍼' 사이즈로 만들라는 뜻이다!

동료의 거슬리는 습관을 고치는 법

20여 년 전에 이 기술을 처음으로 사용한 적이 있다. 어떤 회사의 자문을 맡아 가 보니, 내가 쓸 수 있는 공간이라고는 컴퓨터 한 대에 작은 칸막이로 둘러싸인 곳밖에 없었다. 그런데 그것보다는 내 옆 칸막이 너머에 앉아 있던 여자가 문제였다. 업무시간 내내 시도 때도 없이 콧노래를 흥얼거렸다. 어느 순간이 되자, 나는 미치기 일보 직전이었다.

'진짜 못 참겠어. 끝장을 보자!'

머리를 쥐어짜다가, 그때 어디선가 읽었던 햄버거 기술을 떠올렸다.

휴게실에서 그녀를 마주쳤을 때, 나는 그녀에게 노래하는 목소리가 매우 아름답다고 칭찬을 건넸다. 기분이 잔뜩 좋아진 상대는 한때 보컬 레슨을 받은 적이 있다며 자랑을 늘어놓았다. 잠깐 수다를 떨다가 가끔씩 그녀의 노랫소리를 몰래 엿듣는다고 털어놓았다. 그리고 미안하다는 사과와 함께 이렇게 덧붙였다.

"노랫소리가 너무 좋아서 안 들을 수가 없더라고요. 어떨 때는 일에 집중을 못하겠다니까요."

우리는 깔깔거리며 언젠가 그녀의 팬이 생기면 똑같은 상황이 벌어질 거라고 농담을 했다. 그런 다음 그녀에게 혹시 '유튜브YouTube'에 노래하는 영상을 올려본 적이 있는지 물었다. 이 전략은 적중했다!

그 후로 칸막이 너머에서 노랫소리가 들린 적은 없었다. 서로 감정 상하는 일 없이 분명 내 말뜻을 알아차린 것이다. 그 후로 수백 번의 다른 상황에서 햄버거 기술을 사용했다. 당신도 정말 거슬리는 일이 있다면 사용해볼 것을 추천한다. 효과를 보고 나면 내가 왜 이렇게 열심히 추천했는지 알 수 있을 것이다.

08

....

*존재감 있는
이메일 작성법*

이메일 수신인들은 당신의 의도와 관계없이 그 뜻을 곡해한다! 메시지를 읽고, 해석하고, 분석해서 자신이 원하는 대로 읽어버린다. 첫 문장부터 마지막 당신의 서명까지, 당신이 얼마만에 답장했으며, 누굴 참조했는지, 누굴 빠뜨렸는지까지. 메일 속에 담긴 당신의 모든 말들은 비석처럼 오래도록 남아 언제든 당신을 비난하고 싶을 때마다 꺼낼 수 있도록 쓰인다(컴퓨터나 다른 전자기기 속의 증거를 지운다고 해도 상관없다. 유능한 IT회사 직원들은 당신의 문자와 메시지를 언제든 복원하니까. 몇 달 전에 지웠든, 몇 년 전에 지웠든 간에). 그러므로 절대 이겨 먹을 수가 없다.

이메일을 보낼 때 다음 법칙들을 기억해 두었다가 활용하면 유용할 것이다. 사외로 메일을 보내는 경우 자동으로 생성되는 꼬리말을 사용하여 본인의 회사 정보를 드러내는 것이 좋다(그간 함께 일을 했던 사람이거나, 개인적으로 친분이 있는 경우엔 꼬리말을 적지 않아도 괜찮다).

마무리로는 간단하게 '감사합니다', '고맙습니다' 또는 '수고하세요' 정도를 적어도 무방하다. 서명으로 현란한 글씨체와 사진, 플래시 이미지의 회사 로고, 다운 받는데 수십 초가 허비되는 허세 가득한 그래픽 등은 피하자(이런 사람들과도 계속 일을 해야 하므로 '구독취소' 버튼을 누를 수 없다는 게 너무 안타깝다).

수신인의 이름을 효과적으로 사용하는 법

보통 이메일을 쓸 때 '안녕하세요, 헤이든Hayden 씨', '안녕하십니까, 헤이든 씨' 아니면 정말 담백하게 '헤이든 씨' 하고 시작한다. 상대가 처음 주목하는 문구를 절대 이런 식으로 허비하지 말자. 상대의 이름이 응당 있어야 할 만한 자리에 배치하면 집중도를 떨어뜨린다.

수신인의 이름을 다른 곳에 배치하여 효과적으로 사용해보자. 가장 중요한 내용 앞에 붙이거나, 메시지 제일 마지막에 달아 힘을 실어보는 것이다. 마치 군중 속에서 제 이름이 불리고 나면 활기를 띠는 것처럼, 자신의 이름이 분명 눈에 확 들어오고 나면 수취인은 메시지의 내용에 훨씬 더 집중할 것이다.

예를 들어 정해진 시간까지 어떤 사안에 대한 헤이든 씨의 답이 필요하다면, '금요일 오후 2시까지 회신 부탁드립니다'라고만 쓰면 안 된다. 상대가 깜박하고 잊을 가능성이 있다. 중요한 내용에 그의 이름을 깃발처럼 꽂아서 정면으로 펀치를 날려보자. 이렇게 쓰는 것이다. '오후 2시까지 꼭 회신 부탁드립니다, 헤이든 씨'라고. 그럼 상대의 머릿속엔 자연스럽게 '오후 2시, 데드라인'이 그려지면서 중요 내용에 훨씬 더 집중할 수 있다.

메시지 마지막에도 수취인의 이름을 덧붙이면 보다 섬세한 배려의 효과를 낼 수 있다.

'함께 일해서 영광이었습니다. 헤이든 씨'라던가, '회신 기다리고 있겠습니다. 헤이든 씨'로.

상대방의 이름을 이용하여 내용의 강조점을 찍어보자

수취인의 이름을 사용하여 메시지에 효과를 주자. 중요한 내용 옆이나 메일 마지막에 수취인의 이름을 넣으면, 사무적인 메시지들을 보다 개인적이고 세심하게 만들 수 있다. 다만 과도하게 사용하지는 말 것. 메일 전체에 한두 번 정도 사용하는 것이 적당하다.

(이모티콘 없이) 보는 사람이 즐거운 이메일 쓰기

아마 대다수의 사람들은 뿔 달린 악마라던가, 각종 하트, 원숭이, 놀란 얼굴, 그리고 어깨를 움츠리는 등의 이모티콘을 남모르게 좋아하고 있을 것이다. 감정을 효과적으로 보여주는 그 작은 그림이 없던 시절의 우리는 도대체 어떻게 감정을 표현했던 걸까? 오늘날 이 모티콘의 사용은 세대 차이나 프로페셔널리즘의 탑재 여부와는 상관없는 것 같다. 세상은 빠르게 변화하는 중이므로. 하지만 여전히 이모티콘의 사용은 어딘가 모르게 작성자의 어휘 능력을 의심하게 만든다. 그렇다면 이모티콘 중독자들은 대체 어떻게 해야 전문적으로 보일 수 있단 말인가?

몇 가지 대안을 제시해볼까. 당신보다 계급이 높은 사람에겐 절대 이모티콘을 쓰지 말 것, 상대방이 먼저 쓴 게 아니라면 말이다. 또한 아무리 친한 사이라 하더라도, 외부 사람과 소통할 때는 사용하지 말자. 만약 당신이 보낸 이메일을 당사에서 공유할 경우 당신의 회사 자체를 향한 신뢰가 떨어질 수 있기 때문이다(또한 개인적인 대화 시 유념할 점이 있다. 웬만하면 1980년대 이전에 태어난 사람에게는 이모티콘을 쓰지 말자. 그 사람을 잘 아는 경우가 아니라면 말이다).

특히 이모티콘 중에서도 사용해서는 안 되는 최악의 이모티콘이 있다. 바로 움직이는 GIF 확장자 사진이다. 이건 이모티콘계의 스테로이드나 마찬가지이다. 전문적인 내용이 가득한 메일이나 메시지에 이런 사진을 보낸다면 상황은 당신이 해결할 수 없을 만큼 악화될 수도 있다. 잊어라, 그런 웃긴 사진이 존재한다는 사실 자체를 그냥 잊어버리자.

그렇다면 태초에 있던 이모티콘은 어떤가. 바로 느낌표. 글이 너무 지루해 보일 때 사용하는 것처럼, 요즘은 메시지에 너무 많은 느낌표를 쓰는 경향이 있다. 만약 메시지 전체에 하나 또는 두 개 이상의 느낌표를 사용할 경우, 상대방은 당신이 언어를 제대로 익히지 못해 본인의 감정을 드러내는데 문제가 있는 사람은 아닌지 의심할지도 모른다.

느낌표 사용은 줄이고 대신 컴퓨터에 탑재된 유의어 사전을 사용해보자. 어휘력이 뛰어난 사람들은 창의적이고, 교육 수준이 높으며 똑똑하다는 인상을 준다. 클릭 몇 번으로 단어를 대체할 수 있다. 이 모티콘이나 느낌표를 사용하지 않고도 당신의 메시지를 더욱 고급스럽게 바꿔줄 수 있는 수십 가지 차선책이 있는데 사용하지 않을 이유가 없지 않은가.

09

....

무조건 견딘다고 해서
능사는 아니다

어떤 사람들은 호감을 얻기 위해 말을 해야 할 때마저도 침묵을 지켜 불필요한 고통을 감수한다. 이들은 업무환경에 대한 수백 가지의 불만들이 있지만 이마저도 꾹 참는다. 대다수가 불만을 느끼고 있어 항의를 할 법한 일인데도 말이다. 예를 들면 이렇다.

"화장실에 휴지가 갈 때마다 없어요."

"사무실이 너무 추워요. 지하실인 줄 알았다니까요."

"에어컨 소음 때문에 돌아버리겠어요."

"의자가 너무 딱딱해요."

일단 첫 번째로 해야 할 일은, 바로 자기 자신에게 물어보는 것이다.

'내가 참을 만한 일인가? 아니면 불만을 말하고 다시 일에 집중할까?'

둘 중 하나라면, 참고 견디는 것도 나쁘지 않다. 징징거리는 사람은 존중받을 수 없으니까.

하지만 견딜 수 없는 업무환경에서 일하면서도 침묵을 일관한다면, 앵무새 폴리Polly가 겪었던 일을 되풀이할지도 모른다.

아, 앵무새 폴리에 대해 들어본 적이 없다고? 14개 국어를 유창하게 사용하는 앵무새를? 그렇다면 이 진귀한 새에 대한 이야기부터 해야겠다. 한 남자가 결혼 20주년을 맞이하여 선물을 사기 위해 애완동물 가게에 갔다. 그런데 가게를 들어서자마자 한 앵무새가 그를 붙잡는 것이 아닌가.

"안녕하세요. 저는 14개 국어를 한답니다."

"뭐라고?" 남자가 깜짝 놀라 주변을 돌아보며 되물었다.

"Oui(정말로요)." 앵무새는 불어로 대답했다.

"저…… 정…… 정말이니?" 남자가 물었더니,

"Certo(물론이죠)"라며 이번엔 이탈리아어로 대답하는 것이 아닌가.

"말도 안 돼!" 남자는 까무러치고 말았다.

"Sí(그래요)." 앵무새는 스페인어로 맞장구쳤다.

남자는 계산대로 달려갔다. 저 진귀한 새의 가격이 얼마인지 주인에게 물었더니 5000달러라고 했다.

"5000달러라고요?"

"14개 국어를 구사하는 새는 이 세상에 단 한 마리니까요."

남자는 속으로 생각했다. '아내는 다양한 언어를 좋아해. 우리 20주년 선물로 딱 이야!'라고.

"좋아요, 사겠습니다."

남자는 깊은 한숨을 내쉬며 계산을 했다. 그는 새장을 팔에 끼고 마치 앵무새를 상으로 얻은 것처럼 당당하게 돌아왔다(참, 폴리의 이름은 '말하는 새, 폴리'였다). 그는 폴리의 자리를 주방 싱크대 위로 정했다. 거기라면 아내가 장을 보고 집으로 돌아왔을 때 곧장 발견할 수 있으리라 생각했기 때문이다. 폴리를 횟대에 올려놓은 남자는 뺨이라도 맞은 것처럼 소스라치게 놀랐다. 깜박하고 새 모이를 사오지 않은 것이 생각났다. 그는 다시 가게로 달려갔다.

집으로 돌아왔더니, 아내는 이미 장을 보고 돌아온 상태였다. 아내가 남자를 현관 앞에서 맞이했다. 두 팔을 벌려 남자를 껴안은 아내가 기뻐하며 말했다. "당신이 우리 결혼기념일을 기억하고 있을 줄이야. 게다가 나 모르게 서프라이즈 선물까지 준비해놓고!" 남자의 얼굴이 환하게 빛났다. 아내는 계속해서 말을 이어나갔다.

"오, 여보. 내가 꿩을 좋아하는 것도 다 기억해주고."

"꿩이라고?"

"응, 꿩. 털은 내가 뽑았어요. 오븐에서 구워지고 있으니까, 한 시간 반 정도만 기다리면 맛있게 먹을 수 있어."

"뭘 어쨌다고? 새가 어디에 들어갔다고? 세상에, 여보. 그건 꿩이 아니야." 당황한 남자가 희미하게 울부짖었다. "여보, 그건 앵무새야. 게다가 14개 국어를 하는 5000달러짜리 앵무새라고!"

"세상에!" 아내가 믿을 수 없다는 듯 대답했다. "아니 그런 앵무새가 왜 진작 이야기를 안 했담?"

자, 이 우화라면 내가 말하고자 하는 바를 눈치챘으리라 믿는다. 당신이 아무 말도 하지 않는다면……. 글쎄, 당신도 아마 불쌍한 폴리 신세가 되고 말겠지. 참다가 뒤늦게 문제를 털어놓는다면, 상대는 이렇게 생각할 것이다. '이 사람 바보 아니야? 왜 진작 말하지 않았지?'라고 말이다.

일머리 법칙

견디거나, 닥치거나, 대놓고 말하라

불만이 생기거든 잠깐 멈추고 이렇게 생각하자. 문제를 해결할 방안이 있는가? 만약 있다면, 실행에 옮기자. 그렇지 않다면, 상황을 상사에게 넌지시 이야기하자. 다만 불만스럽게 이야기하는 게 아니라, 참고하라는 뉘앙스를 살려야 한다. 이때에는 반드시 문제의 해결책을 함께 제시해야 한다는 점도 잊지 말자.

10

....

직장에서 친구를 만들지 마라

행복과 만족을 느끼며 살기 위해 우리에게는 친구가 필요하다. 그리고 직장에 친구가 있다면 하루가 얼마나 행복할까. 사실 친구라는 건(소셜 미디어를 통해 만난 친구가 아니라, 얼굴을 보고 만날 수 있는 진짜 친구), 삶에 있어 가장 큰 즐거움을 차지하는 부분이기도 하다.

그렇다면 진짜 친구란 무엇일까? 대부분의 사람들은 자신의 가장 내밀한 생각과 꿈을 공유할 수 있는 누군가를 친구라고 한다. 무슨 일이 있어도 항상 당신을 위해 달려올 수 있는 사람, 당신을 진심으로 아끼는 사람.

그렇다면 직장에서 만난 사람들을 생각해보자. 당신의 내밀한 생각이나 꿈을 그들과 공유할 수 있는가? 그 사람들은 당신에게 무슨 일이 있어도 달려올 수 있는가? 만약 더 안 좋은 상황이 벌어졌을 때 그 사람들은 당신의 안위를 진심으로 걱정할 거라 생각하는가? 아니면 자신을 위해 몸을 사릴까?

이따금씩 우리는 누구를 믿어야 할지 모를 때가 있다. 나 또한 강연을 하면서 세상에 둘도 없는 친구인 척을 하다가 문제가 생기자 단박에 뒤통수를 쳤다는 동료들의 이야기를 무수히도 많이 들어왔다. 그중 한 명인 파샤Pasha 또한 같은 경험을 한 바 있다고 말했다. 첫 직장에서 한 여성을 만났는데 처음부터 업무를 잘 도와주었다고 했다.

"우리는 정말 금방 가까워졌어요. 제 개인적인 고민도 털어놓았고요. 그 친구에게, 한때 제가 알코올중독이었다는 이야기까지 했으니까요. 알코올중독모임이 술을 끊는데 얼마나 도움이 되었는지 모르겠다, 분명 하늘에서 내린 선물이 분명하다, 그렇게 말한 적도 있어요."

파샤는 이야기를 이어나갔다.

"그 다음 주였을 거예요. 저까지 대여섯 명이 점심시간에 수다를 떨고 있었는데, 그중 하나가 저한테 이렇게 물어보는 거예요. '아, 맞다. 아직도 알코올중독모임 나가요?'라고요. 그 질문을 받는 순간, 정말 그 자리에서 혀를 깨물고 죽고 싶었어요. 그 자리에는 제 사수도 함께 있었거든요. 그리고 제가 한때 술 문제가 있었다는 걸 전혀 모르고 계셨죠. 소위 친구라던 그 여자가 모두에게 떠벌리고 다닌 게 분명했어요."

앞서나가는 기업들은 사원들에게 사교활동이 가장 기본적인 욕구라는 것을 알고 있다. 그래서 밀레니얼 세대, x세대, y세대의 능률을 끌어올리기 위해 업무환경을 새롭게 바꾸고, 동료 간의 협력과 사내 동호회를 장려하기도 한다. 웃고, 놀고, 함께 일하며 동료와 함께 시간을 보낼 수 있도록 눈부신 디지털 인프라를 구축해 놓지 않았는가.

다만 한 가지 당부하고 싶다. 당신의 사생활을 그들과 모두 공유하지 말자. 또한 친하게 지내는 사람이 나와 직급이 다르다면 더욱 위험할 수 있다.

나의 강연을 수강하는 세리나는 화장품 회사의 마케팅부 부장으로 팀원이 전부 여성인 팀을 이끌고 있다. 그런 그녀가 몇 달 전, 강연이 끝나고 다가와 질문이 있다고 했다.

"얼마 전 본사에서 저한테 부하직원 중 하나를 팀장으로 세우라는 지시가 내려왔어요. 저는 린Lynn이라는 친구를 점찍어 두었죠. 직원 중에서도 특히 눈에 띄게 유능하거든요. 정말 창의적이고, 보고서도 항상 제때 제출하고, 맡긴 일도 끝까지 책임감 있게 잘해내요. 근데 그 친구를 승진시켜도 될지 모르겠어요."

"왜요?"

"그게, 평소에 저는 린하고 대화를 많이 해요. 가끔 점심도 같이 먹고요. 회사 밖에서도 만나는 친구 사이예요."

'아이고, 이런! 이 문제가 또 불거졌네.' 나는 속으로 생각했다.

"린과 저는 한 달에 몇 번씩 회사 근처에서 점심을 같이 먹어요. 지난주에 식당에 갔는데 누군가가 저를 쳐다보는 게 느껴지는 거예요. 식당 안을 둘러봤더니, 팀원 세 명이 저를 보고 있더라고요. 고개를 들어 제대로 봤더니 그 직원들이 황급히 샌드위치를 바라보면서 고개를 떨어뜨리는 거 있죠. 저를 못 본 체하면서요. 그러고 나니까 린을 승진시켜도 될지 고민 돼요. 다른 사람들은 그 인사를 두고 제가 단순히 편애한다고 생각할 게 분명하니까요."

문제를 이해할 수는 있었지만, 직장 내 다른 인간관계를 속속들이 알고 있는 것은 아니었기에 뭐라 조언을 건네기가 애매했다. 그럼에도 불구하고 이 일화를 들려주는 이유는, 당신이 비슷한 상황에 처해 있다면 다시 한 번 심사숙고해보길 바라기 때문이다. 만약 동료와 친구가 되면 당신의 판단능력이 떨어질 수 있다. 우리 모두 친구가 필요하지만, 직장 내에서의 친구는 모든 것을 바꿔버린다. 당신이 방금 읽은 세리나의 이야기처럼 말이다.

전문가들은 '직장 내 인간관계'에 대해 직장에서 사람들과 잘 지내는 행위는 특정한 한 사람을 '가족'으로 만드는 것과 같다고 말한다. 모두와 두루두루 잘 지내는 것은 좋으나, 한 사람과 과도하게 가까워질 경우 서로에게 위험하며, 특히 당신과 계급이 다를 경우에 더욱 그렇다.

직장에서 얻은 인간관계를 소중히 여기는 것은 좋으나, 매사 신중하게 행동할 필요가 있다. 특히 파벌을 쌓거나, 가십을 피해야 하며 타인의 질투도 조심해야 한다. 친구이자 동료에게 당신의 개인적인 정보, 이른바 TMI Too Much Information(굳이 말할 필요 없는 지나친 정보)를 남발해서도 안 된다. 다시 말해 회사 사람들 모두가 알 경우 곤란해지는 이야기들은 절대 하지 말자.

당신에 대한 이야기를 할 때는
항상 신경 쓸 것

사회생활을 하면서 나누는 대화나 이렇게 만나는 친구 관계 역시
소중하기는 마찬가지나, 비밀 보장은 또 다른 문제임을 명심하자.
즉 당신의 약점이나 개인적인 비밀은 절대 이야기하지 않는 것이
좋다. 여기서 비롯된 수없이 많은 비화들을 들은 바 있으며 비밀을
털어놓았다가 뒤통수를 맞거나, 공개적으로 망신당한 이야기들은
빙산의 일각에 불과하다. 친밀한 인간관계는 물론 좋지만, 항상 조
심하고 또 조심해야 한다!

직장에서 만난 누군가를 진정으로 아끼고 위한다면 그간 우리가
배운 법칙들을 이용하여 본인의 마음을 표현하자.

동료의 자아와 자존심을 깨지기 쉬운 달걀처럼 아껴주고, 그에게
전하는 미소에 마음을 담자. 상대가 느끼는 감정을 이해하고 달래
주고, 그들이 성취한 것에 상세하게 칭찬을 건네며, 이메일을 쓸 때
는 사무적이나 다정한 어조를 사용하자. 상대가 말하면 몸을 완전
히 돌려 집중해주고, 가장 효과적인 의사소통 수단인 눈맞춤을 이
용하자.

직장동료들과는 이런 식으로 관계를 이어나가야지, 절대 너무 가

까워지는 우를 범하지 마라.

'정글 같은 회사생활'이라는 말이 괜히 있겠는가!

11

....

직장에서는
어떤 신체적 접촉도 금물이다

우리 삶에서 신체적 접촉은 굉장히 강력하고 짜릿한 원동력이다. 접촉을 향한 우리의 욕구는 어머니의 자궁 속 첫 3개월부터 자라나기 시작한다. 태어났다고 해서 끝나는 것이 아니다. 세상을 향해 팔다리를 휘저으며 울음을 터트리는 그 순간부터 타인의 손길을 필요로 한다. 사랑이 가득한 손길이 고아원 아이들에게는 삶과 죽음을 가르는 요인이 된다는 연구도 있다. 어린 시절의 손길은 삶을 관통하며 인생을 마감하기 전까지 영향을 미친다.

연구에 따르면, 사람의 손길은 시설 내 노인들의 건강, 행복 그리고 수명에 상당한 영향을 끼친다고 한다. 또한 의사의 온정 어린 촉진만으로도 환자들은 자신이 오랜 시간 진찰을 받았다고 여긴다. 선생님이 학생들의 팔이나 등을 두드리면서 격려해줄 경우, 프로젝트에 자원하는 확률이 높아진다. 치과에서 진료를 받으며 환자의 얼굴을 쓸어내릴 경우, 그 치과의사를 주변에 추천하는 빈도도 잦다.

또 다른 연구를 확인해보았다. 뇌 스캔을 받기 위해 MRI 촬영을 하는데 가끔 쇼크에 빠지는 경우가 있다. 그런데 촬영기기에 들어가기 전에 간호사가 가벼운 신체적 접촉과 함께 안심시켜주면, 여성 환자의 공포 회로가 안정감을 느낀다고 한다. 이처럼 신체적 접촉은 매우 중요하고 효과적이며, 인간이 가진 가장 기본적인 욕구임이 틀림없다.

하지만 직장에서는 다르다. 직장에서의 신체적 접촉은 절대 금물이다! 너무도 분명하고 간단하다. 직장에서는 그 어떤 신체적 접촉도 하지 말자. 여기서 말하는 접촉은 가볍게 어깨를 두드리는 것, 머리를 가볍게 헝클어뜨리는 것, 남자들 간에 자주 하는 주먹 펀치, 여성들의 친밀한 팔짱 끼기, 활기찬 하이파이브, 또는 여성 동료들 사이의 순수한 손등 터치 같은 것들이 모두 포함된다.

1990년대 미국 야구계에서 시작된 약물복용 근절 캠페인의 슬로건은 '싫다고 말하세요Just Say No'였다(1990년대 미국 야구의 아나볼릭 스테로이드 파문, 약물복용에 대한 뚜렷한 제제가 없음을 악용하여 당시 수많은 야구선수들이 스테로이드를 복용하고 리그를 치름. 이에 대한 폭로가 이어지며 전국적인 스테로이드 근절 캠페인이 벌어짐. -역주). 이 슬로건은 최근 들어서도 굉장히 빈번하게 쓰인다. 특히 지난 오랜 시간 계속되었던 성희롱 근절 운동에 그러하다. 의도가 얼마나 순수하든 간에 상관없이 직장 내에서는 그 어떠한 신체적 접촉도 있어서는 안 되며, 저항해야 마땅하다. 여성들은 선의에서 비롯된 본능이라

해도, 동료나 부하직원을 필요 이상으로 다독여서는 곤란하다. 남성들이여, 친구 사이에 자주 하는 등 두드리기나 주먹 펀치도 금물이다. 그리고 제아무리 순수한 독려 차원이었다 할지라도 성별이 다른 상대와는 그 어떠한 신체적 접촉도 하지 않아야 한다. 또한 상대의 터치가 불편했다면 '싫어요'라고 말하자!

신체적 접촉은 금물!

시선을 맞추고, 미소를 건네며 다정한 말로 상대를 위하는 것 외에 신체적인 접촉은 절대 하지 말아야 한다. 직장 내 모든 사람들이 '만지지 마세요'라고 써진 티셔츠를 입고 있다고 상상하자. 악수 외에 호감을 드러내는 신체적 터치는 직장 밖의 친구들을 위해 쓰자. 직장에서는 손을 대지 말자. 끝. 더 이상 논의할 가치가 없다.

최강의 일머리:

명확하게 표현하고
제대로 이해하라

누군가가 내가 쓴 글을 이해하지 못했다면,

그것은 독자가 아니라 나의 잘못이다.

– 알랭 드 보통Alain de Botton

01

....

상대의 말을
'시각화'하라

직장에서 명확하게 의사소통을 한다는 건 어떤 의미일까? 매우 간단하다. 당신이 무언가를 말하면 상대가 제대로 이해하는 것. 반대로 그들이 당신에게 말한 것을 그대로 이해하는 것. 이대로만 되면 문제될 것이 없지 않은가?

그렇다면 왜 의사소통에 문제가 생기는 것일까? 의사소통은 양방통행이다. 대화를 나눌 때 우리는 모두 화자이자 동시에 청자가 된다. 지금 당장 서점만 가더라도 원활한 의사소통 기술을 알려주는 책은 수백 권이 넘으나, 그중 단 한 권도 오롯이 '듣기'에만 집중하는 책은 찾아볼 수 없다. 다른 사람의 말을 들어주는 것은 사실 그다지 즐겁지만은 않은 일이기 때문이다. 하지만 그렇다고 너무 걱정할 필요는 없다.

재미있는 말하기 기술에 대해 다루기 전에 '듣기 기술'부터 얼른 해치워 보자. 평균적으로 대화를 할 때 청자는 화자보다 평균 4~6배 정도 빠르게 생각한다. 그러므로 듣고 있는 이야기가 일생일대의 충격이자 인생에 커다란 반향을 주는 경우가 아니라면, 이야기를 듣는 사이에 당신의 마음은 방황을 거듭한다. 덧붙여 상대의 말을 듣고 적당한 반응을 보이려면 듣는데 집중해야 될 뿐만 아니라 실제로 들은 이야기를 기억해야 한다! 바로 여기에서 문제가 생긴다.

미국의 유명한 교육학자 에드거 데일Edgar Dale의 '경험의 원추Cone of Experience' 이론에 따르면, 사람은 자기가 들은 것의 오직 20%만 기억한다고 한다. 하지만 우리에겐 아직 좋은 소식이 남아 있다. 이번 장에 다룰 법칙의 기본 틀이 여기에서 비롯된다.

이론에 따르면 사람은 청각과 시각적 효과가 합쳐졌을 때 기억력이 더 발휘된다고 한다. 그래서 우리는 영화의 스토리만 듣는 것보다 영화를 보았을 때 세부적인 요소들을 더 잘 기억하는 것이다. 영화 속 이미지와 배우들의 움직임, 그리고 시각적 색채들이 청각을 뒷받침하므로. 자, 여기에 이번 법칙이 숨어 있다. 바로 우리가 들은 것들을 '시각화'하는 것이다. 당신이 들은 이야기를 눈으로 그려내어 시청각화시키자.

상사, 동료, 고객 또는 부하직원이 말을 하면, 당신의 눈앞에 작은 스크린이 떠 있다고 상상해보자. 증강현실이 구현되는 투명한 안경을 쓰고 있다. 상대의 이야기를 듣는 동안, 그 안경 위로 상대가 말하는 내용이 펼쳐진다. 마치 영화를 보는 것처럼 내용을 상상하면서 그리는 것이다. 이제는 지루할 틈이 없다. 대화의 속도에 맞추어 생각을 느리게 할 필요가 없기 때문이다. 영상의 속도를 올리면 그만이 니까! 이렇게 상대의 지루한 설명 대신 선명한 입체화면으로 대화를 시청하자. 듣기는 훨씬 즐거워질 것이며 기억에도 세세히 남을 것이다.

일머리 법칙

시청각이 가능한 청취자가 되자

상대의 이야기를 들을 때는 귀와 눈을 동시에 사용해보자. 당신이 듣고 동시에 보는 것들을 머릿속 카메라로 찍어 당신만의 영상을 제작해보는 것이다. 이런 방식을 통해 타인의 이야기를 들으면, 훨씬 '선명한 영상'을 볼 뿐만 아니라, 오래 기억할 수도 있다. 게다가 당신의 상상력을 사용하니 듣기가 훨씬 재미있어진다.

02
....

당신만의 언어로 바꾸어
기억하라

누군가가 나에게 이야기를 할 때면 생각을 투영하고 견해를 덧붙이게 된다. 이건 인간의 본능이다. 판단하지 않으려고 해도 도무지 어쩔 도리가 없다. 당신은 똑똑하고, 상대가 말하는 속도보다 훨씬 빠르게 생각을 거듭하기 때문에 자연스럽게 판단하게 된다. 하지만 이건 굉장히 위험하다. 상대가 말을 끝마치기도 전에 성급하게 결론을 지어버리기 때문이다. 성급한 판단을 내리는 것은 '원활한 의사소통' 곳곳에 거대한 장애물을 설치하는 것이나 마찬가지다.

고로, 여러분에게 이런 말을 조언이랍시고 할 수도 있다.

'미리 판단을 내리지 마라.'

하지만 우리 모두 알고 있지 않은가, 절대 가능하지 않다는 것을 말이다. 자, 사오정도 소통의 달인이 될 수 있는 법칙을 소개하겠다. 이 법칙을 위해 당신은 특별한 모자를 하나 써야 한다. 동시통역사가 되는 것이다. 모국어를 제2언어로 통역하는 일은 어렵지만, 모국어를 모국어로 통역하는 일은 너무도 간단하다.

국제연합 UN의 동시통역사들을 보자. 스페인어를 세르비아어로, 슬로베니아어를 스와힐리어로, 헝가리어를 힌두어로 통역하면서 통역사들은 자신의 의견을 첨언하지 않는다. 시간적 여유가 없기 때문이다. 통역사들은 단순히 화자의 말을 다른 언어로 바꾸어 말할 뿐이다. 이 방식을 사용해보자. 상대가 말을 하면 당신만의 언어로 다시 통역하자.

보다 쉬운 이해를 위해 예를 하나 보자. 여기 당신의 고객이 있다. 그는 자기 스스로 제조업에서 이른바 너무 중요한 큰손이라고 믿는다. 업계에서 통용되는 은어를 사용해서 자신이 얼마나 성공한 사람인지를 장황하게 구구절절 늘어놓는다.

"우리끼리 말로, 선수가 입장하니까 어떻게 되겠어요? 아주 그냥 돈이 술술 벌리는 거지."
이 말을 들은 당신은 머릿속으로 이렇게 통역하는 것이다.
'사장님이 시장가로 팔면서 이윤을 더 내셨구나.'

상대방은 계속한다.
"근데 또 제품 차별성은 확실하게 보장해드리고."
그럼 당신은 속으로 조용히 생각한다.
'사장님 제품이 다른 경쟁사 제품보다 품질면에서 우수하다고 자

랑하고 싶으신가 보구나.'

사장님 왈, "이게 다 온라인 주문고객 프로파일링 덕이라니까."
그럼 당신은 '사장님이 고객 정보를 엄청 많이 수집하셨구나'라고
생각한다.

"우리가 장사를 제대로 하려면, 주문리스트에 빠져 있는 게 뭔지
제대로 알아내야 하지 않겠어요?"
고민할 필요도 없이 이렇게 생각하자.
'우리 프로젝트는 그럼 고객들의 니즈를 정확하게 파악하는 것이
겠구나'라고 말이다.

당신이 통역한 문장들은 나중에 기억하기에도 훨씬 더 명료하고
더 쉽다. 바로 당신이 한 말이기 때문에. 단순히 거래처 대표가 한 말
을 반복하여 당신의 말로 옮긴 것밖엔 없는데도 말이다. 이 기술은
당신의 기억력을 향상시키는데 탁월한 효과가 있다. 본디 자기가 한
말은 제대로 기억하는 반면, 동료나 고객 즉 타인의 말은 매우 일부
만 기억나는 법이므로.

동시통역사가 되어보자

타인의 말을 자신의 언어로 바꾸다 보면, 기억에 오래 남고 이해도
는 올라간다. 또한 성급한 판단을 내릴 가능성 역시 낮아진다. 그
리고 솔직히, 재미있다. 앞에서 아무리 허풍을 떨어도 절대 혹하지
않는다!

03

....

상대가 듣고 이해했다는 것을
확인하라

좋은 의사소통이란 명확하게 의사를 표현하고 제대로 이해하는 것이다. 하지만 대부분은 상대에게 할 말을 하고 나면 내 할 일이 끝났다고 여긴다. 하지만 속단하기는 이르다! 의사소통은 절대 일방통행이 아니기 때문이다.

이렇게 생각해보자. 앞으로 10분 동안 당신은 3명의 직원에게 지시 또는 보고를 해야 한다. 우선 동료에게 다가간다. "거래처에서 오늘 우리 물품을 받았는지 확인 좀 해줘요." 그리고 상사에게 가서 "오늘 안에 거래처에서 물품을 수령하면 다시 보고드리겠다"고 말한다. 마지막으로 부하직원에게 "지난 분기 실적 보고서를 가져다 달라"고 부탁한다.

퇴근 시간이 다가오는데, 당신은 여전히 거래처에서 물건을 받았는지 받지 못했는지 알 수가 없다. 그뿐만이 아니다. 당신의 상사 또한 당신에게 그 어떤 보고도 받지 못했으며, 산 넘어 산이라고 지난 분기 실적 보고서는 코빼기도 구경하지 못했다.

당신은 분명 원하는 것들을 제대로 모두에게 전달하지 않았는가. 그 사람들이 당신에게 모두 비협조적이고, 적대적이란 말인가? 오늘 안에 필요하다고 분명히 전달하지 않았던가? 어쩌면 자포자기해 버리고 그들이 모두 멍청하다는 결론을 내릴지도 모를 일이다. 하지만 단 하나, 분명한 사실이 있다. 당신의 전달과 그들의 수신이 어긋나 버렸다는 것이다.

이와 반대의 경우도 같은 문제에 봉착한다. 기분 상한 상사가 이렇게 투덜거리는 걸 얼마나 많이 봐왔던가. "내가 끝내놓으라고 어제 분명히 말했잖아요!" 하지만 당신은 확신하건대 절대 그런 말을 들은 적이 없다. 혹은 몹시 화가 난 동료의 "내가 말하면 좀 들어줘요" 식의 짜증은 어떤가. 반박하기엔 무례한 것 같아 참지만, 당신은 언제나 제대로 듣고 있다.

슈퍼마켓에서 영수증을 주는 이유가 여기에 있다. 고객이 물건을 구매하며 발생하는 문제들을 미연에 방지하거나 확실히 매듭짓기 위함이다. 예를 들어 당신이 슈퍼에 들러 몇 가지 물건을 샀다. 집으로 돌아오는 길에 당신은, 아까 산 트윙키(부드러운 빵 사이에 크림이 들어 있는 과자류. ―역주)를 빨리 가서 먹어야겠다는 생각밖에 없다. 집에 도착해 봉지를 뒤적거렸는데 이럴 수가, 트윙키가 없다! 화가 난 당신은 다시 가게로 돌아가 내가 산 트윙키를 내놓으라고 말할 생각이다. 집을 나서려는 차에 영수증을 발견한다. 그런데 영수증에 트윙키가 찍혀 있지 않다! 앗, 생각해보니 까먹고 트윙키를 안 샀네. 자, 이렇게 사건은 종료되었다. 이건 명백히 당신의 잘못이다. 영수증이 말해주고 있지 않은가.

그러나 직장에서는 다르다. 함께 일하는 누군가에게 무엇을 설명해주고 난 후에 문제가 생기면 누구의 잘못이라고 명백히 선 긋기가 힘들다. 문제를 간단하게 풀기 위해서라면, 당신은 무례함을 감수하고 "내가 방금 한 말, 제대로 이해했어요?" 하고 물어보는 수밖에 없지 않은가.

결국 당신의 의사가 명확하게 전달되었는지 확실하게 알려면, 무조건 영수증을 받아야 한다. 굳이 종이로 된 영수증을 말하는 것이 아니다. 다만 상대가 '이해했다'고 할 만한 동의의 침묵이나 대답을 기다려야 한다. 진정한 의사소통의 달인은 본인의 생각을 타인에게 제대로 전달할 뿐 아니라, 상대가 완벽히 메시지를 이해하였는지도 확인한다.

당신의 말을 상대가 확실하게 듣고 이해했다는 것을 확인해야 한다. 상대의 빈 접시에 얼린 고기를 올려놓아도, 그걸 해동시켜 요리해 먹으라는 의미까지 전달되지는 않는다. 잘 구운 고기를 씹어 삼킬 때까지 지켜보자.

다시 말해 상대가 어떤 반응을 보이든 상관없이, 당신의 말을 제대로 이해했다고 식별할 수 있는 사인을 기다리라는 뜻이다. 조금 더 기다린다고 해서 시간을 낭비하는 것이 절대 아니다. 후에 벌어질 오해나 짜증, 부정확성을 미리 방지하고, "그렇게 말씀하신 적 없는데요"라는 말을 듣지 않기 위함이다. 만약 상대방에게서 이렇다 할 신호를 받지 못했다면 거듭해서 말하자. 상대가 "이해했어요, 알았어요"라는 말을 할 때까지 말이다.

 일머리 법칙

'이해했어요'라는 뜻의 영수증을 받을 때까지 기다려라

암묵적 동의의 영수증은 여러 가지 형태로 받을 수 있다. 자그마한 고갯짓이라던가, 미소 또는 이해의 눈빛이 여기에 모두 포함된다. 이해했는지 못했는지 가늠할 수 없는 오묘한 표정으로 고개를 살짝 갸우뚱거린다거나, 동공이 흔들린다거나, 곤혹스러워 보이는 찌푸림, 아니면 멍한 시선을 받는다면, 절대 거기서 대화를 멈추지 말 것. 덧붙여 설명하라. 상대가 100% 이해하고 당신의 말을 완벽하게 통달할 때까지 계속해서 이야기하자. 그리고 상대에게 설명하는 동안 그에게서 시선을 떼지 말 것. 상대가 비로소 "알겠습니다, 이해했어요"라고 말할 때까지 말이다.

04

....

이해도에 따른
피드백을 보내라

언젠가 청각장애인협회에서 강연 요청이 온 적이 있다. 협회에서는 참여자들 대부분이 청취 능력에 문제가 있으며, 장애의 정도가 경미한 사람부터 완전히 청력을 상실한 사람까지 매우 다양하다는 언질을 주었다. 또한 강연에 앞서 협회 측에서 미리 미팅을 잡고 몇 가지를 요청하였다. 예를 들어 말은 천천히 또박또박할 것, 마이크의 볼륨을 평소보다 높이고 커다란 몸짓을 사용할 것, 그리고 절대 청중에게서 고개를 돌리지 말아 달라는 것들이었다. 주의사항을 들으면서 매우 놀라운 교훈을 얻을 수 있었다. 청각장애인뿐 아니라 모든 사람과의 대화에서 사용할 수 있는 매우 효과적인 의사소통 기술이었기 때문이다.

회의에 참석했던 기획자들 역시 청각에 다소 어려움을 갖고 있었기 때문에 회의를 진행하는 내내 그들은 내 말을 이해하면 고갯짓을, 만약 그렇지 못했을 경우엔 인상을 찌푸렸다. 이것이 바로 내가 앞 장에서 언급했던 비언어적 영수증의 좋은 예시였으며, 이를 실제로 경험해보니 꽤나 놀랍고 더 나아가 감동적이기도 했다! 이날의 대화는 사실, 그 자리에 있는 모두가 내 말을 제대로 듣고 있다는 만족감을 받은 첫 경험이기도 했다. 회의에 참석했던 사람들 중에 단 한 사람이라도 고개를 갸우뚱하거나 눈을 찌푸리며 이해가 가지 않는다는 반응을 보이면, 나는 본능적으로 설명을 덧붙이거나 다른 단어를 사용하여 다시 한 번 설명했다. 보통의 사람들과 대화를 할 때도 이런 종류의 반응을 받을 때가 있으므로, 나는 이 소중한 기술을 알려준 그들에게 가슴 깊이 고마움을 느꼈다.

그날 이후 나는 나에게 말을 거는 모든 이들에게 언어적, 비언어적 피드백을 주겠노라 마음먹었다. 그래서 지금은 누군가와 대화할 때 내가 확실히 이해가 되면 고개를 끄덕여 이해했다는 것을 알리고, 반대로 이해를 못하면 다소 의문이 남아있다는 듯한 표정과 함께 "죄송하지만, 제가 제대로 이해했는지 모르겠네요. 다시 한 번 말씀해 주시겠어요?"라고 덧붙인다. 내 반응을 본 상대방은 진심으로 감사해한다. 또한 이 방법은 상대의 말에 온전히 집중하기에도 굉장히 좋다.

분명 여러분도 동료나 부하직원에게 무슨 말을 했을 때, 상대의 텅 빈 표정을 본 적이 있을 것이다. 그럴 때면 상대의 이마를 톡 치면서 "아, 저기요? 거기 계세요? 제 말 들리세요? 제가 무슨 말을 했는지 이해하셨나요?" 하고 묻고 싶은 적이 있으리라.

당신이 상대의 말을 제대로 이해하지 못했다고 이야기한다고 해서 사람들은 당신을 느려 터졌구나, 라고 생각하지 않는다. 오히려 굉장히 현명하게 서로 원하는 것을 교환할 줄 아는 사람이라고 생각할 것이다.

 일머리 법칙

당신이 이해했다고 (혹은 이해하지 못했다는) 시그널을 보내라

의사소통에 문제가 생기면 말하는 사람과 듣는 사람 모두에게 잘못이 있는 것이다. 당신의 동료, 부하직원 특히 당신의 상사는 자신의 말을 제대로 이해했는지 알고 싶다. 그러므로 그들을 도와주자! 덧붙여 이 법칙을 사용하면 당신은 훨씬 똑똑해 보일 뿐만 아니라, 다음과 같은 불만도 피할 수도 있다.

"이건 순전히 의사소통의 문제야!"

05
....

다른 성별의 사람과
대화하는 법

남자와 여자의 '대화 방식'이 다르다는 것은 우리 모두 익히 알고 있는 사실이다(만약 이 말에 의심이 든다면, 데보라 태넌**Deborah Tannen**의 도서《일터에서의 남 VS 여 대화의 법칙》을 읽어보기를 강력히 추천한다). 그런데 남녀는 '듣는 방식'부터 다르다는 사실도 알고 있는가? 아, 그렇다고 양쪽 모두를 비하하는 것은 아니므로 오해는 말 것, 절대 그런 뜻이 아니다. 이는 단순히 듣는 방식의 차이를 관찰하고 내린 결론이다. 같은 성별의 사람과 대화를 할 때는 문제가 없지만, 서로 다른 성별의 타인과 대화할 경우 문제가 발생한다.

여성은 이야기를 들을 때 본능적으로 자신이 '이해했다'는 뜻의 영수증을 발행한다. 상당수의 여성은 마치 어린아이가 자신이 이해했다는 사실을 엄마에게 반복해서 확인시켜주는 것처럼, 상대방에게 자주 사인을 준다. 심지어 아이가 아닌 어른들의 대화인데도, 여성들은 본인이 이해하고 있음을 상대에게 알려주기 위해 열심히 고개를 끄덕인다. 심지어 자신이 동의하지 않는 사실과 관련해서도 말이다. 이는 분명 옳은 자세이지만 이렇게 빈번하고 호의적인 방식은 같은 여성 동료와 대화를 할 때만 사용해야 한다. 상대방 여성 역시 당신의 반응을 기다리고 있기 때문이다. 그리고 이렇게 대화를 나눌 경우, 후에 다른 의견을 제시하기에도 자유롭다. 최소한 상대방은 자신의 의견이 관철되진 않았어도 제대로 전달했다는 것을 알기 때문이다.

하지만 남성들과의 대화는 좀 복잡하다. 나는 종종 남자 동료들과 도무지 대화가 통하지 않는다는 여성들의 불평을 듣는다. "그 남자랑 대화하면 꼭 벽에 대고 이야기하는 것 같다니까요!"라고 말이다.

최선책을 알아보자. 상대가 남자라면 일단 '이해하고 있어요'라는 신호를 좀 줄일 필요가 있다. 고개를 끄덕일 때마다 상대방은 당신이 그의 의견에 동의하고 있다는 뜻으로 받아들인다. 당신이 전혀 동의하지 않더라도 말이다. 일단 그가 이야기를 마칠 때까지 기다렸다가 다른 견해를 펼치자. 만약 여성들에게 하던 방식대로 이야기를 들으면, 남성은 당신이 애매한 신호를 보낸다고 믿어버릴 수 있고, 더 나아가 제멋대로 이랬다저랬다 의견을 바꾼다고 생각할 수도 있다. 그렇다면 해결책이 있을까?

여성들이여, 남자와 대화를 할 때는 남자처럼 들어라!

직장에서 남성과 이야기를 나눌 때는 듣는 방식도 '남자'들의 방식을 사용하자. 만약 당신이 이해했다는 의미로 고개를 끄덕여도 남자들은 자신의 말에 동의하고 있다고 생각해버린다(이것이 남자들의 대화 방식이다). 그다음에 당신이 반박하면, 일관성 없는 사람이라고 생각할 것이다. 나는 종종 남성들이 이런 식으로 불만을 토로하는 것을 듣는다. "여자들은 너무 변덕이 심해요. 언제는 동의한다고 했다가 곧바로 마음을 바꿔 먹는다니까요." 이렇게 잘못된 인상을 주지 않으려면, 남자들과 이야기할 때는 남자처럼 듣자.

그리고 남성들이여, 다른 남성과 대화를 할 때는 물론 당신의 듣는 방식을 그대로 고수해도 상관없다. 상대방 역시 당신의 신호를 이해하며 똑같은 방식으로 본인의 이해 정도를 표현할 것이기 때문이다(이따금 아예 표현하지 않는 사람도 있다). 하지만…

남성들이여, 여자와 대화를 할 때는 여자처럼 들어라!

직장에서 여성과 대화를 나눌 경우, 본인이 상대의 의견에 전혀 동의하지 않다고 하더라도 상대의 말을 이해하고 있다는 신호를 보내자. 잠깐의 짧은 끄덕임이면 충분하다. 그 후에 상대가 말을 끝마치면 본인의 의견을 피력하자. 완전히 상반되는 견해라 해도 상관없다. 최소한 상대 여성은 우리 두 사람이 서로 대화를 나누고 있다는 사실을 알아차릴 수 있으니까 말이다.

고객들과 대화를 나눌 경우 양쪽 모두에게 도움이 될 만한 팁이 있다. 고객이 당신의 의견에 반대할 경우 이해한다는 듯 고개를 끄덕여라. 그리고 반응을 보이자. '그렇군요'라던가, '무슨 말씀이신지 이해했습니다'와 같은 의미를 담아야 한다. 그럼 당신은 마치 고객의 요구를 완벽히 고려하는 사람처럼 보이며, 동시에 문제의 해결방안을 골똘히 생각한다는 인상을 심어줄 수 있다.

의사소통의 수수께끼는 아직 완벽히 해소되지 않았다. 가끔은 언어나 성별의 장벽 없이도 제대로 소통하고 있는 건 아닌지 의심이 가는 경우가 있다. 그건 당신이 전달하고자 하는 메시지가 너무 복잡한 까닭이다. 그 해답이 바로 다음 장에 있다.

06

....

상대방이 이해했는지
불쾌하지 않게 확인하는 말

다른 부서 직원에게 임시로 안내데스크 일을 맡아달라고 이야기해야 하는 상황이라고 가정해보자. 지시사항은 복잡하지 않다. 방문객을 환대하고 공손한 태도로 전화를 받아달라고만 하면 된다. 엄청난 기술을 요하는 것도 아니지 않은가. 그런데 만약에 당신의 직장이 미국 항공우주국 나사NASA라면 어떨까. 이를테면 부하직원에게 무중력 상태에 있는 무인항공선이 포물선 궤도를 그릴 수 있도록 가속변수의 값을 구해달라고 말해야 한다면? 그리 간단한 일이 아니다.

하지만 속단하기에는 이르다! 누구에게 지시를 내리느냐에 따라 사안은 간단할 수도 복잡해질 수도 있다. 나사에 근무하는 공학자에게 안내원 업무를 맡긴다고 가정해보자. 유선상으로든 직접 마주하든, 사람들과 친근하게 대화를 나누는 일 자체가 이미 그에겐 미지의 영역일 것이다. 그리고 임시로 안내 일을 맡게 된 직원이 항공공학과 물리학을 전공하여 우주 유인 탐사 계획과 고체연료로켓 추진 장치SRBs, 그리고 새턴 5호 엔진에 대해 익히 들어봤다고 해도, 무중력 상태의 무인항공선의 포물선 궤도를 위한 가속변수의 값을 구하기는 쉽지 않은 것이다.

직장에서 당신이 전달해야 하는 사안들은 분명 안내원 추가 배치와 로켓공학자에게 포물선 궤도를 설명하는 일 사이, 그즈음과 비슷한 난이도일 것이다. 하지만 핵심은 같다. 오래도록 함께 근무를 했고 그 사람의 지적 수준을 아무리 잘 파악하고 있다 하더라도, 절대 직장에서는 소통에 오해가 생길 만한 행동은 하지 않아야 한다.

나는 지금껏 의사소통과 관련된 다양한 방법들을 모색해왔다. 스마트폰의 등장 이후로는 모두가 유용하게 사용하는 애플리케이션을 대화법에 접목해보면 어떨까 생각해보게 되었다. 그래서 스타트업 창업자들이 투자자들에게 발명품을 선보여 투자기회를 얻을 수 있는 기업 박람회를 찾아갔다. 하지만 우연히 엿들은 그날의 대화는 이러한 나의 희망을 확 꺾어버리기에 충분했다.

가상비서 프로그램을 이용하여 기업의 온라인 고객관리를 도와주는 소프트웨어 개발 업체의 홍보 부스를 방문했을 때 일이다. 몇몇 투자자들과 함께 서서 지켜보니, 발표자의 말이 너무 빠르고 컴퓨터 관련 전문용어를 남발하고 있었다. 잠시 지켜보던 한 투자자가 손을 들어 물었다.

"잠깐만요. 가상 에이전트 프로그램과 챗봇chatbot의 차이점을 다시 한 번 설명해주시겠어요?"(가상 에이전트 프로그램은 온라인 고객 관리 역할을 하는 대화 로봇 프로그램으로 대인 서비스 외양을 갖추어 양방향 간의 대화가 가능함. 그러나 챗봇은 사용자가 질문을 입력하면 그와 관련된 답이나 연관정보를 찾아 제공하는 일방적 인공지능 소프트웨어 기술을 뜻함. -역주)

"두 기술은 기본적으로 굉장히 다르죠. 원하시면 이따가 따로 설명해드리겠습니다."

발표자가 낄낄대며 대답했다. 그러더니 다시 빛의 속도로 하던 말을 이어나갔다. 사람들이 자신의 말을 이해하고 있는지 묻거나 질문을 받지도 않았다. 당연히 손을 들었던 투자자는 공개적으로 면박을 당한 것이나 다름없기에 곧 자리를 떴고, 남아 있던 투자자들마저 도무지 이해할 수 없다는 표정을 지으며 하나둘 사라졌다. 나 역시도 자리를 옮기며 생각했다. 투자자의 질문도 성심성의껏 대답 못하는 사람이 과연 개발한 소프트웨어가 고객들을 제대로 응대할 수는 있을까?

그날, 나는 그 어떤 소득도 올릴 수 없었다. 다만 굉장히 중요한 사실을 깨달았다. 의사소통이 제대로 되지 않았거나, 이해를 돕기 위해 노력하지 않았을 때의 결과 말이다. 누군가에게 설명할 때는, 상대방에게 피드백을 이끌어내고 이해가 가지 않는 부분은 없는지 항상 물어봐야 한다. 당연히 그 누구라도 다른 동료들 앞에서 자신의 무지를 드러내고 싶어 하지 않을 것이다. 그러므로 이들이 마음 편히 질문할 수 있도록 도와주어야 한다.

물론 "지금까지 제가 한 말이 이해되십니까?" 하고 묻기는 곤란하다. 마치 상대방의 지적 수준을 모욕하는 것처럼 들릴 수도 있지 않은가. 그러나 같은 뜻을 에둘러서 물을 수 있는 방법이 있다.

- "말이 좀 어렵죠. 조금 더 풀어서 설명해볼까요?"
- "이게 말로 설명하려니 복잡하네요. 궁금한 점이 생기는 게 당연합니다."
- "저도 처음 설명을 들었을 때는 무슨 말인지 하나도 모르겠더라고요. 편하게 질문해 주셔도 됩니다."
- "지금 제 설명이 말이 되나요? 아니라면 말씀해주세요."
- 아니면 고백하듯이 이렇게 덧붙여도 상관없다.
  "사실 제대로 설명을 못 드린 거 같은데, 제가 다시 설명해 드려도 될까요?"

이런 식으로 설명 사이사이에 질문을 끼워 넣는다면, 듣는 사람의 체면을 살리고 제대로 이해하고 있는지도 재차 확인할 수도 있다. 직장에서 의사소통을 그저 운에 맡겨버리기에는 너무 중요한 사안이지 않은가!

만약 이런 질문들에 다시 한 번 설명을 하고 난 후에도 상대방이 정말 제대로 알아들었는지 확신이 서지 않는다면 한 걸음 더 나아가 그들에게 설명을 부탁해보자. 이런 식으로 말이다. "휴, 이게 진짜 말로 설명하기 어려운 일인 것 같아요. 혹시 저한테 다시 설명해주실 분 계신가요?"

일머리 법칙

질문을 받거나, 반복하여 설명할 기회를 만들어라

누군가에게 설명하는 일이 직업이라면 언제나 상대방이 말을 제대로 이해했는지 확인하고 또 확인해야 한다. 이를 위해서 질문을 이끌어내고 방금 건넨 설명과 관련해서 어떻게 생각하는지도 물어보자. 당신의 전담 부서에서 '의사소통과 관련된 문제'가 발생하지 않도록 언제나 만전을 기하자.

07
....

상대의 대답을 받기 위한
최적의 타이밍

성공한 사람일수록 자신의 시간을 신중하게 사용한다. 당신의 질문이 아무리 중요하고, 동료에게 어떤 정보를 주거나 받는 일이 값어치 있는 일이어도, 타이밍이 나쁘면 결국 좋지 않은 결과만 초래한다. 만약 상대방이 바쁜 상황이라면 예의를 갖추어 응대하긴 하지만, 당신이 무슨 말을 하는지 제대로 듣고 있지 않을지도 모른다. 물론 대답을 들을 수는 있지만, 제대로 생각하고 고심하여 도출해낸 결과물이 아닐지도 모른다는 뜻이다. 왜? 상대의 마음이 다른 곳에 있으니까.

이는 전문적인 블로거들의 방식을 보면 알 수 있다. 이미 오래전부터 그들은 시간을 효율적으로 사용하여 포스팅하고 있다. 블로그 첫 문장에 이미 '3분' 또는 '4분 만에 얻는 정보'라고 서술해 놓고 있지 않은가. 정말 좋은 선택이다! 한창 바쁠 때 5분은 영겁의 시간이다.

그렇다면 당신의 상사나 동료에게 제대로 된 대답을 듣기 위한 최적의 타이밍을 어떻게 알아차릴 수 있을까? 나는 이 기술을 아주 오래전부터 말해왔다.

직장에서의 시간은 돈이기 때문에, 대부분 타인에게 훌쩍 다가가거나 아무 때나 전화를 걸어 의논을 시작하지 않는다. 당연히 대화도 이렇게 시작한다. "지금 시간 괜찮아요?" 또는 "잠깐 이야기할 수 있을까요?"라고. 하지만 여기에도 문제는 있다. 상대가 괜찮다고 대답을 해도 그 사람이 정말 깊이 있는 대화를 나눌 수 있는 여유가 있는지, 아니면 재빨리 요점만 말하기를 바라는지 알 수가 없다.

우리 중 감히 그 누구도, 바쁜 사람의 사무실로 쳐들어가 책상 위의 묵직한 문진文鎭을 시계가 걸려 있는 벽에 집어던질 수 없다. 상대의 바쁜 하루를 침범하는 것은 이런 폭력을 심리적으로 행사하는 것과 다름없다. 이런 행동을 했다면 당신이 하는 말을 과연 상대방이 얼마나 귀 기울여 들어줄 것 같은가?

이런 상황에서 '신호등 법칙'은 빛을 발한다. 빨간불은 '멈추시오! 건너지 마시오.'의 의미이고, 노란불은 '남은 시간이 짧습니다. 서두르세요.'이다. 그리고 파란불은 '서두르지 말고 건너세요. 차가 오는지 살피고 건너세요.'를 의미한다.

한 직장에 남들이 일주일 동안 일할 분량을 하루 만에 해치우는 사람이 있었다. 그가 직장 내 모든 사람에게 자신이 일에 몰두해 있는 시간엔 절대 방해받고 싶지 않다고 말했다. 그러면서 동료와 상사에게 이렇게 부탁을 했다는 것이다. 만약 대화할 일이 생기면, 시작 전 서로 이렇게 물어보자고 말이다.

"지금 시간은 무슨 색이에요?"

- 만약에 정말 바쁘면 '빨간색'이라고 대답하시면 됩니다. "나중에 여유가 좀 있을 때 다시 대화합시다"라는 뜻입니다.
- '노란색'은 "적당히 바쁘지만 중요 안건은 빠르게 대화할 수 있어요"라는 뜻이고요,
- '초록색'은 "시간 괜찮으니 말씀하세요"라는 의미입니다.

이 법칙을 쓰게 된 내 친구가 증언해주기를, 직장 동료들이 너무도 좋아했으며 특히 상사들이 굉장히 선호했다고 한다. 또 이 법칙이 사내에서 완전히 자리를 잡았다고 말해주었다. 모두가 이 방법을 사용한 이후로 일할 때 느끼는 긴장감도 덜하고, 대화할 때도 이전보다 훨씬 간결하고 명확하게 소통한다는 느낌을 받는다고 했다.

 일머리 법칙

신호등 법칙

'신호등 법칙'을 회사 사람들에게 소개해보자. 분명 동료들은 모두 좋아할 것이다. 특히 업무에 방해를 받을 때마다 의욕이 꺾이는 상사들이라면 더더욱 그럴 것이다. 그들에게 이 방법을 제안해보자.

지금까지 나는 단 한 번도 "싫어요"라는 대답을 들어본 적이 없다. 아마 당신도 그럴 것이다. 모두들 열광하며 "좋아요!"라고 대답할 것이다.

08

....

1분 발언권을 활용하라

나는 세미나 또는 강연을 할 때마다 청중을 향해 늘 질문을 던진다. 대부분 적절한 대답이 돌아오지만, 꼭 한없이 길게 대답을 하는 사람이 있다. 여러분이 다니는 직장에도 이런 사람이 한둘은 존재하지 않는가.

예전에 사원교육 자문을 맡은 회사에서 만난 한 수다쟁이가 떠오른다. 그 회사 내부회의에 여러 번 동석할 기회가 생겼다. 한번은 팀장이 팀원들에게 물었다. "이번 프로젝트와 관련해서 특별히 어려운 점 있어요?" 그러자 그 회사에서 오래 일을 한 게 분명해 보이는 터커Tucker라는 남자가 목청을 가다듬더니 훅 대화에 끼어들었다.

"뭐, 다들 아시겠지만, 저는 싫은 소리 하는 거 정말 싫어합니다. 그런데 말입니다……."

그의 말에 한두 사람이 대놓고 비웃음을 터트렸다. 보아하니 터커는 사람들 앞에서 이야기하는 것을 굉장히 좋아하고, 그 자리의 모든 사람들이 그 사실을 알고 있는 모양이었다. 허공을 향해 삿대질하며 그는 말을 이어 나갔다.

"대체 왜 대답을 안 합니까? 생산팀, 마케팅팀, 영업팀 할 것 없이 메일을 보내면 아무도 대답을 안 해요. 제가 두 번, 세 번 보내도 마찬가지예요. 아무도 대답이 없어요! 그래서 전화를 쭉 돌리면 전화들을 안 받아. 뭐 어떻게 해야……."

그렇게 5분이 지났는데도 터커라는 사람은 여전히 말을 끝낼 기미가 보이지 않고, 그 자리의 누구도 그의 말을 끊을 수 없었다. 그리고 도리어 팀장을 향한 불만이 몇몇의 표정 위로 드리우기 시작했다. 자신들의 소중한 시간을 낭비하고 회의를 주도적으로 이끌지 못했기 때문이리라. 말이 많은 사람들은 말주변이 좋다는 장점을 갖고 있을지언정, 너무 길어지면 장점은 금세 단점이 되어버린다. 말을 아무리 잘해도 사람들의 소중한 시간을 훔치는 도둑 취급을 받는 것이다.

그 자리에 앉아 터커 씨의 지긋지긋한 웅얼거림을 듣고 있자니, 나는 그에게 한마디 쏘아붙이고 싶었다. "저기요, 터커 씨. 모르시겠어요? 길게 이야기하면 할수록 본인만 깎아 먹고 있는 거라고요. 여기 앉아 있는 동료들이 당신에게 등을 돌리고 회의가 길어지는 데에 책임을 묻고 있잖아요. 다음번 회의 통보를 못 받아도 놀랄 일도 아니겠네요"라고 말이다. 차라리 이 남자가 자신이 하고 싶은 말을 딱 한 마디로 간추려서 '팀별로 이메일을 보내도 제대로 회신이 없어서 업무에 지장을 받습니다'라고 설명했더라면 결과는 확연히 달랐을 것이다.

이 일화를 본보기 삼아 회의 참석 시 공개적으로 의견을 제시하거나, 휴게실에서 가벼운 잡담을 건넬 때 내가 이름 붙인 '1분 발언권'을 사용하자.

 일머리 법칙

1분 발언권

말을 시작하면서 머릿속으로 타이머를 설정하자. 그리고 아무리 흥미로운 견해를 펼치고 있었다 할지라도 1분이 지나면 당신의 이야기에 다른 누군가를 초대하는 것이다. 상대방 중 아무나 지목하여 이런 식으로 질문을 던져보자. "에린Aaron은 어떻게 생각해요?" 또는 "바네사Vanessa, 혹시 당신 생각은 어때요?" 만약 시간이 점점 흐르고 있다면 서두르자. 본인의 무대를 타인에게 넘겨주는 습관을 기른다면, 동료들은 당신이 다시 이야기를 시작해도 훨씬 더 집중해서 들을 것이다.

09
....
'네니오'는 금물

흔히 말하는 '먹이다Kick Butt'라는 관용구는 알파벳 't'를 두 개 쓴다. 보통 '상사에게 물 먹었다'라고 빈번히 사용하리라 믿는다. 하지만 이번 장의 제목인 '네니오Kick But('네, 그런데요'처럼 일단 알았다고 해놓고 구구절절 반대하는 설명을 덧붙이지 말라는 의미인데, 원서의 장 제목이 관용구를 인용하여 풍자하였기에 합성어를 사용하여 번역함. -역자)'는 같은 발음의 부정적 접속사but를 썼다. 이 말은 앞선 견해를 반대할 때, 특히 '네'라고 대답한 후에 덧붙여서 쓴다. '네, 그렇긴 한데요'라던가 '좋아요, 그런데요'라고 말이다. 이 표현은 사전에 등재되어도 무방하다고 본다. 그리고 사전적 정의는 '아니요'라고 설명해야 맞지 않을까.

이와 비슷한 표현은 일상생활에서도 여러 버전으로 흔히 쓰인다. 가령 당신이 부서를 대표하여 발표를 준비했다고 치자. 다가오는 회의에서 이를 선보일 예정이다. 제대로 준비를 마친 당신, 결과물이 꽤 자신 있다, 아니 실은 굉장히 잘 나왔다고 생각하며 부장님도 회의에 꼭 참석했으면 좋겠다. 간절한 마음으로 부장님께 다가가 회의에 참석하실 수 있는지 묻는다. 부장님은 곧바로 대답한다. "회의 좋지. 근데 그날 내가 외근 일정이 있는데." 상대방이 너무 빨리 대답하는 바람에 당신은 그분의 '좋지'를 즐길 시간적 여유도 없었다. '좋지, 근데'로 한 방 먹은 것이나 다름없으며 당신은 부장님이 사실상 참석을 거절했다는 것을 깨닫는다. 이외에도 상사들이 주로 사용하는 말들이 있다.

사원   이 아이디어 어떻게 생각하세요? 괜찮은 것 같으세요?

상사   아이디어는 괜찮은데, 이걸로 채택하기엔 시간적 여유가 없지 않나 싶은데…….

사원   제가 요청드린 사안에 대해 재가 부탁드립니다.

상사   알았어요. 근데 그거보다 먼저 처리해야 할 일들이 너무 많아요.

사원   저번에 올린 보고서는 괜찮으셨어요?

상사   응, 근데 내가 전에 말했던 요점들이 다 안 들어갔던 데…….

일단 동의한다는 의미로 '응'이라 대답한 후에 곧바로 '그런데'라고 대답하면 무슨 말을 덧붙이든 상대의 명치를 가격하는 것과 같다. 만약 부장님이 이렇게 대답했다면 당신의 기분이 훨씬 낫지 않았을까. "회의 당연히 참석하는 게 좋지, 김 대리 프레젠테이션도 너무 기대되고" 그다음에 한 박자 쉬고 "아, 그런데 이 일을 어쩌지, 내가 그날 외근이 잡혀 있네." 어떤가? 두 대답 사이의 차이가 느껴지는가? 만약 동료가 당신에게 어떤 부탁을 했는데 거절해야만 하는 상황이 온다면 이렇게 말해보는 건 어떨까?

"오, 저도 그 프로젝트 정말 도와드리고 싶어요." 한 박자 쉬고 "제가 맡은 일이 지금 너무 많지만 않으면요……."

"수요일 점심시간에 자리 비우셔도 제가 커버할 수 있는데요." 한 박자 쉬고 "그날은 하필 저도 점심 약속이 있어요."

"저희 회사 대표님께 소개시켜드리면 저도 너무 좋죠." 한 박자 쉬고 "실은 올해만 해도 제가 세 분이나 면담을 주선했어요, 결과가 별로 안 좋아서 그렇지……."

위와 같은 예시들을 살펴보면 그 어떤 문장도 "좋아요, 근데"로 시작하진 않았지만, 문장과 문장 사이에 부드러운 거절 의사를 끼워 넣을 수 있는 걸 알 수 있다.

'네니오' 화법을 버리자

어떤 말이든 듣기 좋게 만들고 싶다면 제발 '그런데'라고 덧붙이는 습관을 버리자. 말할 때 마침표는 문장 제일 마지막에 딱 한번만 찍자. 대신 당신의 '반대되는 의견(하지만, 그런데)'은 이어지는 대화 사이에 슬그머니 끼워 넣자. 그럼 당신의 대답은 여전히 부정적이지만 뉘앙스는 긍정적이다. 이렇게 언어의 섬세한 묘미를 살려서 대화하다 보면 직장 내 인간관계는 보다 부드럽게 흐른다.

10

....

중요한 날은
미리 일기예보를 체크하라

나 또한 그런 적이 있고, 여러분도 분명 같은 경험을 했을 거라 믿는다. 아무리 명확하게 의견을 말해도 회의는 꼬여만 가고, 사람들은 당신의 설명을 듣지 않는다. 아무리 간결하고 확실하게 설명해도 그토록 원하던 업무나 계약을 놓치는 경우가 있다.

실패의 원인을 자신이 아닌 남에게 돌리는 것은 인간의 본능이다. 실패하고 투덜거리는 사람들을 보면 '상사의 편애' 때문이라던가, '험담을 일삼던 동료' 탓에, 또는 '성격이 안 맞아서' 원하던 일거리를 따내지 못했다고 생각한다. 이런 부류의 사람들은 보통 판매 실적이 저조할 경우 '동료가 거래처를 과소평가해서', '다른 누군가가 상품 설명을 제대로 못해서' 아니면 '배송이 제때 안 돼서'라고 말한다. 핑계는 끝이 없다. 하지만 이런 사람들 중 본인의 실패를 '날씨 탓'으로 돌릴 만큼 배짱 있는 사람은 없어 보인다. 하지만 이것이 바로 내가 지금부터 설명할 법칙이다.

몇 년 전쯤이었다. 한 기업에서 나에게 자문을 맡기며 텍사스Texas 주에 위치한 본사에서 임원진들과의 면담을 요청했다. 약속 날짜를 그 주 목요일 오후 3시로 협의한 다음, 나는 당일 정오쯤 텍사스주 댈러스Dallas시에 도착했다. 바로 차를 빌려 호텔에 들렀다가 회의를 위해 숙소를 막 떠나려던 참이었다. 힐끗 본 하늘 위로 먹구름이 잔뜩 몰려드는 것이 아닌가. 본사까지 운전하는 사이에 엄청난 양의 비가 쏟아지기 시작했고 주변은 금세 어두컴컴해졌다. 와이퍼를 끊임없이 작동시키며 끔찍한 교통 체증을 뚫고 나아갔다. 빵빵대는 차들이 도로에 줄을 지어 서 있는 아수라장을 헤치며 본사에 도착해보니 고작 7분밖에 늦지 않았다는 사실이 마치 기적과도 같았다.

건물로 들어서니, 퉁명스런 여성이 로비로 내려와 나를 회의실까지 안내했다. 막상 회의실에 들어서니 하나같이 언짢아 보이는 사람들이 팔짱을 낀 채 의자에 기대어 앉아 있었다. 한 명씩 돌아가며 나에게 각 임원들을 소개시켜주는 동안, 나는 사람들의 표정에서 집에 일찍 돌아갈 수 있을 거란 희망이 조금씩 사라지는 것을 보았다. 박수 소리가 한 번씩 끝날 때면 몇몇 고개가 돌아갔다. 비가 세차게 쏟아지는 창문을 바라보는 눈치였다. 회의가 채 20분도 지나지 않았을 때, 상당수의 사람들이 사과의 말을 웅얼거리며 회의실을 떠났다. 눈으로 보지 않아도 모두들 집을 향해 달려갈 거란 확신이 들었다. 상황이 이러니, 자문을 맡지 못했어도 그다지 실망스럽지 않았다.

그날의 경험을 바탕으로, 나는 날씨가 사람들의 기분에 미치는 영향을 공부했다. 업무상 점심 식사나 인터뷰, 또는 회의를 할 때처럼 모임의 종류와 상관없이 좋지 않은 날씨는 모임의 결과에 굉장히 해로운 영향을 미친다는 사실을 깨달았다.

우선 비가 오거나 흐린 날일수록 조도가 낮아진다. 이때 사람의 뇌는 수면 유도 호르몬인 멜라토닌melatonin을 촉진시킨다. 반대로, 태양은 뇌의 화학반응을 촉진시켜 인간을 각성시키고 기분 좋게 만든다. 또한 태양은 사람의 기분을 좋게 만드는 호르몬인 세로토닌serotonin을 계속해서 분비하게 만든다. 참고로 세로토닌은 우울증 치료제 성분으로 널리 알려져 있다. 그러므로 날씨가 흐린 날에는 세로토닌의 분비가 저하되는 것이다.

또한 미팅이 있었던 목요일은 텍사스 치고 굉장히 드물게 추운 날씨였는데, 낮은 기온 또한 기분에 부정적인 영향을 끼친다. 저기압은 신체 내 유동체들의 움직임을 촉진시킨다. 이로 인하여 신경이나 관절은 압박감을 느끼고, 때에 따라 경미한 통증이나 뻣뻣함을 느끼기도 하며 결과적으로 움직임이 둔해진다. 면역체계는 체온을 올리기 위해 계속해서 에너지를 쓰기 때문에 사람은 쉽게 노곤해진다. 그날 회의에 참석했던 임원진 중 누구라도 허리나 목에 통증이 있거나 다른 만성질환으로 통증을 느꼈을 수도 있다. 그만큼 궂은 날씨는 모든 면에서 좋지 않은 영향을 준다.

과학적인 날씨의 효과를 깨닫고 보니, 날씨가 흐린 날은 의뢰 업체와의 미팅이 순조롭지 않았거나 강연을 열어도 청중들의 호응이 그다지 열광적이지 않았다는 사실을 발견했다. 요약하자면, 궂은 날은 모든 면에서 바람직하지 않다. 당신의 프로젝트나, 당신의 서비스 품질이나 또는 당신의 기분마저도.

그렇다면 성공적인 결과를 얻기 위한 방법은 무엇일까? 분명 날씨를 내 마음대로 바꿀 수는 없는 노릇이지 않은가. 다만 중요한 미팅이나 점심 약속, 프레젠테이션, 인터뷰, 회의 등을 앞두고 있다면 미리 일기예보를 확인해보는 것은 어떨까.

✓ 일머리 법칙

성공 확률을 높이는 스케줄 관리

만약 중요한 날을 앞두고 날씨가 안 좋거나 그럴 가능성이 보인다면, 날씨가 좋은 날로 날짜를 바꾸자. 결과의 성공 확률을 높이기 위해서 그 주 가장 날씨가 좋은 날에 베팅하자는 거다. 중요한 일이 꿉꿉하고, 춥고, 흐린 날로 계획되어 있다면 가능한 한 날짜를 바꾸는 것이 좋다. 진심으로, 다른 결과를 불러올 수도 있다.

다음 장부터는 성공을 위해 중요한 또 다른 요소, 당신의 신뢰도에 대한 이야기를 나눠볼 것이다. 우리는 여기서 두 종류의 신뢰도를 다룬다. 첫째는 인터넷상에서 보여지는 신뢰도, 나머지 하나는 사내 인간관계에서 비롯되는 신뢰도이다. 둘 다 관리해야만 제대로 신뢰를 받을 수 있으며, 후에 높은 자리에 올랐을 때 타인의 신뢰가 없다면 그 자리에 오래 머무를 수 없음을 미리 알고 있자.

PART
4

최고의 일머리:

누구라도 당신을 믿게 만들어라

최고가 되기 위해 가진 모든 것을 활용하라.

이것이 바로 현재 내가 사는 방식이다.

- 오프라 윈프리Oprah Winfrey

01

....

본인의 정보를
인터넷으로 검색해보자

앞으로 몇 년 사이에, 여러분은 인터넷을 통해 수백만 명의 사람을 보거나 만나게 될 것이다. 지금껏 살아오면서 나눈 악수들보다도 훨씬 많은 수의 사람들이다. 그리고 이렇게 맺어진 관계들은 언젠가 직업적으로 얼굴을 마주 보고 만난 이들보다도 훨씬 더 의미 있는 사이로 얽힐지도 모른다. 그들은 당신의 목소리를 듣기 전에 또는 만나기도 전부터 이미 어떤 선입견을 가질지도 모른다. 즉, 성공하려면 인터넷상에서 보이는 당신의 모습에 신뢰가 가고 일관적이며, 남들보다 빼어나야 한다는 뜻이다. 온라인 세상에 남기는 모든 족적은 당신이 세상에 드러내고 싶은 모습과 완벽히 일치해야 한다.

잠깐 상상을 한번 해볼까. 당신이 가상현실세계를 걷고 있다. 주변 곳곳에 사람들이 보인다. 공개적으로 드러낸 자신의 정보를 기반으로 삼삼오오 모여 교류하거나, 스스로를 홍보하고 있다. 어떤 사람들은 완전히 파티에 푹 빠져 사는 것처럼 보이고, 또 어떤 사람은 완벽한 비즈니스 오피스룩을 갖춰 입고 양손에 아이의 손을 잡은 채 걷고 있다. 그중 소수는 자유롭게 대화를 나누고 있지만, 대다수는 홀로 앉아 있다. 자, 주변을 둘러보고 이제 결정을 내릴 차례다. 누구에게 다가가 말을 걸 것인가? 누구를 피할 것인가? 누구에게서 도망갈 것인가?

저기 겉모습이 멀쩡한 사람에게 다가가볼까, 당신과 관심사도 비슷해 보인다. 앗, 그런데 다가가 말을 걸어보려고 했더니 그녀의 공개된 연락처가 명확하지 않다. 어쩐지 그녀와 만나서 이야기를 나누기가 쉽지 않을 것 같다. 그래서 당신은 지나치고 만다. 이 여자가 어쩌면 당신의 새로운 상사이거나 매우 좋은 조건의 고용주가 될 수도 있었겠지만, 쉽게 다가가 인연을 이어나가기엔 드러난 정보가 거의 없다. 그렇게 영원히 모르는 사람으로 남는다.

저기 완전히 파티광처럼 보이는 남자는 어떤가? 어쩌면 저 남자는 굉장히 프로페셔널하며 유능한 구직자일지도 모른다. 하지만 당신이 어떤 회사의 대표라면 파티광에게 성큼 다가갈 수 있을까? 당신은 아마도 이 사람이 드러내는 가벼운 이미지 너머, 학력과 이력을 알아보려는 노력 따위는 하지 않을 것이다. 행여 상대의 자질을 조사해본다고 하더라도 인터넷으로 드러내는 그의 모습을 보며 '회사 업무를 맡길 수나 있을까?'라는 생각이 들 것이다. 인터넷상에는 타인의 관심을 끌 만한 올바른 모습과, 어떤 사람과 소통을 원하는지에 대한 것들만 올려놓아야 한다. 그렇지 않을 경우 사람들은 '다음'

버튼을 클릭할 것이다.

인터넷 속의 타인들에게 당신이 누구인지, 어떤 사람인지, 사회생활과 사생활을 모두 모아 드러낼 필요가 있다는 뜻이다. 다시 말해 인터넷상에서 자신의 모습을 가꾸고 꾸며야 한다. 만약 당신이 인터넷에 업무와 관련된 모습만 보여준다면, 미래의 고용주는 자신의 직원들과 더 비슷한 성향을 가지고 있는 새로운 구직자를 찾아 나설 것이다. 사적인 모습들을 전혀 보여주지 않으면 미래의 고용주는 당신의 취미가 무엇인지, 평소 모습은 어떤지 알 수가 없으며, 더 나아가 이력서에 적은 정보 외에 다른 사항들은 아무것도 알 턱이 없다. 반대로 너무 개인적인 생활만 드러냈을 경우, 대부분의 고용주들은 당신을 그냥 지나칠 것이다.

그렇기 때문에 온라인에도 당신의 사회경험에 대해 이해를 도울 만한 충분한 정보들을 드러내야 하며, 또한 개인적인 흥미와 관심사를 일정 부분 보여주어야 한다. 그리고 무엇보다 진지한 의지가 엿보이는 연락처를 적어두어 언제든 연락받을 수 있어야 하지 않겠는가.

예를 들어 당신의 이메일 주소가 '완전쿨남koolkid420@gmail.com', '레알거물bigstud@hotmail.com' 또는 '금수저gannonfamily@aol.com'라면, 계정의 주인이 진지한 태도로 책임감 있게 사회생활을 할 수 있는 사람이라는 생각이 들까? 누군가가 당신의 연락처를 비웃지 않고 동료에게 전달이나 할 수 있을까? 다른 사람들과 공유해도 부끄럽지 않을 사무적인 느낌을 주는 계정으로 소셜 미디어를 개설하라.

자신이 원하지 않는 이미지는 인터넷상에서 수정하자

어떤 사람에 대해 더 자세히 알고 싶을 때, 사회생활이든 개인적이든 상관없이 가장 먼저 하는 일이 무엇일까. 바로 인터넷을 뒤져보는 것이다. 그럴 경우를 대비해 먼저 선수를 쳐라! 한두 시간 정도 투자해서 본인의 정보를 인터넷으로 검색해보자. 그리고 지금 현재 당신이 원하고 추구하는 이미지에 부합하지 않은 정보들은 수정하자.

온라인 속 당신의 이미지를 지켜라

이름을 검색해보면, 환호하는 청중들 앞에 선 사진이나, 우수한 실적으로 자랑스럽게 상을 받는 모습 정도는 금방 찾을 수 있다. 하지만 몇 번만 더 클릭해보면 친구들과 함께 해변에 앉아 깔깔대며 맥주를 궤짝으로 들이마시거나, 완전히 술에 취해 기절해버린 동영상이 하나쯤 나올 수 있다. 이런 참사는 언제든지 일어날 수 있다. 그러므로 개인적인 사진을 올릴 때는 언제나 공개 여부를 확인하고 올리자.

소셜 미디어의 공개 여부를 꼼꼼히 살펴보자

이번 법칙이 여러분에게 정말 너무 사소하고 당연한 것이었으면 좋겠지만, 꽤 많은 사람들이 프라이버시 설정을 놓치고 있다는 사실을 알면 아마 깜짝 놀랄 것이다. 그래 놓고 왜 승진을 못하는지, 왜 새로운 직장을 얻지 못하는지 궁금해한다. 제발 사진이나 코멘트들을 인터넷에 올리기 전에 설정부터 살피자. 당신이 보여주고 싶은 사람들에게만 공개되어 있는지 확인하자. 사생활을 아무에게나 전부 공개하지 말자.

'사진 한 장이 장황한 말보다 많은 것을 드러낸다'라는 말이 있다. 요즘 사람들은 시간을 들여 긴 글을 읽지 않는다. 하지만 온라인에 올라오는 사진 한 장은 순식간에 퍼진다. 이 점을 잘 이용하면 분명 굉장한 도움이 된다.

예를 들어 출판사에서 내 책에 실을 저자 사진을 요구할 때면 나는 엄청난 고민에 빠진다. 대체 어떤 사진을 보낼 것인가? 이를 환하게 드러내며 활짝 웃는 사진은 좀 따뜻하고 친근해 보이지 않을까? 아니면 입은 꾹 다물었지만 사려 깊고 통찰력 있어 보이는 사진을 골라 보내볼까? 화장하고 찍은 사진을 보낼까, 아니면 거울 앞에서 몇 시간을 공들여 꾸몄지만 꾸민 티가 별로 나지 않는 자연스러워 보이는 사진을 보내야 할까?

어떤 사람들은 모든 웹사이트에 같은 프로필 사진을 올려놓기도 한다. 그런데 이렇게 할 경우 보는 이들은 이토록 저명한 사람의 사진이 고작 이것 한 장뿐인가, 하고 궁금할 수도 있다. 제일 잘 나온 사진을 주 프로필 사진으로 걸되, 그 외에 다양한 사진도 몇 장 함께 올려놓을 필요가 있다.

하지만 주의해야 할 점이 있다. 대부분의 의사들은 너무 딱딱해 보이는 사진만 쓴다. 치과의사가 이런 사진을 사용하면 마치 타인의 고통을 즐기는 사람처럼 보인다. 즉 각계각층의 지도자들은 유약해 보이는 사진을, 회사원들은 마치 잡지에나 실릴 법한 포즈의 어색한 사진을 올려보자. 또 사진을 인터넷에 올리기 전에는 믿을 만한 동료들에게 미리 보여주고 의견을 듣자. 절대 상사가 봐서는 안 될 사진을 올리지 말 것! 특히 페이스북Facebook에 올린 부적절한 사진들이나 코멘트로 최악의 경우 해고당하는 사람들도 있다는 점을 잊지 말자.

02

....

사소한 거짓말로
신뢰가 무너진다

동료들이 상사에게 하는 거짓말을 들어본 적 있지 않은가? 오는 길에 사고가 나서 지각을 했다거나, 병원에 들렀는데 생각보다 사람이 너무 많아 진료를 늦게 받았다는 식의 거짓말 말이다. 이런 변명들이 모두 거짓말이라는 걸 당신은 당연히 알고 있다. 왜냐하면 이미 며칠 전에도 당사자에게 숙취 때문에 늦잠을 자느라 지각했다는 농담 섞인 진담을 들은 적이 있기 때문이다. 그리고 그의 상사도 이게 거짓말이라는 걸 알고 있을 가능성이 크다. 사람의 몸과 표정은 무의식중에 진실을 드러내기 때문이다. 사실 표정과 몸짓은 모든 것을 말해준다. 당신의 말들이 사실인지, 그 순간에 무슨 생각을 하는지도.

당신도 상사가 지금 거짓말을 하고 있구나, 하고 느낀 적이 있을 것이다. 이번 분기에는 신규 채용이 없을 거라고 말하거나, 프로젝트의 마감 시한을 예상보다 앞당긴 날짜로 발표하거나 하는 경우에 말이다. 이럴 때면 일부러 나서서 말을 하진 않지만, 상사의 행동에서 무언가 미심쩍은 부분이 보인다. 그래서 다음번에 상사가 당신을 불러 "지금 회사에 돌고 있는 정리해고 소문은 전부 거짓말이에요"라고 말해줘도 마음이 놓이지 않는다. 누군가를 믿지 못하기 시작하면, 그다음에 같은 사람이 무슨 말을 하더라도 신뢰도가 떨어지기 마련이다. 심지어 누군가가 선의의 거짓말을 하더라도 당신에게는 그저 허풍처럼 들리는 순간이 온다.

그러므로 매우 사소한 거짓말이라도 하지 않는 것이 좋다. 당신이 한 번이라도 과장을 섞어 이야기했다는 사실이 알려지면 그 즉시, 보잘것없던 거짓말 한 번이 당신의 신뢰도를 좀먹기 시작할 것이다. 에이브러햄 링컨**Abraham Lincoln**이 남긴 유명한 말이 있지 않은가. '모든 국민을 잠깐 속이는 것은 가능하다. 그리고 소수의 국민을 영원히 속이는 것도 가능하다. 그러나 모든 국민을 영원히 속일 수는 없다.' 하지만 아무리 그렇다고 해도…….

거짓말쟁이로 의심 받지 않는 법

대다수의 사람들은 사소한 거짓말을 하고, 누구는 간 큰 거짓말을 한다. 직장생활을 하는 모든 사람들은 이따금씩 말을 얼버무리거나, 과장되게 말하거나, 또는 진실을 제멋대로 무분별하게 각색해버리기도 한다.

한 조사에 따르면 직장인이 회사에서 하는 거짓말의 22%는 자신이 무언가 했거나 혹은 하지 않은 행동에 관한 것이며, 이유는 바로 상사가 싫어하기 때문이라고 밝혔다. 주어진 업무를 아직 끝내지 못했지만, 이미 다했다는 거짓말도 여기에 속한다.

조사 결과를 보고 양심의 가책을 느꼈다면, 걱정하지 말 것. 당신 말고도 수없이 많은 사람들 역시 같은 감정을 느꼈을 테니까 말이다. 하지만 언제나 조심해야 한다. 오늘 내뱉은 매우 사소한 거짓말이 내일은 눈덩이처럼 불어나 당신의 커리어를 순식간에 무너뜨릴 수도 있기 때문이다. 거짓은 언젠가 수습할 수 없을 만큼의 결과를 초래할 수도 있다.

다시 돌아와서, 아까 상사가 분명 이번 분기 신규직원을 채용하지 않는다, 또한 정리해고도 없다, 라고 했을 때 왜 당신은 그를 믿지 않았을까? 다른 사람들과 마찬가지로 당신 역시 인간 거짓말탐지기이기 때문이다.

물론 진짜 거짓말탐지기는 신체의 긴장 정도를 파동으로 측정한다. 호흡의 변화라던가, 심장박동수, 혈압, 식은땀 또는 그 다른 감정적 변화의 증후들을 읽어내는 것으로 말이다. 그렇다면 거짓말탐지기가 정말 믿을 만한가? 이는 논란의 여지가 있으나, 미국 연방수사국 FBI와 경찰 그리고 그 외 다수의 기업에서는 거짓말탐지기를 진실의 갈림길에서 결과를 가르는 용도로 사용하곤 한다. 하지만 거짓말을 하는 사람의 신체에서 반응이 일어난다는 사실은 논란의 여지가 없다. 눈으로는 이런 변화를 곧바로 감지할 수 없을지 모르지만, 예외 없이 체내에서 무의식중에 변화가 일어나기 때문이다.

한번은 이런 일이 있었다. 내가 사원교육 자문을 맡았던 한 회사에 로건Logan이라는 영업부 부장이 있었다. 그가 맡은 부서는 계속해서 할당량 이상의 꾸준한 실적을 올리고 있었고, 심지어 부서 내 구멍이 될 만한 사원도 없었다. 언젠가 그를 만나 그의 실력을 칭찬하며 말했다.

"로건 씨, 대체 어떻게 하는 거예요? 당신 부서에 모든 사원이 회사 매출의 톱을 찍고 있잖아요. 대체 어디서 데려왔어요?"

그리고 농담 삼아 물었다.

"지금까지 한 번이라도 일 못하는 멍청이를 뽑은 적이 있긴 해요?"

상대방은 겸손하게 "아이고, 아니에요. 그냥 운이 좋아서 그렇죠. 뭐" 하고 대답했다.

"무슨 소리예요. 이건 운이 아니죠. 사람 뽑는 눈썰미가 워낙 좋으신 거죠." 내가 목청을 높였다.

그는 모르겠다는 듯 짐짓 어깨를 수그렸다. "글쎄요. 눈썰미는 잘 모르겠지만, 이 일을 오래 하다 보니까, 부하직원이든 구직자든 누가 거짓말을 하면 바로 알아볼 수는 있겠더라고요."

그 말을 듣고 "대체 비밀이 뭐예요?" 하고 캐물었다.

상대는 다소 심각하게 생각하더니 이윽고 입을 열었다. "그냥 사람들이 말할 때 유심히 보면 돼요." 이야기를 듣는 내 표정에 궁금증이 가득했는지, 그는 설명을 이어나갔다. "예를 들어볼까요? 지난달에 영업을 하고 싶다는 한 구직자가 찾아와서 면접을 봤거든요. 말하는 것도 자신 있어 보이고 성격도 좋아 보이더군요. 우리 쪽 일을 하려면 전화 영업을 꼭 해야 하는데 그런 면에서 잘 어울리겠더라고요. 그래서 제가 굳이 이 일을 콕 찍어서 하고 싶은 이유가 있는지 물었어요. 그 사람이 내 눈을 똑바로 바라보면서 이렇게 말하더군요. '상품을 판매하고 고객들에게 양질의 서비스를 제공하는 것이 저는 보람 있는 일이라고 생각합니다'라고요."

"그 대답이 참 마음에 들었어요." 로건이 대화를 이어나갔다. "그래서 다시 물어봤습니다. 요즘은 서로 의사소통하는 방식이 엄청나게 변화하는 세상인데, 전화 영업이 좀 구시대적인 영업방식이라고 생각하지는 않느냐고요. 그랬더니 면접자의 목소리가 약간 커지더라고요, 물론 차분하게 대답은 잘했어요. '아니요, 영업직은 다양한 변화를 겪고 있지만, 사람들과 소통해야 한다는 점은 절대 바뀌지 않습니다. 잠재 고객과 연락을 주고받을 때 저는 고객의 요구에 집중하고 제가 제공할 수 있는 상품의 가치에 중점을 두려고 노력합니다'라고 대답하더군요."

"굉장히 좋게 들리더군요. 그래서 물어봤죠. 마지막으로 다녔던 직장이 어떤 분야였느냐고요. 그랬더니 면접자의 눈이 아주 잠깐 흔들리더군요. 다시 시선을 맞추었는데, 그 사람이 주먹을 꾹 쥐는 겁니다. 조금 전까지는 편하게 앉아있더니 팔걸이에서 몸을 떼어내요. 목덜미를 문지르고 이야기를 하는데 손을 입가에 가져가는 겁니다."

"그 남자의 말을 빌리면 '더 크게 성장할 수 있는 기회가 너무 제한적'이라 직장을 그만두었다는데, 몸짓을 보면 분명 숨겨진 이야기가 더 있는 것 같아요. 퇴직한 이유를 제대로 말해주지 않는다는 확신이 들었죠. 물론 안절부절못한다는 게 그 사람이 거짓말을 하고 있다는 확실한 증거가 될 수는 없지만, 어쨌거나 다시 한번 그 주제에 대해 물어볼 만큼의 이유는 되었어요."

"그 남자의 '기본 성품'을 좀 더 알아보려고 좋아할 만한 주제에 대해 다시 물어봤습니다. 본인의 장점에 대해 말해보라고 그랬더니 곧바로 안정을 되찾고 의자에 팔을 걸치더군요. 눈을 피하지도 않고 말을 해요. 남의 말을 경청할 줄 안대요. 그래서 고객의 니즈를 제대로 파악할 수 있다고 하더군요. 등을 기대더니 굉장히 자신 있는 말투로 이러는 겁니다. 자기는 말을 굉장히 설득력 있게 할 수 있다고 말입니다. 아, 어찌나 공감이 가던지!"

로건은 계속해서 설명을 이어나갔다. "그런데 여전히 믿음이 안 가는 걸 어떡합니까. 분명 어딘가 꺼림칙한 부분이 남아있었어요. 그래서 다시 한번 왜 마지막 직장에서 퇴사했는지 돌려 물어보았죠. '아까 말씀하시기를 발전 가능성이 없어서 퇴사하셨다고 했는데, 퇴사하신 이유가 정말 그게 전부입니까?' 그랬더니, 다시 한번 몸을 꿈틀거리는 겁니다. 잠깐 먼 산을 바라보고는 팔뚝을 문질러요."

"두 번째로 꿈틀거리기 전만 해도 진짜 채용 직전이었단 말입니다. 세상에, 성급하게 결정을 내리지 않아서 어찌나 다행이었는지. 나중에 아는 사람을 통해 알아봤더니 그 회사에서 완전 싸움꾼이었어요. 자기 상사랑 굉장히 지저분하게 싸우고 그만둔 거였더군요"라고 그는 긴 설명을 끝냈다. 로건이 용하게 거짓말쟁이를 잡은 것이다!

자, 앞선 일화를 바탕으로 직장에서 사람들과 대화하며 해야 할 행동과 하지 말아야 할 행동을 구분해 볼 수 있다. 대답하기 곤란하거나 압박감이 느껴지는 질문을 받으면 우리는 본능적으로 말을 빠르게 하고 목청도 높인다. 마치 돌파구를 향해 미친 듯이 달려가는 것처럼 말이다. 그러므로 만약 어떤 질문이 당신에게 조금 민감한 사안이라면 일정한 속도와 목소리로 대답하려고 노력하라. 실패할 경우 상대방은 곧바로 무언가 꿍꿍이가 있음을 알아차릴 것이다.

또한 목소리가 갈라지지 않도록 주의를 기울여야 하지만, 그렇다고 계속 목청을 다듬거나 헛기침을 하지 말 것. 거짓말을 하고 있다고 알려주는 꼴이나 다름없다. 대답을 할 때는 절대 시선을 피하거나 두 눈을 감지 말자. 그리고 대답을 주저하거나, 말하기 전에 '어……' 하고 말꼬리를 늘이지 말자.

사람의 말과 행동이 다른 경우 과학계에선 이를 일종의 '단절' 현상이라고 본다. 우리 모두 이런 경험이 있을 것이다. 누군가 좋은 제안을 했을 때 거절해야만 할 것 같은 낌새가 느껴진다거나, 반대로 무조건 받아들여야겠다는 왠지 모를 느낌이 오는 경우. 그럼에도 왜 그런 느낌을 받았는지는 도무지 설명할 수 없을 때. 그저 감이 오는 경우가 있지 않은가, 그리고 대체로 그런 감은 잘 맞는다.

그리고 이런 인간의 감은 이미 수십 가지 연구에서 진짜라고 판명된 바 있다. 그중 하나가 바로 학술지 〈비언어적 행동〉에 게재된 '사람의 예감, 대인지각의 정확성과 인지능력에 대하여Just a Hunch: Accuracy and Awareness in Person Perception'라는 논문이다.

움찔거림을 이겨내야 한다

한창 논의가 활발하게 이루어지고 있을 때는 코가 간질거린다거나, 발바닥이 따끔거리거나, 귓속이 얼얼하거나 목에 땀이 흘러도 참아야 한다. 특히 무엇보다도 손을 얼굴에서 최대한 멀리 떨어뜨려 놓자. 손을 얼굴 근처에 가져가는 것은 당신이 '거짓말'을 하고 있고 이를 숨기고 싶어 한다는 의미로 보일 수 있다.

특히 문제가 생길 만한 소지의 대화를 나눌 때면 언제나 목소리를 부드럽게 내뱉고 일정한 속도로 말을 이어나가야 한다. 중요한 질문에 대답할 때는 과장하지 말자. 당연히 시선도 피하지 말아야 한다. 아무리 본인의 몸이 간지럽거나 따끔하다거나 얼얼하고 땀이 흘러도, 거짓말쟁이로 오해받는 것보다는 덜 불쾌할 테니까 말이다.

또한 단순히 입으로 내뱉는 거짓말만 문제가 되는 것이 아니라는 것을 명심하자. 온라인상에서 흘리는 거짓말 또한 성공의 걸림돌이 된다. 이메일이나 채팅앱을 통해 모든 대화들이 기록으로 남는 세상이다. 무슨 말이든 일단 써서 보내면, 그 즉시 다른 사람들에게 전송, 전송, 전송되어 이내 회사 전체가 알게 된다.

아주 사소한 거짓말은 괜찮지 않을까?

아니! 전혀! 그 어떤 사소하고 하찮은 거짓말이라 해도 괜찮지 않다. 거짓말은 이를 듣고 보는 모든 사람에게 경계태세를 갖추도록 알람을 울린다. 예를 들어서 9시 50분쯤, 당신은 톰Tom에게 문자를 받았다. '잠깐 이야기할 수 있을까요?'라고.

당신은 바로 답장을 보낸다. '제가 10시에 회의가 있는데, 뭐, 괜찮습니다. 전화 주세요.' 그러자 톰이 전화를 걸었고, 놀랍게도 그는 당신과 굉장히 중요한 문제로 이야기를 나누고자 했다. 그리하여 10시 5분이 되도록 당신은 여전히 톰과 이야기를 나누고 있다. 이때, 톰이 생각한다. '잠깐만! 이 사람 10시에 회의 있다고 하지 않았나. 내 이야기를 열심히 들어주느라 회의에 좀 늦게 들어갈 모양이네.' 하지만 시간은 흘러 15분이 되었고 당신은 여전히 통화 중이다. 이쯤되니, 톰은 슬슬 당신이 의심스럽다. '와, 회의 있다는 거 완전 새빨간 거짓말이었네.' 딩동, 거짓말을 들켰다!

좋다. 만약 당신이 거짓말을 하고 있다는 걸 톰이 완벽히 알아차리지 못했다고 하더라도, 여전히 그의 눈에 비친 당신의 신뢰도는 하락세이다. 그리고 다음번에 또다시 이야기를 나눌 기회가 생겼을 때, 톰은 당신이 거짓말을 하고 있는지 곰곰이 살펴볼 것이다. 이렇게 사소한 거짓말이 쌓이고 쌓여서 매우 높은 탑을 이루고 나면, 당신의 신뢰도는 와르르 무너지고 만다.

03

....

불필요한 오해를
사지 마라

아무리 당신이 거짓말에 완벽히 통달한 사람이라 해도, 거짓말의 이유가 당신의 안위를 위한 것이었어도 짜증이 나거나 성가신 일 때문에 꿈틀대는 경미한 몸짓까지 전부 통제할 수는 없는 법이다. 반대로 당신이 100% 진실만 말한다고 하더라도 신체적, 심리적 불쾌함에서 파생되는 고통이나 불편한 몸짓이 상대방에게는 마치 거짓말을 하고 있는 것처럼 보일 수도 있다는 점을 알아야 한다.

책을 집필할 때 자료 조사를 도와주던 조수가 있었다. 책에 인용하려고 몇몇 논문의 정확한 제목을 알려 달라 부탁했는데 아무리 기다려도 답이 없었다. 무뚝뚝한 표정으로 조수 샬린Charlene은 컴퓨터가 고장 났다며 그동안 모아두었던 자료들이 전부 날아갔다는 것이 아닌가. 어찌된 영문인지 설명하는 내내 샬린은 유독 긴장된 안색으로 계속해서 입술에 침을 발랐다. 때마침 내 파우치 안에 작은 립밤

이 있어서 건네주었더니, 샬린은 "아, 감사합니다. 지난주에 해변에 갔다가 햇볕에 탔는데 입술도 같이 텄어요"라고 했다.

아하, 나는 왜 그녀가 그토록 입술을 적시는지 비로소 이해했다. 그리고 그녀를 잠깐이나마 오해해서 미안하기도 했다. 만약 본인이 햇볕에 너무 잘 타는 체질이라고 말해주었더라면 당연히 안쓰러워하고 왜 그토록 입술을 가만히 못 두는지도 알아차렸을 텐데.

비슷한 사건은 또 있었다. 컨설팅을 맡은 회사에 닉Nick이라는 사원이 있었다. 자신이 그달 영업 실적을 완벽히 달성했다며 회사 대표에게 은근히 자랑했다. 그런데 이야기를 하는 내내 계속해서 목덜미를 문지르고 뼈를 이리저리 비틀며 두둑 소리를 내는 것이 아닌가. 나의 주 고객이었던 대표는 유독 그를 곁눈질하고, 그의 말도 못 미더워하는 듯싶었다.

그날 오후, 나는 우연히 다시 한 번 복도에서 닉과 대화를 할 수 있었는데, 그가 또다시 목을 문지르고 비트는 것이 아닌가. 어디가 불편하냐고 물었더니, 닉이 "아, 네" 하고 대답하며 앓는 소리를 냈다. "지난주에 갑자기 담이 걸렸는지 목이 아파요. 문지르면 좀 나아지거든요"라고 말이다. 그제야 나는 그가 아침에 왜 그토록 불편해 보였는지 어렴풋이 깨달을 수 있었다.

그리고 다음에 다시 회사 대표와 만났을 때, 나는 닉의 불편한 목에 대해 넌지시 이야기해 주었다. 자꾸 목을 문지르는 게 아파서였다며 말이다. 닉이 거짓말을 하느라 그런 행동을 한 것이 아니었다는 것을 상대가 알아주기를 바랄 뿐이었다.

회사에서 거짓말을 하지 않는 것은 매우 중요하지만, 거짓말하는 것처럼 보이지 않는 것 또한 중요하다. 이번 일화들처럼 어딘가 몸이 불편해서 그곳을 문지르거나, 긁거나, 씰룩이거나, 비틀거나 혹은 주물러도 상대방에게 그 행동이 거짓말에서 비롯된 것이 아니라는 것을 넌지시 드러낼 필요가 있다. 만약 닉이 회사 대표에게 뒷목이 아팠다고 말을 했더라면, 혹은 샬린이 나에게 햇볕에 입술이 탔다고 언급을 했더라면 두 사람 모두 의심을 사지 않았을 테니까.

 일머리 법칙

몸이 불편하거나 아프다면 미리 이야기하자

불평불만이 많은 사람처럼 보이고 싶지 않겠지만, 그날따라 컨디션이 좋지 않거나 어딘가 불편하면 당연히 몸짓은 경직될 수밖에 없다. 그럴 때는 대화를 시작하기 전이나 직후에 꼭 본인의 상태를 알리자. 진실한 사람임을 알리는 것이 가장 중요한 법이다. 거짓말쟁이처럼 보일 가능성은 사전에 차단해버리는 것이 낫다.

최악의 경우가 있다. 마치 심리적으로 당신이 상대방을 두려워한다는 느낌을 줄 때이다. 심지어 거짓말을 하고 있지 않는데도 말이다. 특히나 이런 행동이 제일 문제가 되는 경우는 바로 당신이 상사와 이야기할 때다! 이때는 조금 더 주의를 기울이자.

04
....

거짓말을 할 수밖에 없는
상황일 때

사실 아무리 진실하고 정직한 사람이라 해도 직장인이라면 누구나 한 번쯤 선의의 거짓말을 해야 하거나, 어떤 특정 사실을 조금 완곡하게 표현해야만 할 때가 있지 않은가(혹은 사실을 조금 왜곡하거나). 그게 분명 가장 최선인 경우에 말이다. 예를 들어 상대방과 관련된 부정적인 사실을 들었거나, 항상 존경해 마지않던 누군가의 잘못을 덮어 주기 위해서라도. 회사의 대표로서 회사 비전을 조금 더 과장한다거나, 사원들의 불안과 동요를 잠재우기 위해 일부 정보를 생략하는 경우도 있다. 우리는 모두 이따금씩 정당한 이유로 작은 거짓말을 할 때가 분명 있다.

굳이 거짓말을 해야 할 필요가 없는 삶을 살고 싶지만, 연방수사국 요원이라거나 범죄수사관(혹은 당신의 상사마저도)과 같은 직업군의 사람들은 아무렇지 않게 거짓말을 해야만 하는 경우도 있다. 덧을 놓아야 되기 때문이다. 이들이 만약 당신에게 어떤 사건에 대해 유달리 길고 장황한 묘사를 부탁한다면, 이는 분명 당신에게 그 사건과 관련하여 매우 세부적인 설명을 요한다는 뜻이며 더불어 당신의 대답이 사실관계와 '적합한지'에 대해 묻는다는 의미이다. 이러한 경우를 대비한 몇 가지 대안이 있다.

스포츠 선수들을 전담하는 심리학자들이 사용하는 기술이 있다. 올림픽에 참가하는 선수들이 시합 전 기량을 끌어올리기 위해 사용하는 기술인데, 자신이 시합에 나가 몸을 비틀고 구부리고 뛰어넘고 날아올라 마침내 금메달을 따는 모습을 마음속으로 상상하고 심안을 통해 '그려보는 것'이다. 마음으로 스키 선수들은 바람이 귀를 가르는 소리를 '듣고', 다이빙 선수들은 자신의 몸이 물 위에 떨어지며 철썩대는 소리를 '들으며', 창던지기 선수들은 빛의 속도로 날아간 창이 허공을 가르는 모습을 '본다.' 실제로 근육을 움직이기 전에 운동의 전체 과정을 마음의 눈을 통하여 미리 그려보는 '시각화 기술'이 그것이다.

시각화 기술이 꼭 올림픽에 참전하는 선수들만을 위한 것은 아니다. 이 기술은 자신의 목표를 이루고 다른 사람들을 설득해야만 하는 모든 사람을 위한 것이다. 본인의 이야기를 어렴풋이 되뇌지만 말고, 시각화해보자. 바라는 바를 열정적으로, 그리고 반복적으로, 처음부터 끝까지 완벽하게 마음속으로 그려볼 때 현실과 가장 비슷한 모습으로 나타나기 마련이다. 올림픽 선수들의 이 기술을 바탕으로 본인이 그릴 수 있는 최고의 순간을 끊임없이 그려보자.

당신의 이야기를 마음으로 '보자'

타인에게 꼭 해야만 하는 이야기가 있다면, 먼저 마음의 눈을 통해 하나씩 하나씩 단계적으로 그려보자. 당신의 모든 감각과 경험을 총동원하여 해야 하는 이야기를 사실로 만들어보자. 먼저 색감을 입히고, 소리를 들어보고, 그날의 온도를 느껴보자. 그리고 그 이야기를 현실로 불러들일 수 있을 때까지, 몇 번이고 계속해서 마치 '비디오'를 재생하듯 머릿속에 그리고 또 그려내야 한다.

만일을 대비하여 한 가지 더! 만약 그 일이 굉장히 중요한 일이라면 마음속으로 생각할 때 꼭 거꾸로 돌려보는 것도 잊지 말 것. 유능한 수사관들은 가끔씩 용의자들에게 사건 당일 무슨 일이 있었는지 역순으로 말해보라고 하는 경우도 있다.

05

....

지각에 대처하는
최선의 방법

알람이 울리면 베개에서 겨우 머리를 떼고, 곧장 화장실로 향했다가 그다음엔 옷장으로, 그리고 주방으로, 마침내 출근길에 오른다. 월요일부터 금요일까지 매일 아침 일찍 일어나는 것 자체가 곤욕이긴 하지만, 그렇다고 5분만 더 자고 싶은 마음에 알람을 한 번 더 눌러버리면 그 결과는 참담하기만 하다. 까무룩 다시 선잠에 빠졌다가 어느 순간 정신이 번쩍 든다. 지각이다!

벗어놓았던 옷을 대충 꿰입으며 핑곗거리를 떠올리기 시작한다. 차 키를 잃어버렸다고 할까? 타이어가 퍼졌다고 할까? 기름이 샜다고 할까? 자동차 배터리가 나갔다고 할까? 아니, 당신의 상사는 이미 모든 변명을 익히 들어본 적이 있다. 하물며 핑곗거리가 허접하면 허접할수록, 당신의 이마에 거짓말쟁이라는 이름표가 붙을 위험이 훨씬 커진다.

그러므로 일단 당신이 늦었다는 걸 깨달은 그 순간, 곧바로 상사에게 이메일이든 문자든 상관없이 본인의 지각을 알려라. 다만 이때 절대 변명을 하지 말 것, 자연재해에 버금가는 변명이 아니라면 말이다. 대신 당신이 회사에 몇 시까지 도착할 것인지만 말하라. 관리자급의 상사들이 말하기를, 사실 사원들이 왜 늦었는지는 크게 관심이 없다고. 그저 정확히 언제 회사에 도착할 것인지, 다시는 같은 실수를 반복하지 않겠다는 다짐이 있는지만 중요할 뿐이라고 한다.

만약 당신이 전화를 받아야 하거나 문서를 다루고 전송해야 하는 업무를 맡고 있다면, 그 일을 대체할 수 있는 사람을 찾아라. 만약 찾지 못했다면 야근을 하거나 점심시간을 이용해서라도 밀린 업무를 모두 처리하겠다고 상사에게 말하자.

나 홀로 사무실에 늦게 출근하는 일은 또 다른 문제로 귀결된다. 이미 출근을 한 동료들의 궁금증 가득한 가자미 같은 시선을 참아내야 한다. 이럴 때 바로 제일 처음에 소개한 일머리 법칙 '매일 아침 당당하게 출근하자'를 사용하자. 편안하고 느긋하며 마치 약간 뽐내는 듯한 모습으로, 방금 회사에서 승진 통보를 받고 돌아온 사람처럼 입장하는 것이다. 대신 곧장 당신의 자리로 가서 곧바로 업무를 시작하자.

아, 만약 당신의 업무를 대신 책임져준 동료가 있다면 그에게 '칭찬은 무조건 길게' 법칙을 사용하여 고마움을 전하고, "언제든 비슷한 일이 생기면 제가 꼭 갚을게요"라고 덧붙이는 것을 잊지 말자.

회의에 늦었을 경우

어느 회사든 꼭 회의가 시작하고 나서야 슬그머니 들어오는 사람이 한 명쯤은 있지 않은가? 천성적으로 느리게 태어난 것 같은 직원은 미안한 표정으로 들어와 슬며시 앉는다. 사람들과 눈이 마주치면 얼굴을 붉히며 곧바로 변명을 늘어놓는다. 분명 이런 식의 변명을 익히 들어봤으리라. "차가 너무 막혀서요", "치과 진료가 늦어져서요", "아이가 아파서 병원에 들렀다가 오느라고요." 아니면 아이를 개로 바꾸거나.

정말 이런 식으로 본인의 품위를 떨어뜨릴 셈인가! 누군가 괜찮다고 쓰다듬어주기를 기다리는 강아지마냥 변명을 주절주절 늘어놓으며 행동할 필요는 없다. 우아하고 정중하게 "죄송합니다" 한 마디면 충분하다. 마치 회의실에 일 등으로 도착한 사람처럼 그저 재빠르게 본인의 자리에 착석하자(걱정하지 말자. 회의가 다 끝나고 태연하게 변명해도 늦지 않다).

나는 이전에 완벽하게 변명하는 모습을 본 적이 있다. 인테리어 전문업체 윌슨 윈도즈Wilson Windows 사의 자문을 맞아 회의에 동석했을 때의 일이다. 회사 대표는 회의를 월요일 아침 9시로 잡았다. 새로 출시될 상품에 대한 논의가 필요하다는 이유였다. 특히나 대표는 당사의 새로운 디자이너 코트니 카Courtney Carr의 참여를 강조하였는데, 회의 시간이 다 되었는데도 그녀가 보이지 않는 것이 아닌가. 대표는 회의 시간을 5분 정도 늦추며 당사자를 기다렸지만 결국 허사였고, 마침내 그녀 없이 회의가 시작되었다. 그렇게 30분이 지

낮을 무렵, 코트니가 조용히 회의실 문을 열고 차분한 모습으로 등장했다. 그녀는 그저 간단하게 "죄송합니다" 하고 말하며 제자리를 찾아 앉았다. '뭐라고 변명하는지 들어보자.' 그녀의 변명거리가 모두의 관심사였다. 대표인 윌슨 씨는 엄격한 표정으로 "어서 들어와요"라며 무뚝뚝하게 반응했다.

회의가 10분가량 흐르고 나서, 갑자기 코트니가 질문이 있다며 손을 번쩍 들었다. 그녀는 이렇게 말문을 열었다. "앞서 같은 질문이 있었다면 죄송합니다. 제가 회의 앞부분을 놓쳐서요. 다름 아니라 저희 어머니가 아침에 욕실에서 넘어지시는 바람에 어머니를 모시고 병원을 다녀와야 했거든요." 그 순간 다른 동료들의 얼굴에 약간의 동정과 안쓰러운 마음이 스쳐 지나가는 것을 목격할 수 있었다. 그리고 조금의 주저도 없이 그녀는 새로운 상품에 대한 본인의 질문을 이어나갔다. 그토록 멋있을 수가 없었다.

회의가 끝나고, 나를 포함한 몇몇 직원들이 그녀의 자리로 다가가 유감을 드러냈다. 우리가 대화를 나누는 동안 윌슨 씨가 다가와 말을 걸었다. "코트니, 어머니 일은 정말 안됐어요. 어머니가 괜찮으셨으면 좋겠네요. 아, 그리고 혹시 일찍 가봐야 하거든 나한테 말해줘요." 이런 방식으로 코트니는 본인에 대한 동료와 상사의 잘못된 인식을 바로 잡았다.

안타깝고 감사한 일이나, 코트니의 경우처럼 안 좋은 일로 지각하는 경우는 드물다. 사실 별 다를 바 없는 비슷한 이유들, 가령 '차에 시동이 안 걸린다든가', '갑작스러운 편두통' 아니면 '아이 때문에 애먹다가' 지각하게 되지 않는가. 아무리 그렇다고 하더라도, 지각의 이유를 곧바로 설명하지 말자. 대신 다음과 같은 방법을 써보자.

일단 우아하게 입장하며 "늦어서 죄송합니다" 하고 모두에게 인사하자(이때 상석에 앉은 상사만 바라보지 말 것. 굉장히 비굴해 보일 수 있다). 그다음엔 당신의 자리에 조용하고 품위 있게 착석하자. 후에 물어볼 만한 질문에 대해 생각해보는 것도 좋다. 회의가 재개되었을 때, 코트니가 했던 것처럼 회의의 앞부분을 놓쳐서 미안하다는 사과를 건네자. 이때 당신의 지각과 게으름을 변명하는 것처럼 보여서는 안 된다. 만약 당신이 코트니의 경우처럼 피치 못할 사정이 있었다면 이를 언급하되, 그렇지 않다면 다음과 같이 말하자.

"설명이 필요하시다면 회의가 끝나고 난 후에 말씀드리겠습니다."

그리고 곧바로 질문을 이어갈 것. 나중에 다가와 무슨 일이 있었냐고 물어볼 가능성은 매우 희박하다. 만약 누군가 물어보면, 당연히 솔직하게 대답해 주면 그만이다.

이 기술의 장점은 2가지다. 하나, 굉장히 자신감이 있어 보일 뿐 아니라 무언가를 숨기기 위해 애쓸 필요가 없다. 둘, 구질구질한 변명을 모두에게 늘어놓을 필요가 없다. 물어보는 사람이 있을 때만 넌지시 대답해주면 되니까. 대부분의 사람은 당신에게 지각의 이유를 묻지 않을 것이다.

변명은 뒤로 미룰 것

회의에 늦었다면, 일단은 침착하게 들어가서 간단히 "죄송합니다"
라는 인사만 하자. 그리고 시간이 어느 정도 지난 후에, 회의에 관
련된 질문을 건네면서 지각으로 인해 회의의 일정 부분을 놓쳤다
고 설명하자. 그리고 그 이유는 나중에 개인적으로 물어보면 설명
하겠다고 말하자.

06

····

최악의 실수를
만회하는 기술

최악의 경우를 상상해보자. 수습이 불가능해 보이는 실수를 저질렀다. 당신의 상사도 이 사실을 보고받았고, 엄청나게 분노 중이다! 그렇다고 해도 절대 겁먹지 말자. 이런 상황에 대처하는 방법이 있다. 이 방법으로 말할 것 같으면, 예전에 다른 책에서도 집필한 바 있고, 나의 강연을 듣는 수강자들에게도 설명한 적이 있다. 그만큼 효과가 굉장히 좋다. 물론 범법행위라면 말이 달라지지만, 회사 내에서의 실수라면 분명 도움이 될 것이다. 이 방법이라면 당신도 장미처럼 피어날 수 있을 것이다. 어쩌면 실수를 저지르기 전보다도 훨씬 더 향기롭게 말이다.

나는 어릴 적 한때 원더우먼에 푹 빠져 있었다. 책에 '원더우먼은 그리스 로마 신화에 나오는 헤르메스의 속도와 아테나의 지성, 그리고 헤라클레스의 힘을 가졌으며 아프로디테만큼 아름답다'라고 묘

사되어 있었다. 원더우먼은 총알보다 빠른 속도로 팔을 휘둘러 적을 무찌르고, 팔에 찬 은색 팔찌를 이용해 적들의 코를 납작하게 눌렀다. '핑!', '팡!', '이얍!' 게다가 원더우먼이 신고 다니는 빨간 부츠는 정말 멋있지 않은가.

그렇게 자란 내가 현실에서 원더우먼을 만났다. 그녀는 완다Wanda라는 여성으로 제조업체에서 근무했다. 그 회사 대표는 스스로를 제이. 디.J. D.라고 공공연히 불렀다(가끔씩 회사 대표들은 자기 이름을 이렇게 줄여 부르는 것이 멋지다고 생각하는 모양이다). 어쨌거나 대표와 완다는 일주일에 한 번씩 일대일로 회의를 가졌는데, 언젠가 그가 완다에게 하청업체에서 보내는 상품이 굉장히 실망스럽다며 말했다.

"완다, 원더풀 위젯Wonderful Widgets 사 담당자 월터한테 말해줘요. 지금 당장 계약 파기라고. 대체 물건을 어떻게 만든 거야? 품질이 엉망이잖아. 남아 있는 주문도 전부 취소한다고 말해요. 앞으로 연락하기도 싫다고."

월터와 오래도록 거래하며 친분을 쌓아온 완다는 당혹스러웠지만, 상사가 시키는 대로 하는 수밖에 없었다. 그녀는 거래처 담당자에게 미안하다는 메시지와 함께 대표님의 뜻으로 더 이상의 계약 유지는 곤란하다는 내용을 담아 메일을 보냈다.

그렇게 일주일이 지난 어느 날, 얼굴이 벌겋게 달아오른 대표가 사무실 문을 벌컥 열고는 완다에게 "지금, 당장 들어와!"하고 소리쳤다. 부아가 치밀 대로 치민 대표가 그녀의 면전에 대고 소리를 내질렀다.

"월터가 지금 전화를 걸어와서는 뭐라는 줄 알아? 그냥 어물쩍거리면서 다 괜찮다더군. 주문 대금에서 5%를 깎아주겠다면서 말이야. 이 사람한테 남은 계약도 모두 파기한다고 제대로 말한 거 맞아? 물건 품질을 못 맞춰서 그렇다고, 앞으로도 거래 안 한다고 연락도 하지 마라, 제대로 쓴 거 맞냐고!"

누구라도 이런 식으로 면전에서 공격을 받으면 우물쭈물할 수밖에 없다. 메일에 분부한 대로 정확히 적지는 않았지만 분명히 그런 뜻을 담았다, 우왕좌왕 설명하느라 정신이 없을 테다. 그러나 나의 원더우먼은 달랐다.

헤르메스의 속도와 아테나의 지성, 그리고 헤라클레스의 힘을 가진 완다는 대표의 두 눈을 지그시 바라보며 다음과 같이 대답했다.

"제이. 디, 일단은 문제점을 거론해주셔서 감사합니다. 대표님 말씀이 맞아요. 담당자에게 대표님 뜻에 따라 계약을 파기한다고 전했습니다만, 말씀하신 대로 '물건의 품질이 너무 낮아 앞으로 남은 주문을 전부 파기한다'라고 전하지 않았습니다. 또 '더 이상 연락도 하기 싫다'고 하셨지만, 그 부분도 명확하지 않았고요. 돌이켜보니 제가 대표님의 말씀을 정확히 전달하지 않아 착오가 생겼습니다. 앞으로는 두 번 다시 같은 실수는 하지 않겠습니다."

자 여기서, 완다가 말한 저 몇 문장 사이에 담겨 있는 냉정하고 침착한 분위기를 느낄 수 있겠는가? 한 문장 한 문장씩 곱씹으며 살펴보자.

"제이. 디. 일단은 문제점을 거론해주셔서 감사합니다. 대표님 말씀이 맞아요."

이 문장에서 알 수 있는 것은 일단 대표의 힐난에도 그녀가 겁을 먹지 않았다는 것. 굉장히 능수능란한 표현으로 대표에게 확신을 주고 있다. 그리고 대표를 차분히 부르면서 대화를 이끌어나가는 것 또한 상대방의 관심을 불러일으키는 효과가 있으며, 문제를 지적한 그의 자존심도 지켜주었다.

"담당자에게 대표님 뜻에 따라 계약을 파기한다고 전했습니다만, 말씀하신 대로 '물건의 품질이 너무 낮아 앞으로 남은 주문을 전부 파기한다'라고 전하지 않았습니다. 또 '더 이상 연락도 하기 싫다'고 하셨지만 그 부분도 명확하지 않았고요."

좋은 전개이다. 잘못을 완벽하게 털어놓지 않았는가. 얼버무리지도 않았고, 완곡하게 돌려 말하지도 않았다. 질책하는 상대방의 말을 그대로 인용함으로써 본인의 잘못된 점을 정확하게 짚고 넘어갔다.

"돌이켜보니 제가 대표님의 말씀을 정확히 전달하지 않아 착오가 생겼습니다."

이 말에는 문제점을 바라보는 통찰력과 자신이 무엇을 잘못했는지에 대한 종합적인 이해가 담겨 있다.

"앞으로는 두 번 다시 같은 실수는 하지 않겠습니다."

마지막으로 완다는 자신이 책임감 있는 직원이며, 대표가 믿고 쓸 수 있는 사람이란 점을 강조한다.

실수에 따른 구체적인 설명이 필요한 상황이라면

마지막 단계는 사실 선택사항이다. 그리고 가끔은 말을 하지 않는 편이 본인에게 이로울 수도 있다. 그러나 설명이 꼭 필요하다면 나의 원더우먼이 했던 방식을 따라 해보자.

"언제 기회가 된다면, 그때 제가 왜 그렇게 행동했는지 설명드리고 싶습니다."

완다는 곧바로 부연설명을 곁들이고 싶어 전전긍긍하지 않았다는 점을 꼭 기억하자. 대표는 그녀에게 귀를 기울일 준비가 되어 보였고, 그녀가 계속 말을 이어나갔다.

"당시에 저는 업체 담당자 월터에게 좋은 인상을 남기는 편이 좋다고 생각했습니다. 나중에라도 다시 계약을 맺어야 할 경우가 생길 것에 대비해서요. 하지만 이제 와서 생각해보니 그 부분이 문제를 낳았습니다."

이렇게 본인이 당시에 내렸던 이성적 판단을 명확히 제시하고 또한 방어적이지 않은 자세로 이를 표현했다.

"감사합니다, 대표님. 제가 설명드릴 수 있는 기회를 주셔서요."

아름답지 않은가! 꼭 마지막 단계까지 모두 쓸 필요는 없으나, 자신의 잘못을 설명할 수 있는 기회가 주어진다면 여기 7단계의 고백법을 활용해보자. 이 방법을 사용한다면 아마 당신의 신뢰도는 다른 직원들보다 훨씬 더 높아질 것이다.

 일머리 법칙

조금 더 특별한 고해성사로 만들기

1. 상사에게 일단 문제점을 지적해주어서 고맙다는 말과 함께 그 지적이 전적으로 옳다고 전하라.

2. 잘못을 털어놓되, 상사가 했던 말을 토씨 하나 틀리지 말고 그대로 인용하라. 예를 들어, 상사가 당신이 무언가를 '훔쳐 갔다'라고 말했다면, 절대 '슬쩍했다'라고 돌려 말하지 말라는 의미이다. 만약 당신이 무언가를 '까먹었다'고 힐난 받으면 '기억하지 못했다'라고 토로하지 말 것. 절대 말을 얼버무리거나 완곡히 표현하지 말자.

3. 문제가 발생하게 된 계기와 원인을 정확히 이해했다는 점을 알리고 사과하라.

4. 다시는 같은 문제가 발생하지 않을 것이라는 다짐을 명확히 표현하자.

5. 그리고 이 단계가 되었을 때 비로소 구체적인 당시 상황 설명이 필요한지 물어보자.

6. 만약 상사가 준비되었다면 방어적이지 않은 자세로 설명하자.

7. 마지막으로 설명할 수 있는 기회를 주셔서 감사하다는 인사를 전하자.

이런 식으로 본인의 잘못을 인정하고 설명한다면, 당신의 상사는 아마 굉장히 특별하고 유능한 직원을 거느리고 있다는 사실을 깨닫게 될 것이다. 그리고 당신의 실토는 상대방을 어안이 벙벙하게 만들 것이다. 화를 냈던 상사는 자신도 모르는 새에, 당신이 신고 있는 원더우먼의 빨간 부츠에 존경의 입맞춤을 선사하고 있을 지도 모른다.

07

....

완벽한 프레젠테이션을 위한
체크리스트

나도 한때는 사람들 앞에 서서 이야기하는 것이 미치도록 무서웠다. 이토록 거대하던 공포를 어떻게 이겨내고 이 일을 즐길 수 있게 되었을까. 지금 이 자리에서 이 신비한 경험을 모두 털어내기엔 그 양이 너무 방대하다. 어쨌거나 나는 여러 가지 이유로 대중 강연을 배우기 시작했다. 그렇게 나는 광범위하고 값비싼, 그만큼 힘들었던 기나긴 여정의 길로 접어든 것이다.

나는 그간 연회전문 사회자들과 전국 강연자 연합, 그리고 몇몇 개인강습을 통해 많은 도움을 받았다. 당시 나는 전국을 돌아다니며 프레젠테이션 기술을 전할 기회를 얻었다는 것만으로도 굉장히 고무된 상태였다. 하지만 이제 와서 돌이켜보니 지금 내가 여러분에게 나눠드릴 조언들을, 그때의 나에게도 누군가 알려주었다면 고단했던 여정은 훨씬 짧았을지도 모른다는 생각이 든다.

프레젠테이션을 준비하는 법

대다수의 강연자들은 발표에 앞서 자료를 검토하고 생각을 정리한다. 본인이 꼭 다뤄야 할 것들에 대한 리스트를 준비하고, 주어진 시간이 충분한지 살핀 다음 어떤 기술을 접목하여 발표할까를 생각한다. 당신도 그러한가?

사실 발표를 준비하는 가장 첫 번째 단계는 '주제'와 전혀 상관없다. 당신의 프레젠테이션 방식도 상관없고, 기술도 상관없으며 어떻게 청중들에게 전달할 것인지, 또는 유인물을 나눠줄 것인지, 그날 옷은 무엇을 입을 것인지 등도 상관이 없다.

가장 중요한 것은 바로 그날 당신의 발표를 들어줄 '참석자들'이다. 당신의 청중들 말이다. 스스로에게 물어보자. '그들이 알고 있는 것은 무엇이고, 그들이 당신에게 기대하는 것은 무엇인가? 그들이 무엇을 배우고 싶어 하는가?'

이런 것들을 고심한 후에 비로소 다음에 이어지는 질문들을 생각해보자. 이것들이야말로 당신의 발표 전반에 영향을 끼칠 놀라운 요소들이기 때문이다.

발표를 몇 시에 시작하는가?

종종 선택의 여지가 없을 수도 있으나, 가능하다면 오전 10시 정도가 적당하다. 만약 10시보다 훨씬 일찍 시작한다면 잠을 제대로 못 잔 지각생들은 흐느적거리며 들어와 이내 끔뻑끔뻑 졸고 말 것이다. 너무 이른 아침에 발표를 시작하면 다른 사람들도 금세 지쳐 본인의 업무로 빨리 복귀하고 싶은 마음만 들 것이다. 반대로 점심시간에 근접하여 발표를 시작할 경우, 참석자들은 슬슬 허기가 지고 발표 내내 시계만 바라볼 것이다.

두 번째로 좋은 시간은 오후, 하지만 점심식사 직후라던가 하루 업무의 마무리를 앞둔 시각은 곤란하다. 사람들이 디저트까지 먹고 들어왔다면, 체내의 당분이 곧장 그들을 식곤증으로 몰아갈 것이다 (점심식사를 포함하여 하루 종일 강연이 잡혀 있을 경우, 나는 주최 측에 디저트 제공을 오후 늦게 잠을 깨는 용도로 제공해달라 부탁하기도 한다).

그리고 무조건 하루의 제일 마지막 시간대에는 발표를 피하자. 어서 집으로 돌아가고 싶었던 참석자들이 시계만 바라보며 근질근질한 몸을 주체하지 못할 것이다.

발표를 어디서 하는가?

장소는 아마 대부분 정해져 있을 것이다. 그러나 명심하자. 당신의 몸짓과 목소리의 크기를 발표 공간에 맞추어 조절해야 한다. 몸짓은 평상시 회의실이나 사무실, 강연장에서보다 훨씬 커야 한다.

브로드웨이 근처 소극장 출신 배우들이 처음 브로드웨이의 대극장으로 진출했을 때 맞닥뜨리는 문제가 있다. 자신의 몸짓이 소극장에 익숙해져 있다 보니 극장 뒷줄의 관객들에게는 제대로 전달되지 않는다. 그러므로 발표 시 마이크를 사용할 수 없다면 객석 제일 뒷줄의 참석자에게 이야기한다고 생각하고 말해야 한다. 그래야만 프레젠테이션에 참석한 모든 사람에게 목소리가 들린다.

청중이 어떤 방식으로 앉아 있는가?

이게 뭐 그렇게 중요한가 싶을 수도 있지만, 앉아 있는 형식 또한 굉장히 중요하다. 만약 장소가 회의실이나 강당처럼 정해진 자리에 앉는 방식이 아니라면, 주최 측에 요청하여 의자를 다음과 같은 3가지 방식 중 하나로 정렬시킬 것.

- 극장 배열: 보편적인 방식. 하지만 이럴 경우 8~9개의 의자를 일렬로 놓고 중간마다 통로를 만들어 모두가 다니기 편하게 만들어야 한다.

- 갈매기 모양 배열: 군이나 경찰의 제복에 다는 V자 모양 계급장에서 따온 모양으로, 의자들이 배치된 중간에 통로가 있다. 나는 보통 공간이 세로로 길 경우 이 배열을 선호하는데, 참여자들 간의 시야가 넓어지고 분위기도 한결 친근해지기 때문이다.

- 반원형 배열: 반원형으로 의자를 배치할 경우 소통이 원활해지는 장점이 있으나 기업 행사의 경우 너무 격식이 없어 보인다는 단점이 있다. 하지만 그날 주제와 목표에 따라 반원형 의자 배치도 친근한 느낌을 줄 수 있다. 다만 참석자 대다수가 남성일 경우 불편해하는 경향이 있다는 점을 명심하자.

청중의 성별이 어떠한가?

참석자들의 성별도 굉장한 차이를 만든다. 질의응답 시간이 오면 여성 관객들은 주체적으로 활발히 질문을 던진다. 하지만 남성들은 보통 질문을 많이 하지 않으며, 이는 특히 계급적 분위기가 지배적인 회사일수록 그러하다.

남성 참여자들이 주를 이루는 강연을 할 경우, 나는 관객들의 분위기를 미리 읽고 가끔은 회사 대표의 귓가에 반 농담식으로 속삭이기도 한다. "대표님께서 강연을 재밌게 듣고 계시는지 사원들이 훔쳐보는 경우도 있으니까요, 솔직하게 표현해주시면 더 좋아요"라고 말이다. 당신이 발표하고 있는데 앞에 앉은 회사 대표가 인상을 찌푸리고 있다. 그럴 경우 본인의 발표를 다시금 되돌려 생각해보자. 하지만 그 이유가 당신의 발표 때문이 아닐 수도 있다.

청중의 기분이 어떠한가?

무대에 서서 발표를 바로 시작하지 말자. 잠깐 그들의 얼굴을 둘러보고 기분이 어떤지 가늠하는 시간을 갖자. 사람들이 지금 무엇을 기대하고 있는지, 지금 무슨 생각을 하는지, 혹시 다른 걱정거리는 없는지. 궂은 날씨로 인한 댈러스 참사 때 내가 만약 시간을 갖고 그들의 걱정을 미리 알아챘더라면, 나는 아마도 첫 단어를 조금 더 신경 써서 내뱉었을 것이다.

내가 저지른 가장 큰 실수도 관객의 기분을 헤아리지 못했던 것에서 비롯된 일이었다. 언젠가 한 투자회사에서 나를 초청한 적이 있다. 매년 열리는 저녁 만찬 행사로, 전국의 임원진이 모여 더욱 활발하게 소통하고, 각 지점의 장점을 서로 배우는 것이 목적이었다.

나는 그날 행사의 첫 번째 강연자였다. 연회장에 들어섰더니, 행사 기획자 마리나Marina가 무리에서 따로 떨어져 몇몇 사람들과 꽤 진지한 얼굴로 이야기를 나누고 있었다. 나는 그들에게 다가가 누가 나를 청중에게 소개시켜줄 수 있는지 물었다. 모여 있던 사람들이 서로를 멀뚱히 바라보더니, 마리나가 중얼거렸다.

"음, 사람들이 다 도착하면, 그때 올라가셔서 시작하시면 돼요."

그 말을 듣고 나는 좀 특이하다고 생각했다. 왜냐하면 보통 그런 행사는 회사의 대표나 임원이 행사 개회 연설을 하고 난 후, 나를 소개시켜주며 강연을 시작했기 때문이다.

내 차례가 되었을 때, 나는 활기찬 기운을 가득 담아 활짝 웃으며 무대 위로 올라섰다. 의사소통을 주제로 강연을 하는 경우, 나는 종종 관객들에게 자리에서 잠깐 일어나 본인 주변의 사람들을 바라보면서 혹시 아는 사람은 아닌지 살펴보고, 서로 인사와 악수를 나눠보라고 지시하며 강연의 문을 연다. 그런데 그날은 침 삼키는 소리만 가득한 침묵이 이어졌고, 객석의 누구도 움직이지 않았다. 괜히 몇 명만 슬그머니 자리에서 일어났다가, 주변을 돌아보고는 은근슬쩍 의자에 엉덩이를 다시 붙였다. 사람들의 무뚝뚝한 표정을 보고 있자니 식은땀이 흘렀다.

그때 마리나가 황급히 무대 위로 올라와 내 귓가에 속삭였다. "잠깐만요, 레일 씨." 그녀가 나의 팔을 채어 한쪽으로 데려가 속삭였다.

그날 오후 시장이 마감하던 시간, 회사의 주식이 역대 가장 큰 폭으로 하락했다는 것이다. 이럴 수가! 사람들의 기분을 읽지 못한 나는 미리 받은 강연료를 기꺼이 돌려주는 것으로 실수를 마무리 짓고 말았다. 언제나, 시작 전엔 숨을 고르며 관객들의 얼굴을 둘러볼 것. 입을 열기 전, 일단 그들의 '기분'이 어떤지 살펴보자.

08

····

강연전문가들의 영업비밀

동종업계의 다른 분들이 여러 매체를 통해 언급했으나, 나도 메아리처럼 되짚어본다. 기대에 찬 눈빛으로 바라보는 많은 사람들 앞에서 나의 모습을 그대로 드러내는 게 불가능한 일처럼 느껴진다는 것을 잘 안다. 당연히 그렇다. 그래서 나는 강연하는 법을 가르칠 때 학생들에게 '자기 자신을 드러내는 기술'을 알려주곤 한다.

우선 수강자들에게 자신이 '가장 열정적으로 좋아하는 것'이 무엇인지 떠올려보라고 한다. 좋아하는 스포츠, 취미, 아니면 그동안 경험했던 것 중에 가장 짜릿하고 즐거웠던 일들이라던가. 그다음 사람들에게 그 경험에 대해 약 4분쯤 설명해보라고 한다. 앞으로 나와 자신의 열정에 관해 이야기를 할 때면 그들의 두 눈은 반짝거리고 목소리는 활기를 띤다. 손짓이나 몸짓은 너무도 경쾌해서 마치 청각장애인에게 설명해주는 것 같다. 관객이 된 나머지 학생들은 환호와 진심을 담아 박수를 친다. 왜? 발표자가 진정으로 즐거움을 느끼며 자기 자신을 드러내고 있고, 주제 자체에 열정이 고스란히 느껴지므로.

이 과정을 거치고 난 후에 나는 수강자들에게 본인이 직장에서 해야 할 발표에 대해 이야기해보라고 한다. 다만 조금 전과 같이 풍부하고 에너지 넘치는 표정과 커다란 몸짓을 사용해야 한다. 결과는 믿기 어려울 만큼 성공적이다! 발표자가 무슨 주제를 다루든 간에, 그들은 청중의 마음을 빼앗는다. 이런 자세가 바로 즐겁고 성공적인 발표를 만드는 비법이다.

 일머리 법칙

나만의 스타일을 유지하며 열정을 담자

열정적으로 친구와 수다 떠는 모습을, 잠시 유체이탈을 하여 객관적인 눈으로 관찰해보자. 당신의 자세와 몸짓을 눈여겨보고, 당신의 활기찬 목소리를 들어보자. 그리고 언젠가 회사 사람들 앞에서 어떤 주제로 발표를 하게 되면, 같은 분위기와 풍부한 몸짓을 사용해보는 것이다. 그렇게 당신 자신을 보여주면 최상의 발표를 할 수 있다.

업계에서 통용되는 몇 가지 법칙

강연전문가들이 즐겨 사용하는 몇 가지 비법이 있어 공개한다.

- 프레젠테이션을 앞두고 있다면 유제품을 피하자. 커피에 아이스크림을 넣는다던가, 그런 습관이 있다고 해도 발표를 앞두고는 먹지 않는 것이 좋다. 유제품은 가래를 유발한다(개인적으로는 잘 모르겠으나, 많은 강연자들이 강연을 앞두고 청사과를 꼭 먹는다고 한다).

- 발표를 시작하기 전에 개인적인 공간을 찾아 앞서 소개한 일머리 법칙 '당신의 비눗방울을 커다랗게 불어보자'를 실행하자. 당신의 몸을 가볍고 자유롭게 만들어보면 큰 몸짓이 저절로 나오고, 배 속을 간질이는 긴장감도 해소될 것이다.

- 긴장으로 입이 바싹 말랐을 때 강연전문가들은 앞니에 바셀린을 조금 바른다. 그러면 아무리 건조해도 입술이 앞니에 말라붙지 않는다.

- 발표 당일, 언제나 처음으로 도착할 것. 그리고 본인이 서야 하는 위치에 미리 서서 조명과 온도, 외부 소음과 같은 것들에 익숙해지자. 발표 도중 깜짝 놀랄 일이 없도록.

- 커다란 강연회장이 아니라면, 참석자가 들어올 때마다 인사를 건네고 가벼운 잡담을 나눠보자.

- 본인이 소개되거나 이름이 불리면, 무대까지 활기차게 걸어나가자. 누군가 억지로 당신을 그 자리에 세운 것처럼 느릿느릿 걷지 말 것(어떤 동기부여 강연전문가들은 무대까지 달려가는 경우도 종종 있지만, 개인적으로 이는 너무 과한 행동 같다).

- 지난 장에서도 언급했지만, 절대 말문을 빨리 열지 말 것. 일단 숨을 고르며 참석자들과 하나하나 눈을 맞춰보자. 그리고 발표를 시작하라.

- 프로젝터 빔을 사용하여 스크린에 자료를 띄워 놓고 발표할 경우, 스크린을 보기 위해 몸을 180도 틀지 말 것. 손으로만 스크린을 가리키고 눈은 관객을 바라봐야 한다. 절대 등을 보이면 안 된다.

- 미지근한 물 한 잔을 옆에 두고 발표하자. 이때, 차가운 물은 좋지 않다.

- 발표하면서 최대한 많은 사람과 가벼운 눈맞춤을 하자. 조명이 당신의 눈을 직접적으로 내리쬐어 맞은편 사람들의 얼굴이 보

이지 않아도 관객들은 차이를 알지 못한다. 관객이 많다면 마치 수평선을 죽 둘러보는 비행조종사가 된 것처럼 사람들을 널리 둘러볼 것.

- 만약 연단이 있다면 연단 앞쪽으로 한 발 나와서 발표할 것. 자신감이 있어 보이고, 관객석에서 당신의 전신이 보인다.

- 만약 큐 카드나 발표문이 필요하다면(사실 우리 모두 그렇지만), 글자를 크게 쓰고 다음에 나올 부분은 미리 눈여겨보자. 발표 자료를 읽어야만 하는 경우에도 잠깐 눈으로 내용을 확인하고 고개를 들자. 시선은 언제나 관객을 향해야 한다.

- 오프닝과 마무리 몇 줄만 외우고, 나머지는 청중의 표정을 읽으며 즉흥적인 자세로 함께하는 프레젠테이션이 되어야 한다.

창피한 실수를 무마하는 법

프레젠테이션을 망칠까 두렵다. 우리 모두 그렇다. 하지만 몇 가지 실수 무마용 핑계나 대처법을 준비해 놓으면 관객들의 이해와 공감을 살 수 있다. 강연전문가들은 이럴 때를 대비하여 '안전 멘트'를 준비해 놓고 있다. 여기 내가 좋아하는 몇 가지를 공개한다.

- 농담이 실패했을 때 "우리 너무 진지한 척을 하고 있군요."

- 말을 하다가 갑자기 어디까지 이야기했는지 잊었을 때는 관객들에게 물어볼 것. "제가 무슨 말을 하고 있었죠?" 누군가 되짚어주면 "오, 잘됐네요. 그래도 누가 제 발표를 듣고 있었어요"라고 말하자.

- 강연장이 너무 더울 때 "온도를 좀 내려 보려고 했는데, 기계가 이미 녹았네요."

- 반대로 너무 추울 때 "동상에 대해 더 자세히 알고 싶으신 분은 강연장 뒤에 있는 팸플릿을 가져가세요."

- 갑자기 외부에서 펑 터지는 커다란 소음이 들렸다면 이렇게 이야기해보자. "제 이야기가 듣기 싫어서 도망가시는 분들을 위해 밖에 사람을 대기시켜 놓았습니다."

- 말하다가 갑자기 트림이 나왔을 때 "자, 그럼 이제 비언어적 의사소통에 대해 이야기할 수 있겠군요."

- 만약 누군가 다 들릴 만큼 커다란 방귀를 뀌었다. 그러면 펜을 쥐고 무언가 적는 시늉을 해보는 것이다. "아, 그러고 보니, 오늘 도시가스값 내는 날인데 까먹었네요."

- 대답하기 어려운 질문을 받았을 때 "쉬는 시간에 다시 말씀해 주시겠어요? 아, 물론 그때도 대답은 해드릴 수 없지만요(이때 정말 가벼운 농담조로 이야기하는 것을 잊지 말자!)."

가장 좋은 프레젠테이션은 청중에게 가능한 많은 이야기를 해주는 것이다. 자녀가 있다면 학부모 참관수업에서 연습해보거나, 그 외 동호회 활동이나 소모임 등을 활용할 수도 있다. 자꾸 연습을 해봐야 사람들 앞에서 이야기하는 실력이 는다. 발표할 때마다 예전보다 발전된 본인의 모습을 발견할 수 있다. 이렇게 연습을 거듭하다보면 언젠가 내가 그랬듯, 당신도 사람들 앞에서 이야기하는 것을 좋아하게 될 것이다!

09

....

절대 거절할 수 없는
설득 프레임

이번 장의 방법은 너무도 확실하다. 어느 정도로 확실하냐고 묻는다면 옥상에 올라가 소리칠 수 있고, 하늘 위로 올라가 노래 부를 수 있을 만큼 확실하다. 이 기술은 프레젠테이션이나 회의, 일대일로 이뤄지는 대화에서도 효과적이다. 당신에게 힘과 열정을 실어주는 매우 중요한 이야기다. 이를 토대로 의견을 이야기한다면 타인의 관심을 얻을 수 있고, 설득도 시킬 수 있다.

고급 셔츠를 디자인해서 판매하는 회사의 전문경영인 브루노 쿠첼리Bruno Cucelli 씨의 의뢰로 자문을 맡았을 때의 일이다. 당시 회사 내 경영진 회의에 동석할 기회가 있었다. 참석자는 남자 다섯 명과 대니카Danica라는 이름의 여성 한 명이었다. 그날 회의의 중요안건은 대니카가 제안한 캐주얼한 디자인의 셔츠라인 론칭이었다. 당시 쿠첼리 씨가 선보이는 의류들은 보수적인 정장 라인이 대다수였으며, 회의에 참석한 경영진들의 나이대가 중년층임을 고려했을 때 대니카의 제안은 거절당할 것이 분명했다.

다섯 명의 경영진 중 꽤 호전적인 인상의 남자가 먼저 말문을 열었다. "우리 회사는 캐주얼 시장 경험이 전무합니다." 그러자 곁의 누군가가 의견을 보탰다. "이미 캐주얼 셔츠를 판매하는 업체가 너무 많아요. 우리가 무슨 수로 그 시장에 파고들 수 있겠습니까." 세 번째 경영진은 투덜거렸다. "요즘 젊은 사람들은 품질이 좋은지 나쁜지 몰라요. 눈앞에 셔츠를 흔들어대도 모를 겁니다." 이때까지도 대니카는 아무 말이 없었다. 그저 사람들의 말을 주의 깊게 듣고 동의한다는 듯한 표정만 짓고 있을 뿐이었다.

그러다가 어느 순간, 그녀는 몸을 앞쪽으로 기울이며 회의실 안을 둘러보고 한 사람 한 사람을 따스하게 바라보았다. 그러더니 셔츠와는 전혀 상관없는 이야기를 하기 시작했다.

"모두 블록버스터 비디오 대여 사업, 기억하시죠?" (1990년대 미국에 처음 등장한 VHS 대여 사업으로 2000년대 초까지 엄청난 호황을 누림. 블록버스터 비디오라고 통칭함. -역주) 그러자 경영진 중 두어 명이 기가 막힌 듯 코웃음을 터트렸다. 당시 모두가 50대를 넘겼으니, 비디오 대여 사업이 어떻게 끔찍하게 사장되었는지 기억하고 있었기 때문이리라.

그녀 역시 웃음을 터트렸다. 처음 비디오 대여점이 문을 열었을 때를 회상하며 당시에 자신이 얼마나 흥분을 감출 수 없었는지를 늘어놓았다. 활기찬 목소리로 그녀는 말했다. "정말 대단했어요. 더 이상 텔레비전 앞에 앉아 오래된 영화들을 방영해 줄 때까지 기다리지 않아도 됐으니까요." 커다란 몸짓을 사용하며 그녀는 설명을 이어나갔다. "어마어마하게 많은 영화를 진열해 놓았죠. 대여점이 없었을 때는 좋아하는 영화를 두 번 이상 보려면 말도 안 되는 비용을 주고 비디오테이프를 샀어야 했어요. 그런데 비디오 대여점이 생기고 나서는 어떻게 됐죠? 몇 달러만 지불하면 내가 좋아하는 영화를 몇 번이고 돌려볼 수 있게 되었어요. 사업 수완이 정말 대단했죠." 대니카는 즐거운 듯 설명을 덧붙였다. "같은 비디오테이프를 백 번 빌려가도 100%의 수익이 발생하는 구조였으니까요."

회의실 안의 남자들은 대체 그녀가 무슨 이야기를 하고 싶은지 종잡을 수가 없었지만, 대니카의 극적인 설명과 생생한 표현에 푹 빠져버린 것은 분명해 보였다. 그녀가 설명을 마쳤지만, 여전히 혼란스럽기는 마찬가지였다. 이윽고 경영진 중 한 사람이 총대를 메고 물어보았다. "대니카, 비디오 대여점 사업과 우리 셔츠가 무슨 관련이 있다고 이야기를 하는 겁니까?"

대니카의 미소를 보고 있으니, 그 질문이야말로 그녀가 손꼽아 기다리던 순간이었구나 싶었다. 대니카는 다시 진지한 표정을 지으며 말했다.

"지금 직장인의 절반 이상이 80년대 이후에 태어난 밀레니얼 세대예요. 그리고 그 사람들 중에 출근하며 정장 와이셔츠를 갖춰 입는 사람들은 거의 없어요."

얼어붙은 분위기를 깨기 위해 대니카는 농담을 던졌다. "아, 물론 여전히 엄격한 복장 규율이 있긴 있어요. 제 조카가 실리콘 밸리 Silicon Valley에서 일하는데요. 티셔츠를 입고 출근하지 않으면 따돌림을 당한다고 하더라고요."

그러더니 그녀는 인터넷에서 찾아온 신문 기사 두 개를 테이블 위에 올려놓으며 대표를 바라보았다. 하나는 경제지 〈포브스Forbes〉, 다른 하나는 시사주간지 〈디 애틀랜틱The Atlantic〉에서 발췌한 기사였다. 두 기사를 가리키며 대니카가 설명을 이어나갔다. "심지어 보수적이기로 유명한 제이피 모건 체이스JP Morgan Chase와 골드만삭스Goldman Sachs 사에서도 특정 부서에 한해 자유로운 복장으로 출근하는 사안을 통과시켰어요. 뿐만 아니라 다른 회사들도 변하고 있어요. 금요일에만 한정되었던 캐주얼한 복장 차림의 출근이 이제는 평일 내내 가능해요. 실리콘 밸리의 젊은이들이나 갓 취직한 직장인들이 돈이 없어서 우리 회사 의류를 구매하지 않는 게 아니에요." 그녀가 주장을 굽히지 않았다. "구매력이 있는 세대들은 옷에 돈을 쓰고 싶어 해요! 다만 그런 사람들이 와이셔츠를 사지는 않을 거란 뜻이죠."

대니카가 무슨 이야기를 하고 싶었는지 비로소 모두 알 수 있었다. "비디오 대여 사업은 세상이 변화하는 것을 알아차리지 못했어요. 그리고 변화에 대응하지 못했던 다른 기업들과 함께 사장되었죠."

임원진들이 다소 긴장된 얼굴로 서로를 바라보았다. 쿠첼리 씨가 천천히 고개를 가누며 생각에 잠겼다. 탁자 위의 신문 기사를 서류

가방에 모아 넣었다. 그가 대니카 씨에게 미소를 건네며 말했다. "무슨 말인지 잘 알겠어요. 심각하게 생각해봐야겠군. 이 기사들도 시간을 내서 꼭 읽어봐야겠어."

대니카의 프레젠테이션은 정말 눈이 부셨다! 신중하게 논리를 펼치면서도 다른 사람의 의견을 콕 찍어 반박하지도 않았다. 자신의 일화를 열정적으로 녹여내 논지에 힘을 싣고 자신의 의견을 관철시킨 것이다. 그 자리의 모든 사람들이 그녀의 이야기에 귀를 기울였다. 물론 경영진 중 한두 사람은 여전히 동의하지 못하는 듯 보였다. 누군가 투덜댔다. "무슨 말을 하고 싶은지 이해했어요, 대니카. 하지만 우리 라인은 고가의류예요. 우리 제품의 가격대를 생각하면 캐주얼 상품은 출시해도 가격 수준이 맞지 않아요."

그러자 그녀가 웃음을 터트렸다. "아, 죄송해요. 제가 까먹고 말씀을 못 드렸네요. 우리 회사가 당장 티셔츠를 판매해야 한다고 제안드리는 게 아니에요." 그 순간 몇 명이 안도의 숨을 내쉬었다. "그렇지만 여기 제가 인터넷에서 찾아온 짧은 자료를 봐주세요."(이쯤 되니, 분명 대니카는 까먹은 게 아니었다. 그녀는 인터넷에 게시되는 광고들을 발췌하여 준비해두었다). 그녀가 펜디의 500달러, 구찌의 690달러, 아르마니의 780달러짜리 티셔츠 광고들을 차례로 꺼내 보여주었다(Fendi, Gucci, Giorgio Armani. 모두 이탈리아 명품 브랜드 라인 ―역주). 광고를 보는 경영진의 두 눈이 말없이 끔벅거렸다. 그 모습이 나에게는 마치 계산기를 두드리는 모습으로 보였다.

만약 대니카가 처음부터 성급하게 요즘 회사들은 자유로운 복장으로 출근한다, 라는 이야기부터 던졌더라면 경영진들의 마음을 동요시킬 수 있었을까? 다른 수많은 기업의 내부회의와 프레젠테이션을 지켜본 나의 경험으로 미루어 볼 때, 나는 그렇게 생각하지 않는다.

대니카는 매우 현명한 방법을 통해 반대의견을 갖고 있던 사람들을 워밍업시켰다. 개인적인 경험을 바탕으로 자신의 주장을 극적인 몸짓과 웃음, 풍부한 표현력을 사용하여 전달했다. 조사한 자료를 제때 내밀고, 상식을 파괴하는 놀라운 가격대를 제시하며 마무리 지었다. 본인만의 스토리텔링과 프레젠테이션을 통해 그 자리의 모두를 매혹시킨 것이다.

그렇다면 비디오 대여점이 처음으로 문을 열었을 때 대니카는 정말 좋아했을까? 정말 자신이 좋아하던 영화를 보기 위해 터무니없는 돈을 지불하여 테이프를 샀을까? 정말 비디오 대여점에서 수십 번씩 비디오를 빌려 봤을까? 그건 알 수 없는 일이다. 하지만 한 가지 확실한 것은, 그녀가 굉장히 효과적인 기술을 사용하여 나이 많은 꼰대 경영진들을 자신의 원하는 방향으로 설득시켰다는 것이다.

이야기를 곁들여라

상사나 동료들을 본인이 원하는 방향으로 설득시키고 싶다면, 팩트 이외의 것들을 함께 고려할 것. 이야기를 팔아라. 매번 이야기를 곁들일 필요는 없지만, 본인의 감정을 극대화하여 접목할 수 있는 이야기를 선택하는 것이 좋다. 재미있는 이야기와 몸짓으로 당신의 의견을 펼쳐보자. 내 앞에 백 명의 사람이 있든, 열 명도 안 되는 사람이 있든 상관없다. 재미있는 이야기는 사람의 마음을 빼앗는다. 열과 성의를 다하면 분명 효과가 있다.

10

....

성공을 부르는
말투를 사용하자

아무리 정직하고 성실한 사원이라고 해도, 월급을 주고 고용하기 최적의 조건을 가진 사람이라고 해도, 대화가 통하지 않는다면 그 사람의 능력치를 제대로 가늠할 수 없다. 슬프지만 이게 현실이다. 요즘은 채용공고 대부분이 고등학교 졸업을 요구하고 있다. 만약 교사나 과학자가 되고 싶다면 최소한 학사 학위는 가지고 있어야 한다. 인류학자나 생물학자를 꿈꾼다면 박사학위가 필수다. 의사나 변호사가 되기를 원한다면 의학전문대학원이나 로스쿨을 졸업해야 가능하다.

물론 학위를 취득하지 않아도 문제는 없지만, 솔직하게 말해보자. 저명한 사회학자 폴 블럼버그Paul Blumberg의 저서 《약탈 사회, 미국 시장 속에 녹아 있는 속임수The Predatory Society: Deception in the American Marketplace》에서는 계급계층을 '미국이라는 나라 기저에 묻혀 있는 사고방식'이라고 표현한다. 자유가 보장되는 이 나라에서 '계층'이라는 말은 입에 담을 수도 없는 더러운 단어이다. 그러나 출신계층이 가장 두드러지게 보이는 것은 바로 '말투'이다.

나와 굉장히 가까운 친구 중에 아치Archie라는 남자가 있다. 이 친구는 성격도 원만하고 근면 성실하다. 조금 거친 면이 있긴 하지만, 별로 개의치 않았다. 방황하는 청소년들이 다니는 학교를 위해 기금을 마련하려고 몇 년이나 애를 썼다. 또 경제적으로 힘든 고등학생에게 영양가 있는 한 끼 식사와 안전한 집을 마련해주기 위해 엄청난 열정을 쏟아부었다. 아치야말로 진정 존경과 찬사를 받아 마땅한 사람이었다. 그러나 학교에서는 그의 노력을 폄하하였고, 이내 해고를 통보했다.

그런 친구를 위로하고 싶어서 해고 통보를 받고 난 다음 주에 점심식사를 함께할 겸 그를 만났다. 그런데 아치를 보자마자 나는 솔직히 조금 놀랐다. 마냥 우울할 줄 알았던 내 예상과 다르게, 아치가 반짝이는 눈빛과 활짝 웃는 미소로 레스토랑을 걸어 들어오는 것이 아닌가. 나를 보자마자 '꿈의 직장'을 찾았다며 입을 열었다.

"폭스버리Foxbury에서 기금을 마련하고 있어!" 그가 활기찬 목소리로 말했다.

"폭스버리가 뭐야?" 내가 물었다.

"폭스버리 몰라? 뉴욕에 있는 상류층 아이들이 다니는 사립학교야. 거기 들어갔어. 알다시피 내가 교육쪽에 있으면서 발전기금만 15년이 넘게 모았잖아. 나보다 별로 나은 후보도 없었겠지. 아무튼 내가 적임자 아니겠냐 이거지. 공립학교에 있으면서 내가 유치한 돈이 얼마야, 발전기금에 관해서는 손바닥 보듯 훤하고.”

“진짜 잘됐다. 그럼 폭스버리에서는 무슨 일을 하는 거야?”

“일단 그 학교를 졸업한 엄청 상류층 사람들이랑 만나. 그 사람들은 돈이 너무 많아서 뭘 해야 할지도 모르고 있어. 엄청 고급스러운 점심이나 먹으면서 그 돈을 쓸 수 있게 도와줘야지.” 그가 낄낄거렸다. “그 돈을 우리 폭스버리한테 기부하라고!” 아치의 말을 곰곰이 듣는 내내 심장이 덜컥 내려앉았다. ‘아치가 사실 그렇게 말쑥한 스타일은 아닌데. 알아서 잘하기만 바라야지’ 속으로 생각했다.

점심식사를 하고 일주일 후, 아치는 문자로 채용이 취소되었다는 사실을 알려주었다. 당연히 친구로서 속이 상했지만, 솔직히 까무러치게 놀랍지도 않았다. 유감스럽지만 상황이 어려운 십대 아이들과 함께 지내면서 동화된 그의 말투가 고등 교육을 받고 자라 부유한 사람들에게는 낯설고 익숙하지 않았으리라. ‘아무튼anyways’이라던가, ‘아무래도 괜찮다irregardless’, 아니면 ‘별로 나은 것도 없다isn't no better’처럼 부정형을 두 번 반복하는 식의 말투로는 그런 사람들을 상대할 수 없었을 것이다.

이런 편견이 업계를 막론하고 사회 전반에 만연하다. 게다가 고위급 임원진의 경우 이런 문법적 실수를 거듭하는 사람을 절대 신뢰하지 않는다. 차별이라고? 그렇다. 편파적이라고? 그렇다. 편견이라고? 당연하다. 하지만 이게 현실이다.

물론 여러분의 말투는 아치보다 훨씬 나을 거라 확신한다. 하지만 사람들과 회사에서 대화하는 법을 아우르는 책이니 만큼 경고하고 싶다. 지금도 사회에는 특히나 고위급 임원일수록, 문법 실력이나 말투를 가지고 잘난 체하는 사람들이 있다. 언젠가 기업의 한 전문 경영인과 대화를 나눌 기회가 있었는데, 사원이 거리감을 표현하며 '더 멀리farther'가 아니라 '더 길게further'라고 말할 때마다 움찔움찔하는 게 아닌가. 또 이유를 설명하는 접속사 '~로 인해since'와 '~때문에because'를 문법에 상관없이 번갈아 사용하는 경우에도 마찬가지였다.

어떤 임원은 상대방이 문장을 끝까지 마무리 짓지 않을 때마다 속으로 괴성을 내지른다고 했다. 예를 들어 '그 사람 어디 갔어요?(Where did she go to? 또는 where's he at?)' 하고 전치사로 문장을 끝맺는 경우, 구어체로는 문제가 없으나 문법적으로 비문일 경우에 말이다. 이와 마찬가지로 '주격 관계대명사who'와 '목적격 관계대명사whom'를 혼용하여 사용하면 핀잔을 주는 사람도 있다. 혹시라도 당신이 '~하지 않다, 그렇지 않다'라는 뜻의 축약어ain't'를 쓴다면, 그들은 깜짝 놀라 뒷걸음 칠지도 모른다. 격식을 갖춰야 하는 자리에서 축약어의 사용은 호감을 사지 못한다.

하나 더, 특정 단어의 발음이 명확하지 않은 경우에도 응당 받아야 할 평가를 제대로 받지 못한다. 버뮤다의 기업과 계약을 맺은 터라 강연을 하러 종종 찾아가는 편인데, 이곳에도 잘못된 발음에 익숙해진 사람들이 있다. 특히 '물어보다ask'라는 단어에서 실수가 제일 빈번하다. 그곳에서 강연하면서 '질문 하나 물어도 될까요?can I ax

you a question?'라는 말을 수백 번쯤 들은 것 같다. 안타깝게도 일부 인사과에서는 이런 사소한 문법이나 발음의 오류 때문에 버뮤다 출신의 능력 있는 인재들을 채용하지 않는 경우도 있다.

문법의 오류가 매번 당신의 발목을 잡는다

조심하자! 말투나 글을 중요하게 생각하는 사람들은 어디에나 있다. 그들은 호시탐탐 기회를 엿보며 당신이 올라가야 할 사다리를 막아서고 발목을 잡아 끌어내린다. "대체 이게 내가 하는 일이랑 무슨 상관이 있단 말이야?"라고 물어볼지도 모른다.

"나는 상류층을 상대하는 회사도 아닌데. 오히려 말투를 바꾸면 그게 더 속물 아닌가?"

그럴지도 모른다. 하지만 빈틈없는 사람이 되려고 노력해보자. 말투에 조금만 더 신경 써보자. 그런 작은 실수들 때문에 승진에서 밀려날 수 있다. 이유도 확실히 모른 채 말이다.

"당신 말투 때문에 승진을 시킬 수가 없군." 아무도 이렇게 대놓고 이야기해주지 않는다. 하지만 이런 일은 꽤나 빈번하게 일어난다. 어쩌면 당신이 생각하는 것보다 훨씬 자주 일어나고 있다.

11
....

군더더기 없이
핵심만 말하자

많은 사람이 그리고 그중에서도 특히 젊은 직장인들일수록, 흔하게 사용하는 이 단어가 본인의 신뢰도를 박살 내고 있다는 사실을 깨닫지 못한다. 지난달, 컨설팅 관련 일로 어느 회사를 방문하였을 때 일이다. 젊은 두 회사원이 잡담을 나누며 내 앞에서 걷고 있었다. 자연스레 그들의 대화가 들렸다.

"세상에, 내가 있잖아요. 오후에 진짜 너무 힘이 드는 거예요. 막 점심 먹고 났을 때였나. 근데 있죠, 리사Lisa가 와서 '아직도 점심 먹고 있어요?'라고 묻는 거예요. 그래서 제가 최대한 친절하게 대답하려고 마음을 먹었어요. 뭐 도와드릴 일이 있냐고 물었더니 그 여자가 있잖아요, 완전 별일 아니라는 듯이 그냥 가는 거예요. 그런데 있잖아요, 내가 점심시간에 뭘 하든지 그건 그 여자가 상관할 일이 아니지 않아요?"

이 대화를 듣고 내 앞에 있는 두 직원의 직급을 파악할 수 있겠는 가? 회사에서 존중받는 지도자일까? 실적 좋기로 유명한 부서의 팀 장일까? 아니면 유능한 영업사원? 아니면 계급 사다리의 제일 바닥, 평사원이나 될까?

마지막 답안을 선택했다면, 정답이다. 답은 너무 뻔했다. 어디서 드러났을까? 바로 '있잖아요'의 남용이다. 가끔씩 고위급 경영진들 이 나에게 털어놓기를, 매일 '있잖아요'라는 말을 듣고 있으면 귀에 서 피가 날 것 같다고 한다. 업무를 하면서도 꽤 자주 쓰는 말이다. 하지만 명확하고 간결한 대화법을 선호하는 사람들일수록 당신이 말하는 '있잖아요'가 손톱으로 칠판을 긁는 것만큼이나 고통스럽다 는 사실을 알아야 한다. 어떤 임원들은 모든 단어를 '있잖아요'라는 말로 대체 할 수 있을 거라고 농담을 할 정도. 물론 특정 모임에서는 즐겨 사용할 수 있다. 하지만 당신이 끼어들어 경쟁해야 할 고위급 경영진의 세계에서는 절대 안 될 일이다. 그렇다면 해결법은 무엇 일까?

'있잖아요'라는 말은 잊어버리자

이 단어를 말하고 싶을 때마다 찰나의 침묵으로 그 단어를 대체하 자(자녀가 '있잖아'라고 말할 때마다 부모님이나 할머니, 할아버지가 곧바로 부드러운 협박을 일삼지 않는가. '가서 비누 가져와라. 다음에 또 그 단어를 말하면 요 입술을 박박 씻어야지'라고 말이다. 아직도 그 입버릇을 버리지 못했다는 걸 들키면 그분들이 당장에라도 뛰어오실지 모른다).

12

....

불만만 늘어놓지 말고
해결책을 찾아라

회사에 대한 불만이 점점 쌓여만 간다면, 당신에게 위로가 될지는 모르겠으나 이는 온전히 당신만의 잘못이 아닐 수도 있다. 당신의 선조를 탓해도 된다는 뜻이다! 이게 무슨 말일까. 〈이상 심리학 **Journal of Abnormal Psychology**〉 학술지에서 유전학遺傳學을 비판하는 흥미로운 연구 결과를 발표했다('이상하다'는 단어를 직접적으로 언급하게 되어 미리 사과하는 바이다). 만약 본인의 삼촌이나 더 윗대의 고조할머니가 불평불만을 일삼는 사람이었다면, 당신도 자연적으로 그 본성을 갖추고 태어난다고 한다. 뇌 구조상 어떤 사람들은 상황을 긍정적으로 바라보는 것 자체가 힘들다.

그러나 본인이 불평가의 자손이라 할지라도, 직장에서만큼은 혀를 깨물고 입을 다물어야 한다. 제아무리 그럴싸한 핑계와 정당한 이유가 있더라도, 투덜대는 사람을 높이 쳐주는 곳은 없다. 또 다른 이유도 있다. 「부정적인 사고와 내적 문제 해결방식Negative Thinking and Interpersonal Problem Solving」이란 논문에 따르면, 긍정적인 사고방식의 소유자는 금세 문제의 해결방안을 떠올리는 반면, 부정적인 사고방식을 가진 실험자들은 머릿속에서 문제해결의 실마리를 차단해버린다는 것이다.

한겨울이라고 상상해보자. 하필 회사의 난방이 끊겼다. 끊임없이 불평불만을 늘어놓는 사람이라면 이렇게 투덜거릴 것이다.

"망했네. 우리 다 얼어 죽겠다. 우리 회사 일 처리라면 고치는 데 한 달은 걸릴 거야."

너나 할 것 없이 투덜거리는 마당에 동참하기보다, 모두에게 도움이 될 만한 방안을 스스로 모색해서 실행해보면 어떨까.

언젠가 컨설팅을 맡았던 한 회사의 대표가 지금의 예시와 매우 흡사한 행동을 보여준 신입사원을 칭찬한 적이 있다. 그가 이렇게 말했다.

"지난 여름, 회사 에어컨이 일주일 정도 고장 난 적이 있습니다. 찜통더위에 다들 숨이 막혀 어쩔 줄을 몰랐죠. 그런데 그 신입이 직접 에어컨 대여 업체를 찾아본 겁니다. 가격까지 확실하게 받아왔죠. 그 덕에 에어컨을 빌려올 수 있었어요. 그 직원, 성공할 겁니다."

회사에서는 그녀를 투덜이가 아닌 해결사로 바라보게 되는 계기가 된 것이다. 다음번 인사발령에서 승진 대상자로 과연 누가 떠오를지는 너무도 자명하지 않은가?

문제를 보고하기 전에 해결방안부터 찾아보는 자세

직장 내에서 발생한 문제의 해결책을 찾을 수 없다 해도, 다른 사람들 틈에 섞여 불평하기보다 일단 해결할 방법을 찾으려고 노력해보자. 당신을 향한 평가가 올라갈 것이다. 그리고 만약 그 해결법이 확실했다면 당신의 상사, 그 상사의 상사, 더 나아가 회사의 대표마저도 당신의 소문을 들을 것이다. 머지않아 소문은 넝쿨을 타고 올라가 당신에게 기회를 만들어줄 것이다. 상황을 직접 나서서 해결하고 발전시키려는 사원을 누군들 좋아하지 않겠는가?

13

....

책상을 깨끗이 정돈하라

동물원의 고릴라를 생각해보자. 햇빛도 들지 않고 초록이라곤 찾아볼 수도 없는, 본래 서식지와는 닮은 곳이 하나도 없는 콘크리트 우리 속에 갇혀 있다. 우리는 이를 보며 비인도적이라고 생각한다. 그런데 왜 직장인 역시 어두침침한 조명 아래 창문, 식물도 하나 없는 곳에서 일하는 걸까. 하루에 여덟 시간씩, 일주일에 닷새를, 또는 그보다 더 많은 시간을. 널찍한 공간을 파티션으로 대충 나눠 사각 우리를 만들어놓고 그 속에서 일하는 것을 보고 있자면, 나는 사무실을 설계한 사람이 타인에게 고통을 주며 희열을 느끼는 사디스트가 아닐까 의심스러울 때가 있다. 사각 우리 안의 거주자들이 서로에게 짜증을 내게 하는 것이 설계의 유일한 목표는 아니었을까. 칸막이마다 흘러나오는 키보드 두드리는 소리와 귀를 때리는 전화 통화소리, 평범하게 한마디씩 나누는 사담, 그 밖에 소음들이 계속해서 이어지다 보면 종래엔 소음이 당신의 평화를 빼앗는다. 일의 능률은 물론 말할 것도 없다.

최근 많은 회사가 이런 삭막한 공간에서 벗어나고 있는 추세이나, 아직도 수많은 직장인들은 코딱지만 한 사무실이나 칸막이에서 벗어나질 못하고 있다. 이런 현실에서 평정심과 일의 능률을 올리는 방법에 대해 알아보자. 결국, 승진으로 벗어나는 수밖에 없지 않은가.

더러운 책상이 혼잡한 마음 상태를 의미할까?

직장에서 쓰는 당신의 책상은 깨끗하고 단정한가, 아니면 나처럼 태풍이 방금 휩쓸고 지나간 모양새인가? 어떤 사람들은 책상을 더럽게 쓸수록 창의적이라고 믿는다.《해리 포터 시리즈》의 작가 J. K. 롤링도 첫 장편을 어느 어수선한 카페 냅킨에 휘갈겼다 하지 않은가. 지저분한 책상으로 유명한 앨버트 아인슈타인은 또 어떤가. 심지어 아인슈타인은 자신의 지저분한 책상을 자랑거리로 여겼다. "지저분한 책상이 지저분한 마음 상태를 드러내는 증거라면, 텅 빈 책상은 어떻게 설명할 것인가?"라며. 나를 이 평가 기준에 굳이 끼워 넣고 싶은 마음은 없지만, 솔직히 저 말을 듣고 보니 나의 혼란스러운 책상 상태가 썩 창피하지는 않다. 창의력이 넘치는 사람일수록 업무 공간이 더럽다고 하나 그 문제는 논외로 두고, 성공적인 사회생활을 위한 최선책에 대해 이야기해보자.

몇 년 전, 헤일리Haley라는 이벤트기획자가 꽤 규모 있는 산업설명회에 첫 연설자로 서 주었으면 좋겠다고 연락이 왔다. 사무실로 초대를 받아 미팅을 했는데, 사무실에 들어서서 처음으로 눈에 들어온 그녀의 책상이 너무도 깔끔한 것이 아닌가. 책상 위에는 컴퓨터 한 대와 연필꽂이, 세련된 디자인의 서류함 두 칸, 그리고 마우스 패드와 그 곁에 자리 잡은 단조로운 서류 몇 장이 전부였다. '세상에! 내 책상은 완전 지저분한데……'라고 생각했던 기억이 난다. 우리는 잠시 이야기를 나누다가 이내 시간이 촉박해졌다. 헤일리는 자신이 실은 집에서도 업무를 본다며, 다음 주에 다시 한번 본인의 집에서 만날 수 있냐고 물었고 나는 그러자고 대답했다.

그 다음 주 화요일, 그녀의 자택에 도착하자 가사도우미가 나를 맞이하며 헤일리는 본인의 서재에 있다고 알려주었다. 서재에 들어선 나는 너무 놀라 입이 떡 벌어졌다. 처음 시야에 들어온 것은 반쯤 열린 캐비닛과 그 안을 가득 채운 서류들이었다. 서류가 넘치다 못해 서재 바닥에도, 책상 위에도 켜켜이 쌓여 산을 이루고 있었다. 헤일리는 다정하게 웃으며 나를 맞이해주었고 소파 위에 쌓여 있던 책을 밀어내 앉을 자리를 마련해주었다. 참고로 소파 밑엔 마시고 버린 콜라 캔이 구르고 있었다. 다소 당황한 내 표정을 읽었는지 그녀가 말했다. "아, 좀 지저분하죠." 그녀가 헤실헤실 웃었다. "이래야 제가 뭐든 찾을 수 있거든요. 솔직히 사무실보다 여기가 훨씬 편해요."

미팅은 성공적으로 끝났고 일은 따냈지만, 먼지 한 톨 없던 그녀의 사무실과 폭격 맞은 것처럼 너저분하던 집을 떠올리며 고민에 휩

싸여 머리를 감싸쥘 수밖에 없었다.

그리고 나의 이 호기심은 지저분함과 창의성에 대한 연구로 이어졌다. 어수선함에 대해 연구한 모든 논문에서는 칸막이 안쪽 지저분한 책상이나 사무실을 직장동료나 고객에게 들킬 경우 당사자의 평가가 하락한다고 한다. 이 분야의 최고 학술지 〈심리과학저널Journal of Psychological Science〉에 기재된 '정리정돈에서 비롯되는 신체적 건강과 포용, 존중 그리고 무질서 상태에서 발현되는 창의성Physical Order Produces Healthy Choices, Generosity, and Conventionality, Whereas Disorder Produces Creativity'이란 길고 긴 제목의 논문이 이를 뒷받침한다. 믿거나 말거나, 깨끗한 책상은 다음과 같은 이미지를 심어준다. '저는 업무와 사고를 깨끗하게 정리정돈하는 사람입니다'라고 말이다. 반면 당신의 너저분한 업무공간을 타인이 목격할 경우, 사람들은 당신의 일 처리 방식도 똑같이 너저분할 거라고 지레짐작한다.

✔ 일머리 법칙

당신의 능력을 보여주는 상품 진열대

쇼룸은 제작한 상품을 진열해 놓는 곳이다. 단언컨대 당신이 팔아야 하는 것 중에 가장 중요한 상품은 바로 '당신'이다. 제대로 달리지도 못할 것처럼 보이는 차라면 구매할 마음이 드는가? 또 누가 입다 버린 것처럼 생긴 옷이 매장에 걸려 있다면 사고 싶은 마음이 들까? 직업상 손님이 주기적으로 사무실을 방문해야 한다면, 업무공간만큼은 깨끗하게 정돈하자. 당신의 지저분함을 험담하고 싶어 호시탐탐 기회만 엿보는 동료가 생길 수도 있으므로.

추신을 덧붙인다. 지난주까지 쓴 내 원고를 다시 읽고, 순간 지저분한 내 책상을 정리해보기로 마음먹었다. 엄청나게 큰일을 벌인 것이다. 정리를 다 하고 났더니 어찌나 기진맥진하던지.

그런데 다음 날 아침, 서재로 출근을 해보니 굉장히 흡족한 것이 아닌가. 나는 그간 지난밤에 끄적거린 원고들을 찾고 정리하느라 매일 아침 거의 30분씩을 허비했다. 그런데 이제 곧바로 일에 몰두할 수 있다. 정말 인정하고 싶진 않지만, 업무공간을 깨끗하게 정리정돈하는 것이 일의 능률을 끌어올리는데 정말 도움이 된다.

엄청나게 기대할 만한 소식이 있다. 머지않은 시일 내에, 당신이 생각하는 것보다 훨씬 근래에, 증강현실 기술로 업무공간을 꾸밀 수 있다. 본인이 좋아하는 물건을 전부 쌓아 올리는 것이 실현 가능하다는 뜻이다. 내가 그랬던 것처럼 책과 서류를 산더미처럼 쌓아놓고 자질구레한 소품들을 책상 위에 늘어놓은 채로 일하는 것이 편한 사람들도 분명 있을 것이다. 그런 사람들도 증강현실을 이용해 나만의 공간을 꾸밀 수 있다.

책상 외에 나머지 공간은 어떻게 꾸미고 싶은가? 옆 칸의 시끄러운 동료의 소음을 차단할 수 있도록 시원하고 우렁차게 쏟아지는 폭

포수를 끌어오는 건 어떨까? 아니면 베란다처럼 창을 만들고 그 너머에 프랑스 파리의 온 시내가 내려다보이는 에펠탑 꼭대기의 전경을 가져오면 어떨까? 증강현실 기술을 이용하면 어떤 조망이든 당신이 원하는 대로 모두 설정할 수 있지만, 타인이 보기에는 그저 깨끗하고 정돈된 책상만 있을 것이다. 이런 일들이 정말 머지않은 시일 내에 가능하다. 그러니 그때까지만, 우리가 살아내야 할 현실을 참아보자.

최대의 일머리:

끔찍한 상사,
미친 동료와 함께 공생하는 기술

분별력이 약할 때 편견은 강하다.

– 케인 오하라Kane O'Hara

01

....

상사에게도 상사가 있다는 것을
잊지 마라

이번 장에서 드디어, 당신의 못돼 먹은 부장님이나 짜증나는 팀장님을 꼬물꼬물 귀여운 고양이로 바꿔버릴 마법의 약 제조법을 배울 수 있을 것인가? 당신의 의견이라면 사사건건 반대부터 하는 동료를 든든한 내 편으로 바꿔놓을 수 있을까? 모든 직장인은 상사가 '부하직원을 존중하고 그 가치를 알아봐주는 인정 많은 사람'으로 바뀌길 바란다.

뒤에서 헐뜯는 것을 즐기는 사람, 소문이나 퍼트리는 사람, 세상에 저 혼자 제일 힘들다고 투덜거리는 사람을 '함께 일하기 좋은 사람'으로 변화시키고 싶은 것도 당연하다. 나 또한 그런 능력을 멋지게 휘날릴 마법의 지팡이가 하나쯤 있었으면 싶지만, 꿈만 그럴듯할 뿐이다. 내가 알려줄 수 있는 것이라곤 타인의 비난을 막아내고, 어려운 처지에 빠졌을 때 타격을 줄이는 방법밖에 없다. 하지만 지금부터 소개할 이 방법으로 더 나은 현실을 만들 수 있고, 그 효과는 영원할 것이다.

당신의 상사 이야기부터 해볼까. 만약 지금 막 책을 펴서 이번 장부터 읽고 있다면, (당신의 그런 태도를 이해 못하는 바는 아니나) 제발 부탁하건대 맨 앞으로 돌아가 처음부터 차근차근 읽어주기를 바란다. 왜냐고? 그야 당연히 지금껏 이야기했던 일머리 법칙과 조언들이 당신의 상사를 대할 때 큰 힘이 될 것이므로.

어찌 되었든 상사도 사람이다(물론 믿기 힘든 말이다). 세상 저 바깥에는 좋은 리더도 있다. 열심히 일할 수 있도록 부하직원을 물심양면으로 도와주고 함께 승진할 수 있도록 당신에게 힘을 실어주는 좋은 상사. 어쩌면 당신도 운이 좋아 그런 훌륭한 사람 밑에서 일을 배웠을지도 모른다. 만약 그렇다면 진심으로 축하인사를 건네는 바이다. 하지만 그렇게 운이 좋은 사람이라고 할지라도 이번 장을 그냥 넘겨버리지는 말자. 세상에는 평균의 법칙이란 것이 존재하므로, 언젠가 당신도 지긋지긋한 상사를 만나게 될지 누가 알겠는가. 그게 설령 아주 단기간이라고 할지라도 말이다. 그러므로 읽고, 대비하자.

당신의 상사 때문에 돌아버리기 일보 직전이라면, 그런 사람이 당신 혼자는 아니라는 사실로 위안을 얻어 보자. 갤럽 여론조사에 따르면 7200명의 퇴사자 중 '상사 때문에 일을 그만두었다'라고 답한 사람이 전체의 절반이라고 한다. 하지만 당신은 비열하고 못돼 먹은 상사 때문에 퇴사하지 않아도 된다. 지금부터 그들을 길들일 수 있는 방법을 이야기할 것이다.

다만, 이 책은 폭력이나 성희롱 혹은 그 외에 최악의 상황은 아우르고 있지 않음을 미리 알린다. 그런 부류의 악의적인 행동은 의사소통으로 교정할 수 없으며, 만약 본인이 그런 심각한 상황에 처해 있다면 책을 읽을 것이 아니라 신고를 해야 한다.

정말 지긋지긋한 상사

이 책을 세상에서 제일 긴 소설《전쟁과 평화》와 비등하게 써내려 갈 수도 없는 노릇이므로 (하필 적절한 비유이기도 하지만), 이번 장은 가장 보편적인 유형의 사례 몇 가지만 추려 소개할까 한다. 끔찍한 리더십에도 여러 가지 모양새가 있다. 끊임없이 괴롭히는 상사, 사소한 일에 사사건건 참견하는 상사, 모든 것을 통제하려는 상사, 성과를 가로채는 상사, 무능력한 상사, 사내정치에 관심 없는 상사, 속물, 독단주의자, 우유부단, 냉혹한 평가, 그리고 남의 말을 안 듣는 상사까지. 내가 빼먹은 게 더 있을 수도 있다.

만약 당신의 상사가 이 종류 중 하나라면 당장 인터넷 검색만 해봐도 전문적인 대처법이 널리고 널려 있다. 그러나 세상에 똑같이 생긴 눈송이는 없다고, 당신의 상사와 똑같은 사람은 없다. 그중에서도 최악은 여러 개의 단점을 모두 가지고 있는 사람일 것이다. 그런 사람이 당신의 월급과 성과급, 승진 그리고 성공의 기회를 모두 틀어쥐고 영향력을 행사하고 있다. 그렇다고 치가 떨리도록 끔찍한 사람의 성격 자체를 바꿔버릴 수는 없다. 다만 다음에 이어질 일머리 법칙들을 하나로 녹여 사용하는 수밖에. 그럼 최소한 그 사람에게 존중과 인정을 받을 수 있고, 가능한 빠른 방법으로 업무와 관련된 지식도 배울 수 있을 것이다. 자, 그럼 시작해보자.

상사는 당신만 관리하는 것이 아니다

잠깐 악마를 대변해보고자 한다. 아니면 '상사의 변호인'이라 생각해도 무방하다. 혹시 한 번이라도 동료에게 상사를 욕한 적이 있는가? 아니면 본인이 지시받은 바와 달리 '더 나은 방법'이라 생각해서 반대로 행동한 적은? 상사의 말에 팔짱을 끼고 고개를 돌려버리거나 짜증을 낸 적이 있는가? 마음에 들지 않아 눈알을 굴리거나, 일부러 빈정거리거나 꼿꼿하게 되받아친 적은? 당신의 상사도 사람이다. 만약 위와 같은 태도를 보였거나, 상사의 권위와 능력에 의문을 품고 있다는 투로 행동했다면 그게 문제의 시발점이 된다. 사람이나 무리를 이끄는 상사는 대체로 자존심이 세며 이따금 내면에 불안감을 숨기고 있다. 본인의 불안한 마음을 단단한 갑옷으로 보호하는 셈이다. 그런데 당신이 의도하였든 의도하지 않았든, 그들의 자존심을 짓밟거나 찔러버리면 그들도 방어기제를 내세우지 않겠는가. 그럼 당신은 몸을 사리거나 냉전을 준비하는 수밖에 별다른 도리가 없다.

우리는 종종 상사들이 굉장한 압박감에 시달리고 있다는 사실을 잊곤 한다. 그 사람들은 당신만 관리하는 것이 아니다. 사무실에 있는 다른 많은 사람을 함께 관리하는 중이다. 나는 관리직에 있는 사람들에게 이런 고민을 듣곤 한다. 가끔은 징징거리기나 하고 일하는

251

법도 배우지 못한 사람들을 데리고 온종일 탁아소를 운영하는 것 같다고 말이다. 당신은 아무것도 잘못한 게 없지만, 상사는 다른 직원들의 뒤치다꺼리를 하느라 지쳤을지도 모른다. 그러다가 누구에게 그 불똥이 튀었을까? 맞다, 바로 당신이다. 당신도 상사에게 쌓인 화가 많은 것처럼, 당신의 상사도 쌓아두었던 분노를 다른 사람에게 풀어버린 것일지도 모른다.

당신의 상사에게도 상사가 있고, 그 상사에게도 상사가 있다

모든 책임은 상사가 져야 한다는 생각, 누구나 아무렇지도 않게 해봤을 것이다. 하지만 사실 따져보면 꼭 그렇지만도 않다. 상사가 지시하면 당신은 보통 거기에 따른다. 가끔은 "왜요?" 하고 되묻고 싶을 때도 있지만, 그렇게 뻔뻔하고 건방진 행동은 하지 않는다. 그런데 기억나는가? 우리 모두 어렸을 때 엄마가 무언가를 시키면, 앙큼하게도 두 손을 엉덩이에 척 걸쳐 올리고 엄마를 바라보며 "왜요?" 하고 되받아쳤던 적이 있을 것이다. 그때 엄마가 뭐라고 대답하셨는지도 기억하는가? "왜냐하면 내가 네 엄마기 때문이야."

그때와 하나도 달라진 것이 없다. 지금도 당신의 상사는 가끔 좀처럼 이해가 가지 않는 지시를 할 때가 있다. 그런데 당신이 판단하기에 그 지시는 당신의 부서나 회사, 고객들, 아니면 이 셋 모두에게 해가 될 것 같다. 그래서 왜 그렇게 해야 하는지 물어본다. 당신의 상사는 내부공문에서나 쓸 법한 말투로 사무적으로 반응하며 눈을 끔벅거리는 당신을 무시한다. 다시 말하면, 상사는 이렇게 말하는 것과 다름없다.

"왜 해야 하냐고? 내가 당신 상사고, 내가 그렇게 하라고 시키니까."

하지만 조금만 더 생각하면 당신의 상사 또한 자기보다 윗선의 '권력'들이 시키는 대로 할 뿐이다. 당신의 눈으로는 볼 수 없는 사내의 많은 일들이 그런 방식으로 처리되고 있다. 내부적으로 당신은 알 수 없는 일들이 존재하기 마련이며, 가끔씩은 당신의 안위와 평안을 위해 일부러 말해주지 않는 경우도 있다.

'하지만 잠깐만'이라고 여러분은 생각할지도 모른다. 내 상사는 회사 대표라고, 그러므로 당연히 그 결정이 회사 전체의 결정이라고. 하지만 회사의 제일 꼭대기에 앉은 사람도 중압감과 압력을 느끼기는 마찬가지이다. 주주라던가, 이사회, 회사 내 인사과 아니면 중요 고객의 입김이 미치고 있을지도 모른다. 언제나, 누구에게나, 보고해야 할 집단은 있기 마련이다.

상사의 상사가 훨씬 더 지독한 사람일지도 모른다

나는 사회생활이 결국은 서로 물고 뜯는 잔혹한 세상이라는 값비싼 교훈을 얻은 적이 있다. 당연히 회사 어딘가에는 당신의 상사를 사정없이 물어뜯고, 좋은 상사가 될 수 있는 기회 자체를 주지 않는 더 높은 상사가 존재하는 법이다. 사실상 모든 상사에게는 자신의 행동을 주시하며 매사 보고를 올려야 할 또 다른 계급적 우위가 존재한다. 당신의 상사를 상대할 때마다 이 사실을 떠올리고 약간의 동정심을 가져보는 것은 어떨까.

(다음 빈칸을 채워보시오.) 나의 상사는 왜 이렇게 ___일까?

당신의 상사가 언제나 이성적인 판단만 내리는 사람이라면 얼마나 좋을까? 그럼 머리채를 전부 뽑아버리는 상상은 하지 않아도 될 텐데 말이다. 그러나 유감스럽게도 비즈니스의 세계가 그렇게 단순하지만은 않다.

내 강연을 듣던 수강자 중에 부서를 이끄는 타냐Tanya라는 여성이 있었다. 한번은 그녀가 씩씩거리며 자신의 이야기를 들려주었다. 그녀의 상사가 제일 좋아하는 협력업체와의 구매계약을 파기시키라고 지시했다는 것이다. "만약에 계약을 파기해버리면 업체와 오래 쌓은 신뢰도 무너지는 거잖아요. 제가 그 업체에 정말 많이 의지했거든요. 그분들은 진짜 필요하면 저희 회사로 한달음에 달려오실 분들인데." 그녀가 불평을 쏟아냈다. "그뿐만이 아니에요. 생산팀도 부품이 있어야 일을 할 거 아니냐고요. 도무지 이해가 안 가요. 항상 이렇게 비상식적으로 마지막에 마음을 바꿔 먹는다니까요." 화가 머리끝까지 난 타냐가 울분을 쏟아냈다. "대체 왜, 그것도 물건 받기 사흘 전에 계약을 파기하라고 시킨 걸까요?" 나도 당연히 이유를 모르니 대답은 불가능했다. 그렇게 쏟아내고 강연 다음 날 아침, 타냐는 다시 출근했다.

아침 10시 반쯤이 되었을 무렵, 타냐에게서 메일이 와 있었다. 내용은 이러했다. 알고 보니 타냐의 회사가 다른 업체와 합병을 앞두고 있다는 것이다. 게다가 그 업체는 계약을 파기한 협력체와 똑같은 부품을 생산하는 곳이었다. "이래서 저희 부장님이 주문을 취소하라고 한 거였어요"라고 그녀는 설명했다.

상황 설명을 듣고 나니, 유명한 피아노 연주가 패츠 월러Fats Waller의 명언이 생각났다. '사람들은 아무것도 모른다, 그렇지 않은가?' 그렇다. 가끔 우리는 모르는 일들이 있다. 하지만 우리의 상사는 알고 있다. 그녀도 단순히 윗선의 지시를 따랐을 뿐이며, 업체 인수와 관련해서는 함구하라는 전달을 받았던 게 분명하다. 그러므로 가끔씩 당신의 상사가 좀처럼 이해할 수 없는 지시를 하더라도, 이와 비슷한 상황을 견디고 있다 생각하고 넓은 마음으로 이해해주자. 종종 당신은 알지 못하는, 혹은 알아서는 안 되는, 몰라야 뒤탈 없는 이야기가 있기 마련이다.

상사의 상사도 결국 당신의 상사이다. 전달받은 지시사항이 좀처럼 말이 안 될 때 어쩌면 당신의 상사는 그저 '회사가 시키는 대로' 따르고 있으며 더 윗선을 존중하고 보호하기 위해 아무 말 없이 따르고 있을 수도 있다. 마치 상사가 이유도 알려주지 않고 당신에게 채찍을 휘두르는 것처럼 느껴진다면, 때에 따라 당신의 상사는 더 큰 채찍질로부터 당신을 보호하고 있을지도 모른다.

이어지는 일머리 법칙으로 당신의 상사를 착한 사람으로 만들 수는 없다. 하지만 이 법칙을 떠올리며 그 사람을 상대하면 당신의 기분이 조금 나아질 수는 있다. 사내 지위가 높아지면 높아질수록, 앞의 소제목 빈칸에 해당하는 사람을 더 쉽게 찾을 수 있는 법이다.

 일머리 법칙

당신이 모르는 사내 관계

만약 당신의 상사가 좀처럼 이해할 수 없는 지시사항을 내려도 그저 받아들여보자. 차라리 지금이 더 나을지도 모른다고 위안을 해보자. 당신이 그 자리에 오르고 나면, 그 누구도 냄새 나고 더러운 상황에서 당신을 보호해주지 않는다. 그때가 되면, 저 갯벌에 당신이 직접 들어가야 한다. 이럴 때 하는 말이 있지 않은가, '시키는 대로 굴러야지, 별 수 있나.' 그리고 언젠가 당신의 차례가 오면, 처리하기 더럽고 불쾌한 일이 생겼을 때 당신이 부하직원을 보호해줄 것이다.

02

....

차분하고 명확한 대답을
준비하자

만약 당신의 상사가 우유부단하고, 자주 자리를 비워버리고, 성과를 가로채는 독단주의자거나 속물이라면 운이 좋은 편이라고 생각하길 바란다. 나를 괴롭히는 사람을 만나면 삶은 이루 말할 수 없이 비참해진다. 이런 상사를 두고 있는 직장인들은 매일 밤을 눈물로 지새우며 사직서를 내던지는 연습을 하곤 한다. 하지만 당장 퇴사를 고려할 수 없는 상황이라면, 이런 못된 사람들의 속성을 미리 이해해 놓는 것이 그나마 고통을 줄일 수 있는 법이다. 무지막지한 폭군들은 모두에게 골칫거리다.

미국 심리과학협회의 연구 결과에 따르면, 이 고통스러운 영혼의 소유자들은 이른바 '다른 이들을 괴롭히고 싶은 취향'을 갖고 있으며 거기서 더 나아가 실제로 주변 사람들을 괴롭히기 위해 남들보다 노력하는 모습을 보인다고. 그 논거로 그다지 평범하지 않은 제목의 연구논문 「일상의 가학적 행동 확립Behavioral Confirmation of Everyday Sadism」을 들 수 있다.

논문에서 연구진은 실험자들에게 4가지 불쾌한 선택지를 주고 이중 하나를 선택하라고 지시한다. (1) 각각 나눠준 컵에 담긴 벌레를 죽일 것, (2) 다른 참가자들이 벌레를 죽일 수 있도록 도와줄 것, (3) 더러운 화장실의 변기를 청소할 것, (4) 차가운 물에 몸을 담그고 고통을 견딜 것. 실험을 보다 불쾌하게 만들기 위해, 연구진들은 첫 번째 선택지를 고른 참여자들에게 일부러 유난스럽게 버스럭거리는 소리를 내도록 개조한 커피 그라인더를 제공하고 이 기계를 사용하여 벌레를 죽이게 했다.

또한 실험자가 아무렇지도 않아 할 경우를 대비하여, 연구진은 첫 번째 선택지를 고른 실험자들이 더 많이 죽일 수 있도록 계속 벌레를 제공하기로 했다. 각각의 컵에는 머핀Muffin, 마이크Mike, 투시 Tootsie 외에도 다양한 이름이 적혀 있었다. 참여자들은 기계 앞에서 컵의 뚜껑을 닫고 벌레를 갈면 되었다(걱정하지 말자. 실험 참여자들에게는 알리지 않았으나 동정심 많은 연구진은 가름막을 설치하여 벌레를 보호했다. 이 실험에서 단 한 마리의 벌레도 상해를 입지 않았음을 알린다).

실험에 참가한 참여자 중 12.7%는 차가운 물을 골랐고, 나머지 33.8%는 화장실 변기 청소를 골랐다. 무려 26.8%의 참여자가 스스로 벌레를 죽이겠다고 했으며, 26.7%는 다른 이가 벌레를 죽이는 것을 도와주겠다고 선택했다.

물론 이 실험 결과가 당신의 상사 중 절반 이상이 가학적 성향을 보이거나 그런 행동을 기꺼이 도와주는 성향의 사람이라는 것을 의미하지는 않는다. 다만 한 가지 궁금증은 생긴다. 폭력적인 성격을 가진 상사들이 타인에게 고통을 줌으로써 즐거움을 느끼는 것이 확실할까? 이 질문에 대한 답으로, 나는 제 손으로 벌레를 죽이듯 가학적인 성향을 가진 상사들이 회의 도중 자신의 부하직원들을 말로 끊임없이 괴롭히는 것을 목격한 적이 있다.

"나는 지금 당신이 무슨 말을 하는지 하나도 이해를 못하겠어. 여기 있는 사람들 전부 다 마찬가지야."
"너무 형편없는 관찰 결과네요."
"도대체 누가 당신을 뽑았지?"
"그따위로 말할 거면 제발 입 좀 닫았다가, 나중에 건설적인 이야기가 생각나거든 그때 다시 입을 열어줘요."

참고로 상사의 이런 비난은 당사자가 무방비 상태일 때 날아온다. 따라서 비난의 당사자는 그저 침만 꿀꺽 삼키고 견디거나 혹은 말대꾸로 되받아칠 수밖에 없다. 너무 당황해서 둘 다 못하는 경우도 있는데, 어안이 벙벙하다가 아무 말도 못하고 시간이 흘러 끝내 되받아칠 순간을 놓치고 만다.

이건 어느 쪽을 선택해도 지는 게임이다. 그 순간 침묵을 선택한다면 완전 바보로 전락해버리고, 그렇다고 쏘아붙이면 쪼잔하고 복

수심에 눈이 먼 사람이 되어버린다. 어떤 특정한 사람에게서 이와 같은 일을 당해본 경험이 있다면, 아마 그 경험이 단 한 번에 그치지는 않았을 것이다. 왜냐하면 이런 모욕은 대개 한 차례로 끝나지 않기 때문이다.

그러므로 미리 방어하는 준비 자세가 필요하다. 차분하고 명확한 대답을 미리 생각해놓아야 나중에 같은 일이 벌어졌을 때 말문이 막히거나, 나중에 후회할 만한 대답을 하지 않는다. '당신의 상사가 어떤 대답도 할 수 없다'는 것이 이번에 함께 연습할 일머리 법칙의 장점이다. 또한 당신에게 단순히 겁을 주려던 상사의 의중을 완벽히 파악했다는 인상을 심어줄 수 있다. 어떤 모욕에도 완벽히 들어맞는 반응이므로 미리 연습해두자. 그래야 같은 일이 생겼을 때 당황하지 않는다.

일머리 법칙

'비난 일색의 상사' 대처법

언어적 모욕이나 폭력을 받은 경우, 상대의 두 눈을 똑바로 바라보고 한심하다는 듯 대답하자. "무슨 말씀이신지 이해했습니다." 그리고 상사의 이름이나 직책을 덧붙이자. 그렇게 덧붙이면 상대는 놀라기 마련이다. 게다가 당신은 그저 사실을 말한 것뿐이므로 뒤탈도 없다. 절대 당황하지 말고, 흔들리지도 말자. 저런 대답을 했다고 잃을 것도 없다. 일절 흔들리지 않고 편안하다. 당신은 그저 이해했다, 한 마디 사실만 이야기했을 뿐이므로.

이 법칙을 완벽하게 소화해낸 사람을 본 적 있다. 내가 자문해주었던 한 제조회사의 엔지니어 카일Kyle의 이야기이다. 회의에 들어간 카일이 한 가지 제안을 하자, 그의 상사였던 세스Seth는 카일의 면전에 대고 손가락질을 하며 "내가 지금까지 살면서 들어본 말 중에 제일 형편없는 말이야!"라는 것이 아닌가. 그러나 카일은 전혀 동요하지 않았다. 오히려 상사의 두 눈을 똑바로 바라보며 고개를 끄덕이고는 차분하게 "무슨 말씀이신지 이해했습니다. 세스"라고 대답했다. 타인의 눈에도 카일은 끄떡없이 강인하고, 차분했으며, 자신감 넘치고 배려 깊어 보였다. 그러자 세스도 못된 짓을 그만두었다. 그보다 정확히 말하자면, 어찌나 당황한 기색이 역력한지 회의가 다시 진행되기 전까지 우물쭈물 정신을 못 차렸다. 그러는 새에 나는 회의실 안을 둘러보았다. 그 자리의 모두가 너나 할 것 없이 '잘했어, 카일! 잘했어!'라고 말하는 것 같았다.

이처럼 모든 상황에 접목하여 쓸 수 있을 법한 대답을 몇 가지 준비해 두는 것이 좋다. 깊은 증오를 느끼거나 움츠러들지 않은 지금, 그 대답을 생각해두자. 그래야 어려운 상황이 왔을 때도 차분한 태도로 되받아칠 수 있다.

03

....

무반응이 최선일 때도 있다

내가 처음으로 컨설팅을 맡았던 스포츠용품 제화업체에서 벌어진 일이다. 대프니Daphne라는 이름의 팀장급 관리자를 만났다. 그런데 이상하게도 대프니와 함께 회사를 걷고 있으면 어딘가 석연치 않은 일들이 자꾸만 일어났다. 사원들이 우리 두 사람을 발견할 때마다 사무실로 숨어버리거나 갑자기 방향을 꺾어버리는 것이다. 대프니와 사원들 사이엔 묘한 기류가 흘렀다. 그리고 자문을 맡은 지 얼마 지나지 않아 나는 그 이유를 알 수 있었다.

어느 날, 그녀의 사무실 옆을 지나가던 길이었다. 갑자기 그 안에서 무언가 부서지는 소음과 함께 귀를 찢는 비명이 들렸다. 혹시라도 누가 다친 것은 아닐까 놀란 나는 사무실로 뛰어 들어갔다. 하지만 내 눈에 들어온 건 책상 앞에 서서 두 눈을 희번덕거리며 등산용 신발을 움켜쥐고 있는 대프니였다. 나를 향해 쥐고 있던 신발을 있는 힘껏 집어던진 그녀가 고래고래 소리를 내질렀다.

"또 이딴 식으로 일을 해? 안감을 이중으로 덧대야 할 거 아니야, 이 새끼들아! 이것도 신발이라고 만들었어?"

너무도 당황한 나는 등산화를 집어 들고 대체 그녀가 말하는 이중 덧감이 뭔가 싶어 살펴보았다. 어리둥절해하는 나를 쳐다보며 그녀가 또다시 소리를 내질렀다. "당장 내 방에서 나가! 아무것도 모르는 여편네야!" 그러고는 나머지 등산화 한 짝을 또 내던지는 게 아닌가. 신발이 붕 소리를 내며 머리 위를 스쳐 지나갔다. 너무 놀란 내가 숨도 제대로 쉬지 못하며 다른 직원들을 향해 도망쳤다. 두 손을 벌벌 떨고 있는 나를 발견한 대프니의 비서가 헐레벌떡 달려와 말했다. "너무 놀라셨죠, 걱정 마세요. 팀장님 원래 저러세요. 하루에도 몇 번씩 화를 내실 때도 있어요. 그냥 무시하세요." 비서가 나를 다독였다. 때마침 그 곁을 지나가던 회사 대표가 나를 불렀다. "대프니가 성격은 종잡을 수가 없지만 맡은 일 하나는 기가 막히게 합니다. 직원들한테도 그냥 무시하라고 했어요. 내버려두면 알아서 가라앉히니까요. 대프니를 상대하려면 그게 최선입니다."

그 후로도 몇 번이나 나는 대프니의 포악질을 목격하였고, 이내 나는 다른 사람들처럼 그녀를 무시하고 말았다. 아무런 반응을 해주지 않는 것이 최선이라는 걸 깨달은 것이다.

이 일을 하면서 나는 다른 직원들을 향해 미친 듯이 화를 내는 상사에 대한 일화를 들을 수 있었다. 전화벨이 계속 울리는데 왜 전화를 받지 않느냐고 화내는 사람도 있고, 복사기에 용지가 없다고 화내는 사람도 있다. 누구가는 본인이 다이어트를 하는 중인데 부하직원이 '항상 과자를 들고 다닌다'며 화낸 상사도 있다고 했다.

그뿐만이 아니다. 동료가 너무 큰 목소리로 떠든다고 사무실을 휑하니 나가버리는 사람도 있고, 전자레인지에 음식을 돌려놓고 왜 찾아가지 않느냐고 비명을 질러대는 사람도 있다. 본인 자리에 말도 없이 다가왔다고 사람을 쥐 잡듯이 잡으며 사무실이 떠나가라 소리를 질러대는 사람도 있다. 물론 큰 목소리로 떠들거나, 탕비실을 깨끗하게 쓰지 않거나, 다른 사람의 자리를 제자리처럼 드나드는 사람들을 누구도 좋아할 리 없다. 하지만 그에 못지않게 소리를 지르고 물건을 내던지는 사람도 마찬가지로 타인에게 존중과 호감을 얻을 수 없는 법이다.

당신의 상사가 미쳐 날뛰는 것을 무시하는 것이 물론 쉽지만은 않다. 그가 내지르는 모욕적인 언사를 곰곰이 씹어 삼키게 되지 않은가. 하지만 최대한 무시하려고 노력해야 한다. 대신 다음에 또 그런 일이 생긴다면, 그때는 그가 젖은 기저귀를 찬 채로 요람 속에 누워 팔다리를 휘저으며 울고 있다고 생각해보자. 그리고 본인은 참을성이 많은 부모가 되어 이 작고 보잘것없는 아이가 울음을 그치기만을 기다리는 것처럼 행동하는 것이다. 현명한 부모는 가끔씩 우는 아이를 내버려 두는 것만이 최선이라는 걸 안다. 그리고 무엇보다 중요한 것, 사람들은 언제나 제 문제를 제일 고통스럽다 여긴다. 오죽하면 남의 염병이 제 고뿔보다 못하다고 하지 않은가.

다 큰 어른이 경기를 일으키더라도 무시하자

당신의 상사나 동료 또는 고객이 분통을 터트리더라도, 다 큰 어린
애가 성질을 부린다고 생각하고 말아버리자. 본인은 오죽 고통스
러울까, 생각하자. 이런 사람들은 화를 내는 순간에는 씩씩거리다
가도, 다른 사람들의 신임과 믿음을 잃고 난 후엔 더욱더 고통스러
울 것이다. 그들이 제 성질에 못 이겨 난동을 부려도 그 순간엔 침
묵을 지키며 무시해버리자. 그게 이기는 법이다.

좀처럼 다루기 힘든 동료와 끔찍한 상사를 상대해야 하는 사람이
라면, 다음 장에 소개할 법칙을 추천한다. 이 법칙을 사용한 많은 직
장인이 답이 없는 상황에서 헤어나게 되었을 뿐만 아니라, 그중에서
도 유독 많은 이들이 책상을 지켰다.

04
....

매일 기록을 남기자

매우 오랜 시간이 흘러 회사의 가장 높은 자리에 올랐다가 행복하게 은퇴하면, 그때는 회고록 '끔찍한 상사, 그리고 내 삶을 비참하게 만들었던 동료'라는 제목의 베스트셀러를 낼 수 있을지도 모른다. 그때가 되면, 이번 장에 다룰 법칙이 꽤 유용하게 쓰일 것이다. 업계의 가장 높은 곳까지 오르려 노력 중인 당신에게 이번 기술은 매우 중요하다. 수많은 직장인들이 바로 이 점을 무시하는 바람에 성공의 문턱에서 좌절하고 미끄러져 내렸다는 것을 알아두자.

혹시 어릴 적 일기를 써본 적 있는 사람? 어릴 적 썼던 일기를 몇 년 후에 다시 들춰 보고 나는 실소를 터트리며 반문했다. '내가 정말 저 찌질이랑 사귀었단 말이야?' 또는 '뒤에서 내 이야기를 퍼트리고 다녔던 저 가식덩어리를 친구라고 믿었다니.' 사회생활에 찌들 대로 찌든 당신도 나와 비슷한 깨달음으로 몸부림치고 있지는 않은지. 온

마음을 다해 충성했던 상사가 알고 보니 교활하기 짝이 없던 거짓 말쟁이라는 걸 깨달았을 수도 있고, 정말 친하다고 생각해서 본인의 기발한 아이디어를 전부 공유했던 동료가 뒤통수를 치고 아이디어와 공로를 모두 훔쳐가 버렸다거나, 하는 일로 말이다.

한 가지 명심해야 할 것은 이런 일들이 아무런 징조도 없이 별안간 생기지 않는다는 것이다. 사건에는 언제나 전조 징후가 있기 마련이나, 우리는 이를 무시한다. 따라서 매일매일 생기는 일들을 기록하는 것이 중요하다. 다만 우리는 이제 다 큰 어른이니까 '매일 일기를 쓰자'라고 하지 않겠다. 그저 '일상을 기록하여 문서화' 하는 것인데, 하루에 몇 줄만으로도 충분하다.

하루가 끝나고 퇴근을 하면, 설령 그날 하루 특별한 일이 없었다고 할지라도 그날 무슨 일이 있었는지에 대해 간단한 소회를 적어두자. 앞서 말했듯 직장에서 벌어지는 곤혹스러운 일들엔 분명 시작지점이 있다. 그런데 하루에 있었던 일들을 간략하게 몇 줄 적어놓으면, 나중에 무슨 일이 있을 때 시간을 되돌려 문제점을 파악할 수 있다. 그 문제가 어떻게 발생하게 되었는지, 누구의 잘못으로 그렇게 되었는지, 또는 문제의 원인까지도 분석이 가능해진다. 매일 업무일지를 쓰면, 쓰지 않았을 때는 몰랐던 통찰력과 분별력이 생긴다. 덧붙여 일지를 읽다 보면 본인이 문제의 원흉이라는 걸 깨닫기도 하며, 무고한 사람들에게 화풀이하지 않을 수도 있다. 업무일지를 쓸 때는 '오늘 배운 교훈'을 같이 적자. 누구나 실수할 수 있다. 그러나 같은 실수를 두 번 되풀이해서는 안 된다.

문제가 없는 날의 업무일지는 짧을 수밖에 없다. 그런 시기도 조금 더 시간을 들여 알차게 써보자. 나중에 분명 제값을 한다. 매우 적은 노력으로 이뤄낸 결과물을 보며 분명 뿌듯한 날이 올 것이다.

문제가 발생하여 본인에게 그 화살이 돌아올 경우를 생각해보자. 일을 명백히 밝혀줄 상세한 증거가 하나도 없다면, 당신이 뒤집어쓸지도 모른다. 동료와 상사가 당신에게 모든 책임을 돌릴 수도 있다. 제대로 된 증거 없이 서로를 탓하는 상황이 되면, 당신의 상사가 싸움에서 이길 확률이 높다. 대부분의 회사에서는 주로 계급이 높은 사람의 말을 믿으려는 경향이 있기 때문이다. 따라서 업무일지가 없으면 믿고 의지할 버팀목이 없다.

흔히 벌어지는 상황에 이를 접목시켜보자. 가령 상사가 당신에게 말도 안 되는 업무를 지시했다. 당신은 생각한다. '농담하는 건가?', '돌아버렸나?', '말도 안 돼! 미친 짓이야!' 그 지시사항이 윗선에서 검토 후 승인을 거쳐 내려온 건지 확실하게 묻고 싶다. '안 돼, 그럼 완전 하극상 같잖아. 팀장님, 저는 팀장님 말씀을 못 믿겠는데요, 라고 말하는 거랑 뭐가 달라.'

하지만 당신이 책임질 일이 아니라는 것을 확실히 해둘 필요는 있다. 시키는 대로 일만 하다가 문제를 뒤집어쓰고 호구가 되겠다고 고용계약서에 사인하지 않았으니까. 회사도 시키는 대로 일하는 로봇이 필요해서 당신을 고용한 것이 아니지 않은가. 분명 업무 지식과 판단 능력이 있고 맡은 일을 잘할 거라는 믿음이 있어서 당신을 채용했을 것이다. 물론 상사의 지시사항을 따르기야 하겠지만, 본인만의 '업무일지'로 문제가 발생할 경우를 대비하자. 지시를 받자마자 기록하는 것이 좋다.

- 지시사항이 정확하게 드러나야 한다. 누가 몇 시에 지시하였으며 어떤 방식으로 착수하라고 하였는지까지 모두 기록한다.
- 당일 날짜와 상사가 구체적으로 했던 말 중에 중요사항 몇 가지도 함께 기록한다.
- 다시 읽어보고 당시 본인이 느꼈던 감정이 섞여 있다면 지울 것, 오직 업무와 관련하여 객관적인 자료만 남아야 한다. 이 기록이 언젠가 당신의 일자리를 좌지우지할 수도 있다.

이제 두 번째 국면으로 접어 들어간다. 그럼에도 여전히 무언가 찝찝함이 남아있다면 상사에게 지시받은 사항을 요약하여 이메일로 보내자. 이때 절대 본인이 지시에 대하여 반대 의견을 갖고 있다는 느낌이 드러나서는 안 된다. 그저 전달받은 업무를 완벽히 이해하여 확실하게 해내고 싶다고만 밝히자.

'오늘 프로젝트와 관련해서 시간 내어 설명해주셔서 감사합니다. 제가 이해한 게 정확한지 몰라 오늘 논의한 사항과 프로젝트에서 다룰 아이템을 정리하여 보내드립니다. 읽어보시고 수정해야 할 사안이 있다면 말씀해주세요. 해당 사안이 없으면 승인 부탁드립니다. 답변 주시는 대로 바로 업무에 들어가겠습니다.'

이제 더 이상 상사의 말도 안 되는 지시를 따라야 하나 고민하고 골머리를 썩이며 밤잠을 설치지 않아도 된다. 본인의 안위를 위해 업무일지를 남겨 놓고 이메일을 이용하여 상사의 승인을 확보해 두었으니, 아무리 하기 싫어도 그저 해내는 수밖에 없다. 당신은 선의를 갖고 지시받은 대로 열심히 업무를 수행했다고 이 두 문서가 보증하고 있지 않은가. 그리고 절대 그럴 일이 없기를 바라지만, 만약 언젠가 문제가 생긴다고 해도 당신이 모든 책임을 뒤집어쓸 일은 발생하지 않을 것이다.

✓ 일머리 법칙

매일 업무일지를 쓰자

인간의 기억은 희미해지고 왜곡되기 마련이다. 그러나 서류는 거짓말을 하지 않는다. 그러므로 단 몇 줄이라도 좋으니 언제 어디서든 돌이켜보고 문제를 바로잡을 수 있도록 매일 기록해보자. 언제든 이상한 낌새를 느끼면 일지를 살펴보자. 그럼 문제 파악이 용이하다. 복사본을 만들어 본인의 이메일로 보내놓거나 집으로 가져가자. 아니면 비밀번호를 걸어놓고 웹하드나 클라우드에 올리는 것도 좋은 방법이다.

05
....

업무일지로
일의 진행 상황을 보고하자

　　당신의 상사는 너무 통제하려 들어서 문제인가, 아예 통제가 불가능해서 문제인가? 가끔씩은 구분이 어려울지도 모른다. 하지만 세상의 모든 오지랖을 안쓰럽게 여겨보자. 못된 짓을 일삼는 사람들과 마찬가지로, 오지라퍼(오지랖이 지나치게 넓은 사람을 이르는 말이다. -편집자 주)들도 실은 내면에 뿌리 깊은 비밀을 숨기고 이를 드러내지 않으려고 노력할 뿐이다.

　　그 비밀이란 게 무엇일까? 매우 극심한 불안감이다. 이런 사람들은 일이 잘못될까 전전긍긍하며 매사 두려움을 느낀다. 오지라퍼는 돋보기를 손에 쥐고 당신의 일거수일투족을 감시하며 본인의 불안감을 당신에게 퍼트리고 풀어댄다. 본인이 계속해서 불안하고 두려운 상태에 놓여 있기 때문에, 당신이 무언가를 잊어버리거나 잘못된 행동을 하면 그게 당사자에게까지 영향을 끼친다. 따라서 그들을 안심시키는 일은, 그 휘하의 부하직원들과 당신을 보호하고 안심시키는 것과 같다는 사실을 잊지 말자.

위로하자면, 회사의 규모가 클수록 오지랖이 너무 넓은 사람들은 승진의 기회를 얻지 못한다. 왜? 그들은 높은 자리에 올라갈 만한 자신감이 부족하고, 회사는 그들이 그럴 만한 깜냥이 되지 못한다는 것을 확실하게 알고 있기 때문이다. 덧붙여, 당신에게 사사건건 간섭하는 사람일수록 회사의 대의에 쏟아붓는 열정과 시간이 부족하다는 것을 회사의 중진들은 확실히 알고 있다. 무엇보다 팀 내 모든 이들의 머리 꼭대기에 앉아 군림해야만 효과적으로 팀을 꾸려나갈 수 있는 사람이라면, 대체 회사를 어떻게 운영할 수 있겠는가? 현명한 기업가들은 오지랖이 너무 넓은 사람들의 특성을 파악하고 있다. 또한 이런 행동들이 팀의 능률을 떨어뜨리고 부하직원들의 사기를 꺾어버린다는 것도 잘 알고 있다.

마지막으로 이들을 동정해야 할 이유가 하나 더 있다. 그들은 자신들의 업무가 과중하다고 착각한다! 다른 사람들 또한 본인만큼 열심히 일하고 있고, 본인들보다 더 유능하다는 사실을 알지 못한다. 여기서 확실히 승패가 갈린다.

본인이 상대하는 오지라퍼가 《해리 포터 시리즈》에 나오는 끔찍한 식물이라고 생각해보자. 악마의 덫이라고 불리는 이 식물은 줄기를 이용하여 제 손아귀에 들어오는 모든 동식물을 가두고 조른다. 벗어나려고 몸부림치거나 저항하면, 더욱더 거센 힘을 발휘하여 희생양의 팔이나 다리를 부러뜨리고 결국 목숨까지도 앗아간다.

이와 마찬가지로 당신이 오지라퍼로부터 도망가려고 애쓰면 애쓸수록, 그들의 넝쿨과 덩굴손은 더욱더 거센 힘으로 당신을 조를 것이다. 친구 헤르미온느Hermione의 도움을 받은 주인공 해리 포터Harry Potter도 이 악마의 덫에서 벗어나기 위해서는 오직 두려움을 없애고 차분해져야 한다는 사실을 깨닫지 않는가. 현명한 해리 포터처럼, 이런 스타일의 상사에 맞서기 위해 벗어나려고 애쓰거나 저항하는 것은 아무런 도움도 되지 않는다.

오지라퍼의 기저에 자리 잡은 불안감에 곧장 파고들어 계속해서 자라나는 두려움 자체를 말살시켜버려야 한다. 다시 말해 상대의 불안감을 존중해주고 스스로 자신감을 키울 수 있도록 도와주어야만 상황이 바뀔 수 있다. '제가 알아서 할게요'와 같은 태도는 상황을 악화시키며 상대로 하여금 당신을 더욱더 움켜쥐게 만든다. 이런 사람들을 상대할 때는 인내심을 갖고 한 단계씩 앞으로 나아가야 한다. 걱정 말자, 차근차근 진행하다 보면 언젠가 노력의 대가를 얻을 수 있을 것이다.

우선, 그들이 어떤 행동을 할 때 가장 두려워하는지 알아낼 필요가 있다. 문제가 무엇인지 정확하게 알아차리는 것보다 상대가 어떻게 생각하느냐가 중요하다. 많은 이들이 말하기를 '인지하는 것 자체가 모든 문제를 해결한다'고 하지 않는가. 일단 두려움이 무엇인지 알고 나면, 그 특정 문제와 관련해서 당신이 언제나 신경 쓰고 있다는 점을 각인시켜주자. 상대가 두려워하는 그 일이 통제하에 있으며 완벽하게 진행되고 있음을 알려주자. 이렇게 행동해야만 상대는 하루에도 열두 번씩 당신을 찾아와 쿵쿵거리며 냄새를 맡지 않는다.

상사에게 매일 어떤 업무를 어떻게 진행하고 있는지에 대한 짤막한 업무일지를 만들어 보고하는 것도 추천한다. 업무를 보고할 때는 모든 일이 제자리에서 완벽하게 이뤄지고 있다고 안심시켜주자. 또는 당신이 심리학자가 되었다고 생각해보는 것이다. 업무를 보고하고 있지만 실은 당신이 오지랖이 넓은 상사의 커다란 불안감을 진단하고 고쳐주기 위해 노력하는 것이다.

예를 들어 당신이 팀에서 진행 중인 새로운 상품의 상세정보에 대해 보고를 올려야 할 차례다. 그런데 당신은 아직도 지난 연례보고서에 들어간 제품 정보들을 모두 파악하지 못했고, 당신의 상사는 분명 그 점을 지적하며 불안감에 미쳐 날뛸 것이라는 걸 알고 있다. 그렇다면 오늘의 업무 보고는 그 점에 집중하자. 뒷부분은 보지도 않고 넘겨버릴 가능성이 크지만, 어쨌거나 당신의 상사는 본인이 기다리고 기다리던 보고서가 제시간에 올라올 것이라는 걸 알게 되고, 분명 안심할 수 있을 것이 아닌가.

이번 장의 법칙을 상사가 신경 쓰는 여러 가지 다양한 문제에 접목하여 사용하다 보면, 언젠가 분명 상대방은 당신을 신뢰하게 될 것이다. 업무환경에 따라서는 동료들과 함께 그룹보고서를 작성하여 보고하는 것도 괜찮은 방법이다. 동료들도 결국 당신과 같은 고민을 하며 상사의 횡포를 견디고 있지 않은가. 같은 방법을 사용하여 상대를 달래주면, 동료들도 당신에게 고마움을 느낄지도 모른다.

사사건건 트집을 잡는 상사는
매일 업무 보고를 하여 달래자

이런 사람들은 실패를 가장 두려워한다. 그게 아니라면 당신의 의자 뒤에 서서 어깨너머를 훔쳐보지도 않을 것이다. 상사가 가장 두려워하는 것이 무엇인지 관찰하고 파악해보자. 그리고 매일 업무 진행 상황을 짧은 문장으로 정리하여 보고할 테니 받아보시겠냐고 물어보자. 이때 업무일지의 가장 처음이나 강조사항은 상대가 제일 두려워하고 신경 쓰는 부분으로 채워야 한다.

분명 상사는 당신이 올리는 '업무일지'를 손꼽아 기다리며 진행 상황이 어떤가를 알아내기 위해 여기저기 들쑤시고 다니지 않을 것이다. 시간은 좀 걸릴지 모르지만 분명 점차 나아질 것이다.

한 가지, 이런 오지랖 넓은 상사를 대하는 태도에 대해 짚고 넘어갈 것이 있다. 무슨 일이 있어도 절대 초조한 행동을 보이지 말 것. 사안에 따라 심장이 내려앉고 말문이 막히는 상황이 오더라도, 언제나 침착함을 유지하며 마치 모든 일이 제대로 진행되고 있다는 듯 행동하자. 그래야 당신의 상사도 안정을 취할 수 있다. 그리고 당신을 더욱더 신뢰할 것이다.

06

....

화가 나서 도저히
참을 수 없을 때

당신은 제대로 열이 받았고 충분히 그럴 만한 사정도 있다. 저놈이 엄청나게 중요한 회의에서 당신에게 망신을 주었다. 상사와 함께 있는 자리에서 당신의 실수를 들춰냈고, 당신의 업무를 대신 처리했다고 뒤통수를 쳤다. 사실은 완전 정반대의 상황인데 말이다. 이가 갈리고 주먹이 불끈 쥐어진다.

휴, 잠깐만 숨을 고르자! 아무리 화가 나도 직장에서 분노를 대놓고 표출하는 것으로 그 어떤 문제도 해결할 수 없다. 대신 당신을 상대 못할 사람으로 만들어버린다. 화를 쏟아내는 모습은 사람들의 기억에 오래도록 남지만, 대체 무엇 때문에 화를 냈었는지는 희미해진다. 아무리 당신이 백 프로 옳고 화를 내기에 마땅한 이유를 가지고 있었더라도 화를 내는 모습을 사람들이 보고 나면 근무태도 평가는 한 단계, 아니 어쩌면 두 단계 급락하고, 결국 승진에서도 밀릴 것이다.

나에게 의뢰를 맡긴 회사의 회의에 참석했을 때의 일이다. 영업팀 팀장 서배너Savannah 씨가 팀원들의 실적을 놓고 화를 내고 있었다. "계속해서 전화하고, 일하고, 약속도 잡고! 실적을 쌓을 때까지 일하란 말이야!" 그녀가 화를 내며 한 사원을 콕 집어 비난하는 눈초리로 바라보았다. "특히 당신, 에이버리Avery." 손가락질을 받은 그가 풀썩 등을 기대버렸다. 뾰루퉁한 눈에서 살기가 뿜어져 나오는 것을 회의실 모두가 지켜보았다. 그는 쥐고 있던 볼펜으로 툭툭거리며 탁자를 두드렸다. 열이 받은 모양인지 손으로 주무르는 뒷목이 온통 땀으로 번들거리며 벌겋게 달아올랐다. 에이버리가 앉아 있는 쪽을 내려다보며 서배너가 냉소적으로 물었다.

"앤더슨, 내가 한 말에 불만 있어요?" 서배너 씨가 자기 팀원을 성姓으로 부른 것을 나는 처음으로 목격했다.

"오, 아닙니다. 팀장님, 불만이 있을 리가요. 괜찮습니다." 그가 불만이 가득한 목소리로 빈정거렸다. 그리고 에이버리가 그녀를 이름 대신 '팀장님'이라고 깍듯이 높여 부르는 것도 나는 처음 보았다.

"좋아요, 그럼." 서배너가 입꼬리를 올리며 회의실 안 사람들을 바라보았다. "그럼 다시 일하러 가보죠. 기억하세요, 전화하고 압박하고 실적을 올려요. 잘 좀 해봅시다! 우리!" 사람들이 웅성거리며 자리에서 일어나는데 서배너가 갑자기 목소리를 키웠다. "앤더슨 씨는 빼고. 잠깐 나 좀 보고 가요."

회의실을 빠져나가던 사람들의 고개가 일제히 에이버리를 향했다. '아이고, 당신 한 소리 듣겠다'라는 표정을 지으며.

나 또한 자리를 뜨며 분명 에이버리에게 썩 유쾌하지 않은 일이 벌어질 거란 것을 직감할 수 있었다. 물론 그는 회의 도중 한마디도 하지 않았지만, 앉아 있는 내내 그의 몸짓이 분출한 그 적대감과 분노만으로도 충분했다. 만약 에이버리가 다음에 나올 법칙을 알고 있었더라면 회의가 끝나고 다른 사람들과 함께 무사히 회의실을 빠져나올 수 있었을 것이다.

뇌와 신체가 연결되어 있다는 것은 굳이 증명하지 않아도 모두가 알고 있다. 화가 나면 자연스레 턱은 굳고 주먹은 움찔거리며 몸의 모든 근육은 싸움을 대비하여 팽창한다. 몸이 이렇게 반응하면 뇌가 놀라 묻는다. '어우, 뭐 하는 거야? 너 화난 거 같은데?' 당신의 뇌는 신체 반응을 따라간다. 그렇게 당신의 몸과 정신 모두 분노에 사로잡힌다. 하지만 아무리 정당화하려고 해도, 직장에서 본인의 분노를 눈에 띄게 드러내는 짓은 결국 손해다.

뇌보다 신체를 통제하기가 훨씬 쉬우므로, 화가 나면 신체적 본능을 선점해야 한다. 억지로라도 숨을 깊이 들이마시고, 느긋하게 내쉬며, 잔뜩 힘이 들어간 어깨를 끌어내리자. 그럼 뇌가 이를 알아채고 말한다. '아, 너 화난 게 아니구나!' 그에 대한 반응으로 당신의 신체 역시 몸집을 수그리며 뇌에게 전달한다. '응, 나 화난 거 아닌데. 나 좀 봐. 화내는 것 같아? 아니지?' 자, 신체와 뇌 모두 안정을 되찾았다! 당신의 신체가 거짓으로 화를 가라앉히면, 뇌와 신체는 연결되어 있어 뇌는 금세 이를 받아들인다. 당신은 더 이상 화가 나지 않는다. 무슨 일이 있든 스스로를 통제할 수 있는 사람처럼 보이는 것이다.

걷잡을 수 없이 화가 나도
일단 신체가 거짓말을 해야 한다

뇌보다는 신체를 컨트롤하는 것이 쉽다. 그러므로 동료나 고객, 부하직원이나 상사에게 화가 난다면 일단 몸의 힘을 풀어보자. 이런 식으로 속임수를 쓰면 순간 감정이 해소된다. 물론 집으로 돌아가 늦은 밤, 주먹으로 베개를 내리치며 분노를 발산해도 누가 뭐라 할 것인가. 하지만 직장에서 만큼은 이 방법을 사용하여 당신이 화가 났다는 사실을 감춰야 한다. 무슨 일이 있어도, 직장에서는 감정을 통제하고 조절하며 제대로 다룰 수 있는 사람처럼 보여야 한다.

에이버리의 경우 화가 난 대상이 그의 상사였지만, 사실 직장 내 누구에게서나 비슷한 감정을 느끼기 마련이다. 가령 당신의 물건을 빌려가 놓고 제대로 돌려주지 않는 동료, 바로 옆 책상을 쓰면서 이어폰 밖으로 음악소리가 새어나올 정도로 크게 틀어놓는 동료, 꽤 큰 주문을 걸어놓고 갑자기 마음을 바꿔버린 고객도 있다. 당연히 이런 무지렁이들과 언젠가는 함께 마주 보고 앉아 대화를 나누며 문제를 해결해야겠지만, 일단 본인의 감정을 느슨하게 풀어놓고 대화를 해야 깔끔하다. 신경을 거슬리게 하는 사람과도 그저 평범하고 일상적인 사담을 나누는 것처럼, 불편한 문제를 호기롭게 해결하는 사람처럼 보여야 한다.

07

....

내 잘못이 아닌 일로
추궁당할 때

당신이 잘못한 것도 아닌데 상사에게 애꿎은 지적이나 힐난을 받은 적이 있는가? 그런 경우 어떻게 대처하는가? 상사에게 가서 사람 잘못 짚었다고 들이받을 것인가? 아니면 묵묵히 비난을 견디고 문제의 시시비비를 가리지 않겠는가? 아니면 많은 사람이 그러하듯 다른 사람에게 그 탓을 돌릴 것인가?

"우리 부서 예산이 초과한 것이 어떻게 제 잘못이에요? 협력업체에서 공급가를 올린 건데요."

"주문은 제가 받은 게 아닌데요. 제 잘못이 아니에요. 새롭게 바뀐 환불 정책을 애초에 클라이언트가 좋아하질 않았어요."

"상품 품질이 제대로 나오지 않았다고 해서 그게 제 탓은 아니라고 생각합니다. 제품 품질 평가에 걸리는 시간을 줄이라고 하신 건 차장님이 시키신 일이잖아요."

강연 수강자들에게 회사에서 부당하게 죄인 취급을 받은 적이 있었냐고 물었더니 강의실 여기저기서 탄식이 흘러나왔다. 마음의 응어리를 마음껏 터트릴 시간을 주고 난 후에 내가 물었다. "그래서 어떻게 하셨습니까?"

많은 수강자들이 상사에게 곧장 가서 부당함을 호소하거나, 본인은 그 일과 무관하다고 따졌다고 했다. 일부 사람들은 상사에게 자기 잘못이 아니라는 내용의 메일을 보냈다고 했다. 백악관에 근무하는 한 행정관은 대통령에게 편지를 썼다고 했다. 그녀의 상사가 '언제나 애먼 사람을 지적한다고' 말이다. 와우!

'제 잘못이 아니에요'라고 외치는 것은 본인을 다소 유치하고 방어적인 사람으로 보이게 만든다. 사실 대부분의 상사는 누가 진짜 일을 그르쳤는지 관심이 없다. 다만 상황 자체에 화가 났을 뿐이다. 슬프지만 그 사람들도 종종 본인의 분노와 짜증을 분출할 상대가 필요하며, 그들이 생각하기에 가장 의심이 가는 당신을 지목한 것뿐이다.

만약 본인이 부당하게 비난을 받았다면 어떻게 해야 할까? 정말 사소하고 별것 아닌 비난이라면 감수하고 넘어가자. 불쾌하지만 묵묵히 넘길 수 있다면 본인이 큰 그림을 그리고 있는 사람이라는 인상을 심어준다. 게다가 만약 나중에라도 당신의 잘못이 아니었다는 것을 상사가 알게 되면, 당신은 영웅이 되는 것이다!

그러나 본인의 평판에 금이 갈 만큼 중대한 일에서 억울하게 지적 받은 경우를 생각해보자. 나의 잘못이 아니라는 것을 명확히 짚고 넘어가지 않는다면, 좋은 성과를 내고도 제대로 평가받지 못하고, 연봉 협상이나 승진에서 밀려날 수도 있다. 이러한 경우의 대비책을 알려주고자 한다.

자, 이게 첫 번째 단계이다. "그런 식으로 생각하실 수도 있다고 봅니다." 또는 "어째서 그렇게 생각하셨는지 이해합니다."

다음 단계가 진짜 중요하다. 심호흡을 하고 충분히 시간을 갖자. 왜냐면 당신이 잠시 침묵을 지키는 그 순간이 반대로 많은 것을 말해주기 때문이다(심호흡의 힘을 다시 한 번 일깨워보자). 그다음, 본인이 생각한 일의 원인과 과정을 상세히 설명하자. 만약 이야기를 듣고 나서 본인의 상사가 스스로 다른 직원을 범인으로 지목한다면 잘된 일이다. 그 누구의 실명도 거론하지 않았을 뿐 아니라 고자질쟁이처럼 보일 염려도 없기 때문이다.

 일머리 법칙

더 큰 그림을 그리자

그 어떤 부당한 지적이나, 잘못의 원흉으로 억울하게 몰려도 절대 '제가 그런 게 아닌데요'와 같은 유치한 대답은 하지 말 것. 대신 '왜 그렇게 생각하신지 알 것 같습니다'라고 말하자. 이렇게 말하면 부당하게 사람을 몰아세운 상사가 죄책감을 느낄 것이다. 아니면 상사가 생각하기에 굳이 이렇게 일을 키운 게 어리석었다고 느낄지도 모를 일이다. 어쨌거나 당신은 굉장히 침착하고 프로페셔 널하게 처리했다.

여기서 매우 중요한 한 가지 사실을 하나 더 짚고 넘어가자. 절대, 절대, 상사가 묻지도 않았는데 직접 누구의 잘못인지 말하며 선수 치지 말 것. 상사들이 나에게 털어놓기를 일단 사원이 찾아와 말하면 듣긴 듣지만, 한편으로는 말을 전한 상대방에 대한 믿음이 무너진다고 한다. 암묵적으로 지켜오던 부서 내 협동심과 연대 의식을 깨뜨렸기 때문이다.

08

....

내 잘못으로
추궁당할 때

이러면 또 이야기가 달라진다. 당신이 일을 그르쳤고 도망칠 곳이 없다. 상사에게 찾아가 무슨 일이 벌어졌는지 설명을 해야만 한다. 보통 이럴 때는 그저 몸을 최대한 사리는 수밖에 없다.

본인의 잘못을 덮으려 하면 할수록 실패할 확률이 높고, 상사에게 더 점수를 잃을 것이다. 그러므로 만약 곤혹스러운 상황을 자초했다면 그 즉시 자백하는 편이 낫다. 물론 그 당시에는 무조건 드러내고 솔직하게 대처하는 것이 마냥 능사는 아니라고 생각할 수도 있지만, 길게 보면 그편이 훨씬 좋다. 최소한 당신은 솔직한 사람이지 않은가.

더 큰 걸음을 내디뎌야 한다. 일단 상황이 걷잡을 수 없이 꼬였다면, 다른 사람들처럼 핑곗거리부터 만들지 마라. 대신 문제의 원인을 시작부터 끝까지 차근차근 파헤치자. 그리고 머리를 쥐어뜯어서라도 다양한 해결방안을 모색하라. 당신이 생각해낸 답이 문제를 해결하지 못할 수도 있고, 상사가 그 해결방안을 선택하지 않을 수도 있다. 하지만 최소한 당신이 무거운 책임감을 느끼고 최선을 다해 해결하려고 했다는 것을 알아줄 것이다.

한 가지 예를 들어보자. 당신이 담당했던 물품 배송이 2주가량 지연되었다고 치자. 상사는 소리를 내지르거나 분노를 꾹꾹 눌러 삼키며 "일이 이렇게 될 때까지 대체 뭘 하고 있었던 거야! 이 ××야!"라고 말한다. 이 순간이 오면 대부분의 사람은 "아…… 아, 저기……" 하고 입을 떼다가 결국 본인이 이번 사태와 관련하여 얼마나 무관한지 떠들거나, 다른 사람에게 그 화살을 돌릴 것이다.

하지만 당신은 조금 다른 방법으로 문제를 해결해보자. 일단 상사의 사무실에 들어가기 전, 문제를 해결할 만한 여러 가지 대책을 마련한다. 상사에게 가능한 안타깝고 죄송하다는 말투로 비보를 전하고, 이런 식으로 덧붙인다.

"2단계 가공이 이렇게 오래 걸릴 거라고 예상하지 못했습니다. 전적으로 제 실수입니다. 정말 죄송합니다." (이제 상대방은 당신이 모든 일의 책임을 지고 있으며 실수를 덮으려고 하지 않는다는 것을 깨닫는다). "생산 속도를 끌어올릴 수 있는 방법을 계속해서 찾아보겠습니다. 일단 그동안 실행 가능한 해결방안을 몇 가지 가져왔으니 검토 부탁드립니다."

좋지 않은가. 상사에게 몇 가지 대안을 추천했고, 일의 원인을 파악하고 있으며 두 번 다시 같은 실수가 벌어지지 않을 거란 믿음을 주고, 일이 해결될 때까지 야근을 불사하고 해결하겠다는 확신까지 심어주었다. 문제에 100% 책임감을 갖고 있으며 상황을 더 악화시키지 않기 위해 노력하겠다고 했다. 일반적인 사람들과 달리 무작정 달려가 무릎을 꿇지도 않았다.

흔히 일상적인 문제들과 함께 이를 비교해볼까. 예를 들어 여섯 살짜리 아이가 눈물을 쏟으며 당신이 제일 아끼던 접시의 파편을 가져왔다. 다음 4가지 상황 중 가장 용서를 쉽게 해줄 법한 행동을 골라보자. (1) 아이가 자신의 잘못을 모두 부인한다. (2) 누나가 깨뜨렸다고 거짓말을 한다. (3) 무슨 일인지 모르겠다고 한다. (4) 당신에게 사과하며 진심으로 반성하는 모습을 보인다. 작은 순간접착제를 가져와 자기가 모두 고쳐놓겠다며 그게 안 되면 용돈으로 새 접시를 사다준다고 말한다.

당연히 마지막 답안을 고르리라는 것에 내 모든 것을 건다.

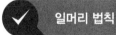

문제를 보고하며 해결방안도 함께 제시하자

절대 안 좋은 상황을 보고하며 대책 없이 들어가지 말자. 본인이 초래한 잘못이 얼마나 큰 지는 상관없다. 문제에는 언제나 해결책이 있기 마련이다. 물론 당신이 생각해낸 것이 최선책이 아닐 수도 있다. 하지만 본인이 심각하게 고민하고 있음을 드러내는 것만으로도 충분하다.

또한, 한 가지가 아니라 여러 가지 다양한 해결방안을 모색하자. 만약 첫 번째 해결책이 거부당하면 다른 대안을 바로 제시할 수 있도록. 더할 나위 없이 완벽한 의사소통 기술로 성공에 이르는 사람들은 이렇게 행동하고 책임진다. 책임을 지고 본인의 잘못을 해결하기 위해 최선을 다하라.

___

09

....

바쁜 상사에게
필요한 대답을 듣는 기술

오랫동안 강연전문가로서 세미나와 강좌를 열고 대중강연도 다녔지만, 나는 아직도 강연을 시작하기 전이면 혹시나 하는 마음에 안절부절못한다. 혹시 까먹은 것은 없는지, 강연문은 제대로 챙겼는지, 물은 준비되었는지, 연단 위에 시계가 제대로 작동되고 있는지, 위에 휴지가 있는지, 프로그램을 진행하려면 호응이 좋아야 할 텐데 등등.

겁을 잔뜩 먹은 닭처럼 온 강연장을 돌아다니는 동안, 이따금 일찍 도착한 수강자들이 나에게 다가와 말을 걸어오는 경우도 있다. 참여자들과 이렇게 사담을 나누는 것이 강연자로서 가장 큰 보람이고 즐거움이기는 하나, 강연 시작까지 고작 10여 분 남은 상황이라면 이야기는 달라진다. 이런 분들은 강연에 앞서 자료를 준비하느라 고군분투 중인 내가 보이지 않는 걸까?

마찬가지로, 내 강좌에 참여하는 대리급 이상의 직장인들이 말하기를, 한창 바쁠 때 갑자기 부하직원이 다가와 맥을 끊어버리는 것에 굉장한 불만을 품고 있다고 한다. 안타깝지만, 가만 보면 '나이가 어린 사원'일수록 상대가 얼마나 바쁜지 알아채지 못하는 경우가 많다. 이유가 무엇일까? 최근 나온 연구 결과에 따르면 디지털기기를 이용하여 의사소통을 많이 하면 상대의 감정을 읽어내는 능력이 저하된다고 한다. 더욱 안타까운 것은 타인의 감정을 눈치껏 파악하지 못하는 것이 곧 월급에 지대한 영향을 끼친다는 점이다.

「타인의 감정을 알아차리는 것이 능력이 되는 세상, 감정지각능력과 연봉의 직접적 상관관계It Pays to Have an Eye for Emotions: Emotion Recognition Ability Indirectly Predicts Annual Income」라는 논문을 보면, 실험자들은 연봉과 타인의 감정을 알아차리는 능력 사이에 굉장한 연결고리가 있다는 사실을 밝히고 있다. 다시 말해, 이 기술을 확실히 터득한 사람일수록 더욱 많은 돈을 벌 수 있다는 뜻이다!

일머리 법칙

마음속으로 사진을 찍어보자

동료에게 말을 걸기 전에, 일단 걸음을 멈추고 상대방의 얼굴과 몸짓을 머릿속의 카메라로 찍어보자. 상대방이 바빠 보이는가, 한가해 보이는가? 너무 바빠 미처버리기 일보 직전인가, 지긋지긋 지

겨운 표정인가? 혹시 '방해하지 마세요'라고 쓰여 있는 팻말을 들고 있진 않은가? 아니면 누구든 반기며 레드카펫을 깔고 환영하는 표정을 짓고 있진 않은지. 잘 지켜보고 다가가던가, 다음을 기약하자.

동료들에게 앞서 나온 '신호등 법칙'을 소개하기 전이라면, 말문을 이런 식으로 열어보면 어떨까?

"죄송해요. 여쭤볼 일이 있는데 지금은 좀 바쁘신 것 같아서 이따가 다시 올게요. 혹시 이따가 시간 괜찮으시면 말씀해주세요."

10

....

문제를 일으키는 사람과
직접 이야기하라

매일 아침 출근하면 당신을 향해 두 팔 벌려 환영인사를 건네거나 미소를 보내는 동료가 있는가? 아마 그런 사람은 매우 드물 것이다. 대부분 스쳐 지나가거나, 대화를 나누고 있거나, 일에 몰두해 있을 것이다. 그럼에도 사무실의 모든 사람들은 출근하는 당신을 보고 자신도 모르게 순식간에 나오는 반응을 감출 수 없다. 그게 긍정적이든 부정적이든 또는 그사이에 존재하는 수백 가지의 다양한 의미로든.

당신 역시 누군가 출근했다는 것을 깨달은 그 찰나의 순간, 열 발자국도 안 되는 거리에 들어선 사람이 당신의 상사라면 자신도 모르게 반사행동이 나온다. 그렇게 입구에서 들어오는 사람을 향해 몇몇에게는 따뜻한 미소를 보낼 수도 있고, 당신도 모르게 하품이 나올 수도 있다. 그리고 당신이 어떤 일을 하든, 이가 갈릴 만큼 싫은 사람이 최소 한 명은 있을 것이다.

    지난 20여 년간, 기업 내 강연을 하면서 수많은 기업을 방문하고 수천 명의 직장인을 만나왔다. 강연 도중 "혹시 함께 일하기 유독 힘든 동료가 있으신 분?" 하고 물어보면 사람들의 반응은 환호성부터 실소 섞인 코웃음과 허공에 흔드는 손짓에 이르기까지 다채로웠다. 가끔 사내에서 주최하는 공개강연에서 같은 질문을 던지면, 참석자들은 어떻게든 한마디라도 더 하고 싶어 하고, 실제로 굉장히 열정적으로 답한다!

    "탕비실 전자레인지에 냄새나는 생선요리를 데워요."

    "전화할 때 목소리가 너무 커요."

    "커피머신에서 마지막 잔을 내려 마셨으면, 다른 사람을 위해 다시 준비해 놓아야 되는 거 아닌가요?"

    "감기에 걸린 채로 출근을 한 건 괜찮은데, 코 푼 휴지를 책상 여기저기 늘어놓아요."

    이런 불평불만들이 너무 길어지면 나는 어느 순간 진행을 멈추고 묻는다.

    "그럼 여기 계신 분 중에 문제의 당사자와 직접 해결을 보신 분?"

    이렇게 물으면 손을 드는 사람은 매우 적거나, 아무도 없는 경우가 많다. 그럼 나는 다시 묻는다.

    "그럼 왜 아무 이야기도 하지 않으세요?"

    두 번째 질문에 사람들의 대답은 대체로 이러하다.

"회사에서 굳이 나를 싫어하는 사람을 만들 필요가 없으니까요."

"제가 뭐라고 나설 부분은 아니죠."

"굳이 긁어 부스럼 만들고 싶지 않아서요."

이런 인간관계를 조금 더 나은 방향으로 바꿀 수 있는 방법에 대해 알려주어도, 이렇게 생각하는 사람도 있을 것이다. '아, 말이야 좋지. 근데 우리 사무실 그 자식은 진짜 말로 설명하기도 어려운 쓰레기라고' 아니면 '그 여자는 마녀야. 누가 그런 여자랑 잘 지내고 싶겠어'라던가.

그 말이 맞다. 나는 그 사람을 모른다. 하지만 나는 그런 종류의 사람들을 너무도 많이 알고 있다. 그리고 신이 당신에게 주신 능력을 더욱 발전시키고 보살피고 보완시킬 방법 또한 확실하게 알고 있으며, 일머리 법칙들을 사용하여 사내 인간관계를 보다 나은 방향으로 이끌 수 있다. 문제가 있는 사람들과 죽마고우처럼 지낼 수 없으리라는 것을 잘 알고 있다. 그러나 이런 사람들과 공생하며 사무실 분위기를 전보다 살 만하게 만들 수는 있지 않은가.

본인이 상황을 고쳐보려는 노력도 하지 않는데, 문제가 무슨 수로 사라질 수 있겠는가? 문제 있는 사람들이 어느 날 갑자기 계시라도 받고 나타나 당신에게 용서를 구할까? 그럴 리는 없을 텐데. 결국 사람들에게 직접 다가가 이야기를 하는 수밖에 달리 방법이 없다.

서로 감정이 상하는 것을 원하는 사람은 아무도 없기에, 수강자들 역시 문제가 생기면 상사에게 보고하는 편이라고 했다. 하지만 문제의 당사자와 이야기를 하기 전에 상사에게 털어놓는 짓은 다음 2가지 이유를 근거로 반대한다.

우선 첫째로, 본인의 이미지만 상한다. 본인이 처한 상황을 제대로 대처할 능력이 없어 보이기 때문이다. 그리고 두 번째로, 대부분의 상사는 그런 개인적인 일을 상대할 시간도 없을 뿐더러 본인이 굳이 나서서 해결해야 할 일이 아니라고 생각한다. 단순히 말해 그런 상황 자체에 엮이고 싶어 하지 않는다. 몇몇 상사들이 털어놓기를 이른바 '고자질쟁이'가 되면 인사고과 평가가 한두 단계 하락하게 된다. 너무 쪼잔해 보이기 때문이다. 그러므로 나는 다음과 같은 방법을 추천한다.

 일머리 법칙

상사에게 말하기 전에 문제의 당사자와 직접 담판을 짓자

상사에게 쪼르르 달려가 신경을 거스르는 직원에 대해 고자질을 하면, 분명 다음과 같은 질문이 뒤따를 것이다. "그래서 본인하고 이야기해 봤습니까?" 이 질문에 대한 대답이 '아니요'일 경우 당신은 무능해 보일뿐 아니라, 문제해결능력도 없는 사람이 되어버린다. 이런 자질의 사람이 승진에서 탈락하는 것은 당연하다. 문제를 일으키는 사람과 일단 대면하고 대화를 나누는 것이 훨씬 낫다.

대체 그 사람에게 뭐라고 말을 해야 할까?

동료가 계속 눈에 거슬리는 행동을 하고 있다 해도, 당신이 화가 나서 피가 펄펄 끓을 때 다가가는 것은 금물이다. 또한 그가 일에 몰두하고 있을 때도 피하자. 당신과 문제의 당사자 모두 한가하고 여유로울 때를 골라, 가급적 휴게실이나 탕비실에 둘만 남아 있는 상황을 노리자. 가능한 평소처럼 자연스럽게 근처로 다가가 자리를 잡고 이야기하자. 옆에 서서 상대가 뭘 하는지 지켜보고 있었다는 인상을 주지 않으려면 말이다.

지금부터가 굉장히 중요하다. 일단 상대가 바쁜지, 잠깐 이야기할 시간이 있는지 물어보자. 이때 말투는 위협적이지 않아야 한다. 만약 상대가 그럴 여유가 없다고 하면 그저 알았다는 듯이 '아, 그럼 다음에 이야기해요' 하고 자연스럽게 퇴장하자. 만약 상대가 괜찮다고 말하면 이렇게 이야기해보자.

"이런 말씀드리는 게 좀 어색하긴 한데요. 부탁 하나만 드리고 싶어서요. 좀 망설여지긴 하는데, ___ 이런 행동은 좀 삼가해 주시면 안 될까요?"(빈칸은 상대의 문제 행동을 이르는 것). 이때 말투는 가벼워야 하며 절대 추궁하는 말투를 쓰지 말자. 그리고 왜 그런 행동이 거슬리는지도 꼭 설명할 것. 상황에 따라 대화가 달라질 수는 있지만 '망설여진다'와 '어색하네요'는 빼지 말자.

문제의 당사자와 대화하는 법

도저히 견딜 수 없는 동료와 직접 대면할 경우 중요한 것은 이런 이야기를 꺼내는 것이 매우 '망설여지며', 이렇게 말을 하는 것 자체가 매우 '어색하다'는 것을 알려주는 것이다. 직접적으로 드러내며 말하는 것은 상관없지만, 이때 몸짓은 언제나 다정해야 한다. 문제의 행동과 거슬리는 이유를 설명하고 나면 다음과 같은 말을 첨언할 수도 있다. '저만 신경 쓰일 수도 있어요. 죄송해요'라고. 하지만 이 말은 신중하게 생각해보고 덧붙여야 한다. 상대방이 '그러게, 다른 사람들은 아무렇지도 않아 하던데'라고 말할 가능성도 다분하기 때문이다.

이렇게까지 이야기했음에도 불구하고 문제의 범인이 뻔뻔하게 자신의 행동을 고치지 않겠다고 나올 수도 있다. 그럴 때는 그저 친근한 말투로 '이해해요. 다른 분 중에서 제 습관이 신경 쓰이시는 분들도 계실 수 있으니까요. 들어주셔서 감사합니다'라고 말하자. 이제 비로소 상사에게 찾아갈 수 있다. 그리고 이미 당사자와 이야기를 해보았지만 고쳐지지 않았다고 말할 수도 있다.

11

....

투덜이 동료를
상대하는 기술

'말하고 싶어 죽겠어'라는 익숙한 표정을 지으며 그녀가 다가 온다. 그 순간 당신의 머릿속은 고통스러운 신음과 탄식이 하모니를 이루고, 온몸이 뻣뻣하게 긴장되기 시작한다. 그녀의 이야기를 듣고 있는 당신, 동조를 해주려고 무던히도 노력 중이다. 왜냐하면 당신도 이렇게 불평불만을 일삼는 사람들이 사실은 상대방에게 인정과 동조를 구하고, 당신과 유대감을 쌓고 싶어 한다는 것을 알고 있기 때문이다. 이런 사람들은 보통 본인에게 문제를 해결할 능력이 없고, 주로 다른 사람 때문에 이런 일이 벌어지고 있다고 생각한다. 또 자신이 희생당하는 무고한 피해자라고 여긴다.

본인이 불운하다고 믿는 사람들은 타인의 관심을 끌어들임으로써 불평 섞인 이야기를 퍼트리는 행위 자체를 정당화한다. 자신을 바라봐주고 이야기를 들어주는 누군가의 관심이 필요하다는 의미이다.

이를 무시하면 재앙은 점점 커지고 악화된다(물론 이렇게 되면 그들은 더 좋아한다. 토를 달고 불평 쏟을 일이 더 생기니까).

투덜이 동료가 당신의 귓가에 짜증을 쏟아냈을 때 '아가야, 그게 현실이야. 제발 닥치고 견뎌. 여기 사람들 다 그러고 살아!'라고 외치고 싶었을 것이다. 그러나 현명한 당신, 그렇게 소리를 내지르는 것이 능사가 아니라는 것을 잘 알고 있다. 그러므로 다시 한번 인내하며 당신의 에너지를 쪽쪽 빨아먹는 에너지 뱀파이어의 징징거림을 삼킨다. 대체 이번엔 누구를 씹고 싶을까. 상사? 회계팀? 인사과? 생산팀? 영업팀? 아니면 경영팀? 누구라도 상관없다. 본인만 아니면 그만이니까.

투덜이들이 당신을 희생양으로 삼고 다가왔을 때, 아마 당신은 이런 식으로 물었을 것이다. '그래서 어떻게 하고 싶은데?' 하지만 상대도 마땅한 대안이 없다. 왜냐하면 본인의 무기력함 자체를 즐기고 있기 때문이다. 게다가 진짜 무기력하기도 하다. 이토록 부정적이며 염세적인 에너지를 잔뜩 품은 누군가는 늘 당신의 책상에 말도 없이 다가온다(게다가 이런 사람들은 꼭 말도 없이 의자를 끌어와 앉아버린다. 가능한 오래도록 머물 요량이기 때문이다).

그렇다면 해결책은? 어떤 전문가들은 이런 사람들의 칭얼거림을 들어주고 화풀이를 하도록 배려해주라고 말하기도 한다. 분명 친절하기는 하나, 전문가 입장에서 보면 이는 다소 위험한 방법이다. 투덜이들이 이야기를 쏟아내는 동안 말없이 그들을 챙겨주고 이야기를 들어주는 당신을 지켜보는 다른 사람들은 어쩌면 당신이 그 이야기에 모두 동의하고 있다고 생각할 수 있기 때문이다. 그러므로 당신과 상대가 나란히 걷고 있는 상황에서 이야기의 덫에 걸렸다는 느낌이 강하게 들면 화장실로 대피하라. 만약 투덜이가 당신의 책상으로 다가오는 것을 발견하면 전화기를 들자. 아니면 최소 다른 사람과 이야기하는 척이라도 할 것.

이 방법이 불가능하다면, 이렇게 해보자. 상대방이 어떻게 행동하든 상관없이 꼿꼿이 앉아 상대가 늘어놓는 불평불만을 그대로 되풀이해 주는 것이다.

"내가 이해하기로는……, 이렇다는 거지?" (여기서 상대의 불만을 되풀이하자.)

"아, 알겠어. 그러니까……, 이렇게 느꼈다는 거구나." (상대가 느끼는 우울함을 같은 단어를 사용하여 말하자.)

하지만 친절한 몸짓은 자제하여 상대방의 이야기를 즐기며 동의하고 있다는 오해의 소지를 미리 차단하자.

예를 들어 그가 당신에게 이렇게 이야기한다. "아니, 생산팀에서 물건을 제때 발송을 안 하는데 어떡해." 그러면 당신은 단순명료하게 이렇게 되풀이하는 것이다. "아아, 생산팀에서 물건 발송을 제때 안 한다고."

상대방이 계속해서 말한다. "그게 내 잘못은 아니잖아. 나는 마감 훨씬 전에 발주를 넣는데." 그럼 당신은 살짝만 바꿔 똑같이 말한다. "아, 알겠다. 시간을 넉넉히 주고 주문을 하는구나."

다시 입을 여는 상대, "도대체 생산팀에서는 뭘 하는지 모르겠다니까. 책상에 먼지만 쌓일 거야. 하도 일을 안 해서." 그러면 당신은 "음, 그럴지도 모르지. 일을 안 하면 먼지만 쌓일 수도 있지."

이런 식으로 투덜이의 말을 똑같이 반복하며 상대가 당신에게 기대하는 동의와 만족감을 주지 말아야 한다.

그럼 그들도 이내 지쳐 포기하고 다른 사람을 찾아 떠날 것이다. 당신이 무례한 태도로 말을 끊은 것도 아니지 않은가. 어쨌거나 당신은 그의 말을 들어주긴 했으므로.

 일머리 법칙

투덜이의 말을 그대로 따라 하자

투덜이와의 대화를 피하는 것이 불가능하다면 그 사람이 무슨 말을 하든 그대로 따라 하자. 이때 마치 당신이 그들의 말을 이해했다는 뉘앙스를 살려야 한다. 이렇게 따라 하다 보면 투덜이는 어느 순간 짜증이 난다. 그렇지만 당신이 유달리 무례하거나 본인을 무시하지도 않았기 때문에 어쩔 도리가 없다. 그저 본인의 투덜거림이 이어지지 않기 때문에 그 자체로 흥미를 잃어버리게 된다. 따라서 오래 버티지 못하고 떠날 것이다.

교묘하게 침묵하라

이런 투덜이들을 다룰 수 있는 또 다른 기술이 있다. 상대가 쪼르르 달려와 몇 마디 불평을 건네고 나면, 고개를 끄덕이며 이렇게 말하자.

"그러게요, 얼마나 짜증이 났을까 싶네요. 이러지 말고 관련된 문제점을 작성해 볼까요?"

그리고는 펜을 집어 들거나, 컴퓨터로 새 문서를 열어보자(이쯤 되면 상대의 얼굴에는 '아, 이게 아닌데'와 같은 표정이 짙게 드리울 것). 상대방이 늘어놓은 불평불만을 하나씩 나열하여 적고 마치 다음 말을 기다리고 있다는 듯이 바라보자. 한두 문장 정도 더 적고 나면 상대의 말을 끊으며 이렇게 이야기하자.

"아, 잠깐만요. 이 부분은 조금 더 자세히 적어야 할 것 같은데……."

그리고 다시 타이핑을 시작하자.

상황이 이렇게 흘러가면, 그는 긴장하며 대체 왜 당신이 불평을 받아 적고 있는지 의문이 들기 시작한다. 사람들에게 무슨 말을 하려고 이러는 걸까? 상사에게 보고하려고? 아니면 회사 직원들 모두에게 전송이라도 하려고? 만약 상대방이 왜 자기 말을 받아 적고 있냐고 묻거든, 이렇게 대답하라. "그냥 제가 상황을 제대로 이해하고 있는지 확인해보는 절차예요." 그럼 상대방은 빠르게 꼬리를 내릴 것이다.

투덜이들의 불만사항을 글로 적어볼 것

이 기술을 처음 사용하면 투덜이들은 아마 당신이 본인에게 꽤나 호의적으로 동의하고 있다고 생각할 것이다. 하지만 시간이 흐르면 흐를수록 상대는 점점 공포에 휩싸이며 당신이 대체 이 문서로 무슨 짓을 할까 고민하게 된다. 고민을 거듭하다 보면 투덜이들은 더욱더 긴장하고 이내 입을 다물고 슬그머니 자리를 뜨게될 것이다.

투덜이들을 잠재워라

불가피한 이유로 '투덜이의 말 그대로 따라 하기 기술'이나 '불만사항을 글로 적는 기술'을 쓸 수 없을 때를 대비하여 세 번째 기술을 소개한다. 바로 투덜이를 지루하게 만드는 기술이다. 투덜이가 다가오는 것이 느껴지면 다음과 같은 짤막한 대답만 계속 늘어놓는 것이다. "네"라던가, "그렇구나", "음" 또는 "알겠어요" 이런 대답 말고 다른 말을 절대 해서는 안 된다. 특히,

절대 상대에게 동의하지 말 것.
절대 상대의 잘못이라고 말하지 말 것.
절대 당신의 의견을 제시하지 말 것.

절대 문제의 해결책을 대신 고민해주지 말 것.

당신이 제시하는 의견이나 해결책이 아무리 좋아도, 투덜이들은 언제나 당신의 의견에 반대하며 이렇게 말한다. "그건 불가능해요", "현실성이 없잖아요", "내가 무슨 말을 하는지 이해 못하겠어요?" 그렇다면 최후의 수단으로 다음 법칙을 활용해보자.

투덜이를 지루하게 만들어라

당신이 그 어떤 해결방안을 제시하더라도, 투덜이는 그 해결책이 어째서 말이 안 되는지 반박하는 것에 재미가 들릴 것이다. 그러므로 당신이 단답형으로 대답하면 투덜이는 이야기 자체에 흥미를 잃어버리고 지루함을 느끼며 당신을 떠나버릴 것이다.

이번 장에서 소개한 3가지 법칙을 사용하면 사무실의 투덜이는 자신의 이야기를 들어줄 사람 명단에서 당신의 이름을 지워버릴 것이다. 그들이 당신의 책상을 떠나면 비로소 당신도 깊은 숨을 들이마시고 다시 업무에 집중할 수 있다.

12

····

수다쟁이 동료를 상대하는 기술

있지, 너희 회사…… 혹시 임금 삭감한대? 복지 혜택 줄인대?

그, 너희 상사 있잖아…… 바람피워? 희망퇴직 이야기 없어? 이혼하지 않았어?

같은 사무실에 그분 있잖아요…… 이직한다던대? 전과가 있다는 이야기를 들었는데 진짜예요? 승진할 거 같다던대?

만약 당신이 중견 이상의 기업에 근무한다면, 이런 소문은 무수히도 많이 들어봤을 것이다. 회사의 규모에 상관없이 제멋대로 소문을 퍼트리는 사람들은 어디에나 있다. 그들은 세치 혀를 자유롭게 놀리며 무작위로 타깃을 정한다. 이런 사람들은 동료의 부적절한 불륜관계나 회사의 재정적 어려움을 나불거리지 않고는 견딜 수가 없는 불쌍한 영혼들이다. 이런 소식을 세상에 퍼트려야 직성이 풀리며 무슨일이 있어도 절대 입을 다물지 않는다.

이런 떠버리들을 불쌍하게 여기자. 「사람들은 왜 소문을 퍼트리는가, 사회적 동기와 선행 그리고 결과의 경험적 분석을 통한 연구 Why People Gossip: An Empirical Analysis of Social Motives, Antecedents, and Consequences」라는 논문을 살펴보면 대다수의 수다쟁이는 타인의 관심을 열망하고, 타인보다 자신이 우월하다는 느낌을 받기 위해 소문을 여기저기 퍼트린다고 한다.

안타깝지만 오늘날의 기업들은 이런 떠버리들을 17세기의 영국처럼 효과적으로 대처할 능력이 없다. 과거 영국에서는 남의 험담을 떠벌리던 사람을 체포하면 입에 재갈을 물렸다. 이 재갈이란 것이 말의 고삐처럼 생겼지만, 훨씬 고통스러웠다고 한다. 이것을 수다쟁이의 머리에 씌우면 울퉁불퉁한 재갈 표면이 사람의 턱을 조이며 혀가 입안에 단단히 고정된다고 한다. 물론 요즘 기업들이 이런 물건을 가지고 있을 리가 없지만, 이번 장에서 다룰 법칙은 남의 이야기를 떠들고 다니는 사람의 입에 재갈을 물리는 데에 굉장히 효과적이며, 감정적으로나마 재갈과 똑같은 고통을 느끼게 할 수 있다. 그 사람을 해고시키거나 그 사람의 습관을 고칠 수는 없지만, 끊임없이 토해내는 남의 험담에 대항하여 최소한의 면역력을 기를 수는 있다. 또한 이런 떠버리들을 따돌릴 필요도 없다.

예를 들어 당신의 동료가 조용히 다가와 당신의 귓가에 이렇게 속삭인다. "우리 팀에 돈Don 말이야. 술 문제가 좀 있대", "헤더Heather가 이혼할 건가 봐", "프랭크Frank는 자기 팀 팀장님이 잘렸으면 좋겠다고 그러더라", "페이지Paige 말이에요, 딱 봐도 한 5kg은 찐 거

같죠", "잭슨Jackson 이직 준비한대요", "얼마 전에 크리스마스 파티 끝나고 카린Karin이랑 케빈Kevin이랑 둘이 잤대" 등등. 쓰면서도 지긋지긋하다.

그래서 나는 수강자들과 함께 꽤나 효과적인 방법을 모색했다. 수다쟁이에게 일단 굉장히 흥미진진하다고 말해주고, 당사자에게 직접 가서 사실 여부를 확인해보자고 말하는 것이다.

 일머리 법칙

당사자에게 직접 물어본다고 하자

다음번에 또 누군가 다가와 다른 사람과 관련된 소문들을 늘어놓으면, 일단 굉장히 흥미롭다는 듯이 들어주자. 그리고 미소를 지으며 이렇게 말하는 것이다. "와, 진짜요? 본인한테 가서 물어봐야겠네요." 그럼 수다쟁이는 몸이 꼿꼿이 굳어버리며 말을 더듬을 것이다. "그, 그런데……." 그럼 당신은 웃으며 대화 주제를 바꿔버리면 그만이다. 그럼 상대도 당신의 의중을 파악할 것이다.

남의 험담을 하고 싶으면 그만큼의 배짱도 필요한 법

물론 타인에 대한 소문은 달콤하다. 소문이 귓가에 아른거리니 누구나 유혹에 사로잡힐 수밖에 없다. 특히나 그 소문이 당신이 너무도 싫어하는 누군가와 관련된 것이라면 더욱더 그러하다.

하지만 대화 도중 타인과 관련한 루머가 주제로 오를 것 같은 순간이 오면 핑계를 대고 그 자리에서 빠지는 습관을 들여야 한다. 그렇게 행동하다 보면 다른 사람들에게도 인정받는 순간이 온다. 그저 활기찬 말투로 해야 할 일이 너무 많다며 슬그머니 자리를 피하자.

소문을 떠벌리는 사람들과 어울리지 않아야 하는 또 다른 중요한 이유가 있다. 그들과 어울리다 보면 누가 다음 소문의 희생양이 될 것 같은가? 험담을 퍼트리는 사람과 친해지면 친해질수록, 다음 주인공은 당신이 될 가능성이 커진다는 사실을 잊지 말자.

13

••••

남의 말을 끊는 동료를
상대하는 기술

그 누구라도 말을 하는 도중에 누군가 끼어드는 것을 좋아할 리 없다. 나도 그렇다. 심지어 내가 하는 말이 아주 쓸모없는 이야기라도 말이다.

이 이야기를 꺼내고 보니 예전에 매우 상습적으로 내 말을 끊어먹던 동료가 떠오른다. 물론 그 사람이 나를 고문할 요량으로 내 말을 가로챈 것은 아니였다.

어쨌거나 몇 번이고 그 사람 때문에 맥이 끊기고 나니, 나는 같은 상황에서 다른 사람들은 어떻게 대처하는지 관찰하게 되었다. 어떤 사람들은 상대방을 빤히 노려보며 "잠깐만요, 제가 지금 이야기를 하고 있잖아요"라고 딱딱하게 반응했다. 또 어떤 사람들은 살의가 가득한 눈빛으로 상대방을 쳐다보면서 손가락으로 본인의 입술을 가리켰다. '이거 보세요, 입술이 아직 움직이고 있죠?'라고. 그 외에도 다양한 경고문구가 있다.

"방해하시는 도중에 제가 주제넘게 말을 해서 죄송해요."

("말씀하시는 도중에 제가 방해해서 죄송해요"를 반대로 비꼰 것. -역
주)

"제가 혹시 이야기가 끝났다는 인상을 드렸나요?"

"잠깐만요. 본인 차례가 될 때까지 기다리셔야죠. 다른 분들은 그
러시거든요."

"괜찮으시면 제가 먼저 이야기를 끝내도 될까요?"

이런 식의 대꾸는 방해꾼을 짓눌러버리려는 의도였지만, 되레 어
색한 침묵을 불러오는 효과를 가져왔다. 그렇다면 동료가 회의나 일
대일 대화 도중에 나의 말을 끊어버리면 어떻게 대처해야 할까?

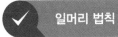

일머리 법칙

친절함을 무기로 방해꾼을 제거해버리자

본인을 천사처럼 만들고 반대로 방해꾼을 악당으로 만들려면, 상
대의 방해에도 괜찮다는 듯 행동하며 오히려 환영하는 태도를 보
이자. 상대가 당신의 말을 끊어버리면 그 찰나에 괜찮다는 표정을
지어보자. 그다음 본인의 필기도구나 노트북을 바라보자. 상대가

말을 끝내면, 그를 또렷이 바라보며 말하자. "오, 죄송해요. 제가 본의 아니게 잠깐 한눈을 팔았네요." (당연히 한눈을 팔 수밖에. 그 사람이 당신을 방해했으니까!) 그다음엔 다음과 같이 덧붙여보자. "굉장히 중요한 말씀이셨던 것 같은데, 저도 듣고 싶어요. 다시 한 번 말씀해주시겠어요?"

그럼 방해꾼은 다시 한번 본인이 했던 말을 거듭할 수밖에 없고, 그러면 그럴수록 당신의 말을 중간에 가로챘다는 사실만 더욱 극명하게 드러난다. 이 기술은 특히나 회의에서 그 진가를 드러낸다. 모든 사람 앞에서 본인이 했던 말을 두 번 반복해야 하므로.

자, 여기 덧붙여 보충할 것이 있다. 언제나 아무 일도 없던 것처럼 미소를 지을 것. 절대 악의를 드러내지 말고, 다음과 같이 이야기를 이어나가면 된다. "그럼 제가 아까 이야기했던 것처럼……." 그리고 본인이 하려던 말을 마무리 짓자. 상대는 창피함에 몸부림칠 것이다.

14

....

논쟁 없이 타인의 의견에
반대하고 싶을 때

분명 여러분도 회의나 의견수렴 과정을 거칠 때마다 이런 일이 빈번하게 벌어졌을 것이다. 당신이 의견을 내자마자 동료가 끼어들어 "저는 그 의견에 반대합니다"라고 하거나 "아니요, 그건 틀린 생각입니다"라고 하는 경우 말이다. 마치 아무 이유 없이 뺨을 맞은 기분이다. 당연히 이런 일을 당했다고 상사에게 달려가 이를 것도 아니지만, 회의 도중 얼마나 많은 직장인이 이와 같은 말들을 들어왔는지 모른다. 어떤 사람들은 일단 다짜고짜 "아니요"로 말문을 열어버리니, 이건 어릴 적 간식에 손을 뻗자마자 엄마가 달려와 손등을 짝 소리가 나게 맞는 장면이 연상될 정도이다.

그렇다면 상황을 역전시켜보자. 회의에 들어간 당신, 동료가 의견을 냈는데 이건 누가 봐도 말인지 막걸리인지 구분이 안 되는 상황이다. 당신은 어떻게 예의를 갖추면서 상대방의 의견에 반대 의사를 표현할 것인가? 과연 그렇게 할 수는 있을까? 그것이 만약 매우 중요한 사안과 직결된 논의라면 그래야 마땅하다. 하지만 그 과정에서 상대방의 선의를 무시하지 않으면서도 동석한 사람들에게 높은 평가를 받는 것 또한 중요하다.

반대 의사를 표할 때는 처음 몇 마디에 동조의 뜻을 담고, 논쟁의 여지를 불러올 의견을 제시하기 전에 잠깐 호흡을 고르며 시간을 갖자. 여기 몇 가지 예시가 있다.

"굉장히 흥미로운 의견을 주셨네요." 한 박자 쉬고, 그다음에 본인의 의견을 제시해보자.

"굉장히 통찰력 있는 의견입니다." 한 박자 쉬고, 그리고 본인의 견해를 이어나가자.

"왜 그런 식으로 보셨는지 이해할 수 있습니다." 한 박자 쉬고, 후에 당신의 감상을 말해볼 것.

"맞아요"로 대화를 시작하면 더 좋다.

"그렇죠. 문제를 그런 방식으로 바라보는 것도 꽤 흥미롭습니다." 한 박자 쉬고, 그리고 반박을 이어보자.

"네, 맞습니다. 굉장히 심사숙고하신 것 같아요." 한 박자 쉬고, 그리고 상황에 대한 본인의 견해를 덧붙이자.

직장에서 의사소통 시 절대 잊지 말아야 할 것이 바로 잠깐 머금는 '호흡의 힘'이다.

유명한 코미디언들은 리허설을 할 때 타이밍을 연습한다. 관객들이 코미디언의 말을 듣고 바로 이어지는 가장 웃긴 펀치 라인을 듣기 전까지, 잠깐의 침묵으로 이를 소화할 시간을 주어 효과를 극대화시킨다. 이와 마찬가지로 호흡을 하는 동안, 동료들에게 잠깐의 시간을 주어야 한다. 당신이 건넨 칭찬에 반응할 수 있는 시간을 제공하고 난 후에, 당사자에겐 별로 달갑지 않은 반대 의견을 제시하여야 한다.

 일머리 법칙

반박 전엔 언제나 칭찬부터

동료의 말에 반박할 때는 우선 그의 의견이 '흥미로웠다'라거나, '통찰력이 풍부하다'라거나, '사려 깊다' 또는 그 외에도 다양한 형용사와 함께 상대의 의견을 인정하는 듯한 칭찬을 해주자. 찬사를 잠깐 곱씹을 수 있는 1~2초의 여유를 긴 호흡으로 제공한 후에 반박 의견을 낼 것. 어쩌면 상대방은 당신이 본인에 의견에 반대했다는 사실조차 눈치채지 못할 수도 있다.

15

····

상대가 어떻게 받아들일지
생각하고 말하자

어릴 적 학교에서 배운 고대 이집트 왕조에 대해 아직 기억하고 있는가? 미천하기 그지없는 전갈이나 서찰 배달꾼이 이집트의 왕 파라오에게 좋은 소식을 전달하면, 푸짐한 식사와 마치 왕자라도 된 양 극진한 보살핌을 받는다. 반대로 배달꾼이 전달한 소식이 비보일 경우, 자신이 전달한 소식보다도 못한 취급을 받고 만다. 참수를 당하고 마는 것이다!

자, 다음에 이어지는 기술이 어쩌면 당신에게는 너무도 뻔한 말일 수도 있다. 만약 그렇다면 미리 축하하는 바이다. 그러나 내가 지금껏 지켜본 수많은 직장인들은 이 법칙을 제대로 지키지 않아 너무도 큰 손해를 입었다. 그래서 여러분과 함께 이야기를 나눠보고 싶다.

타인에게 말을 걸었을 때 어떤 반응을 보일지는 사실 아무도 모른다. 그러므로 말을 걸기 전에는 언제나 그 사람이 이야기를 듣고 어떤 기분을 느낄까, 미리 생각해봐야 한다.

예를 들어보자. 어디까지나 가정이다. 어느 날, 한 회사 대표가 당신의 상사에게 가서 할 법한 이야기를 나와 상의하고 싶다며 찾아왔다. 뿌듯한 당신은 환하게 웃으며 상사에게 가서 보고한다. 그런데 당신의 상사가 갑자기 잔뜩 얼굴을 찌푸리며 "당장 내 방에서 나가!" 하고 소리친다. 잠깐만, 분명 당신에게 자랑스럽고 영광스러운 일 아닌가, 당신의 상사도 훌륭한 부하직원을 두었으니 기뻐해야 마땅한 일 아닌가. 무척이나 당황스럽다. 당신은 아무것도 잘못한 것이 없다. 무엇이 잘못했을까?

문제는 소식을 전달하는 방법에 있다. 혹시 '높은 자리에 올라갈수록 외로움도 함께 따라오는 법이다'라는 말을 들어본 적 있는가. 높은 자리에 올라간 사람들이 가족이나 친구와 함께 보낼 시간이 적어져서 외롭고 쓸쓸한 것이 아니다. 회사 내 함께 일하는 사람들이 주는 좌절감 때문에 외로운 것이다. 사내에 무슨 일이 벌어지고 있는지 좀처럼 이해를 못하는 사람들 때문에 외롭고 힘든 것이며, 높은 자리에 오르면 오를수록 속마음을 털어놓을 사람이 없어서 더 그렇다. 본인의 상사나 동료들에게 아무 생각도 없이, 상대가 그 소식을 어떻게 받아들일지 고민도 하지 않고 이야기를 마구잡이로 털어놓으면, 상대방은 공감 능력이라곤 찾아볼 수 없는 당신의 태도에 질려버린다. 그렇다면 어떤 방식으로 회사의 대표가 상사가 아닌 당신을 찾아왔다는 소식을 전달해야 할까?

나는 분명히 말할 수 있다. 지난달, 나에게 소식을 전해주었던 어떤 세 사람처럼 말해선 안 된다고 말이다. 그날, 나는 밤 비행기를 타고 이른 아침 일찍 시애틀에 도착했다. 예약해 둔 호텔로 곧장 달려간 나에게 안내원은 "아, 손님. 예약하신 객실은 아직 준비 중입니다"라며 아침 참새처럼 재잘거렸다(세상에 저렇게 환하게 웃을 일인가! 미안하다거나 안타깝다는 표정을 지을 순 없었을까?)

피곤한 데다가 허기도 져서 노곤한 몸을 질질 끌며 현금을 뽑을 겸 근처 편의점으로 갔다. 현금을 뽑기 위해 5분이 넘도록 낑낑거리며 애쓰는 나를 보더니, 편의점 주인은 신이 난 걸음으로 다가와 명랑하게 말했다.

"아유, 기계가 오래 되서 그래요. 이게 이번 주 내내 이러네요."

'그럼 진작 말씀을 해주셨어야죠.' 나는 소리를 지르고 싶었다(내가 애쓰고 있었다는 사실을 알고 있었으면서 함께 공감해 줄 수는 없었을까?)

그날 저녁, 시애틀에서 내가 제일 좋아하는 레스토랑으로 저녁을 먹으러 갔다. 그곳의 가장 맛있는 시그니처 디저트를 정말이지 게걸스럽게 먹고 싶었다. 레스토랑 서버에게 내가 그 디저트를 얼마나 좋아하는지 일일이 설명까지 해주었는데, 상대방은 심드렁하니 어깨를 들썩거리더니 낄낄거리며 말하는 것이 아닌가.

"손님, 죄송합니다. 방금 다른 테이블에 드린 것이 마지막 남은 디저트였어요."(그 순간 그에게 거머쥐고 있던 포크를 날리는 상상을 했다. 실망한 손님을 향해 최소한의 공감도 못해준단 말인가).

나는 왜 이 상황에서 이토록 분노하였을까? 정말로 심각한 상황이어서? 당연히 아니다. 호텔은 객실 준비에 따라 일찍 체크인이 불가능한 경우도 종종 있다. 현금지급기도 당연히 고장 날 수 있으며, 인기 많은 디저트 메뉴의 경우 빨리 동날 수밖에 없다. 그날 나를 정말 화나게 만든 것은 세 사람의 말하는 방식이었다. 내가 실망했다는 것을 알아차릴 수밖에 없지 않은가. 그리고 알고 있었다면 최소한 내가 느끼는 감정에 공감해주는 척이라도 해야 되지 않은가?

그렇다면 이제 다시 예전으로 돌아가 당신의 상사를 떠올려보자. 회사의 대표가 자신이 아니라 당신을 곧장 찾아간 일이, 상사는 모욕당하고 있다고 느낄 수 있다. 당신이 그토록 뿌듯해하고, 행복해하는 것 자체가 (물론 당신은 마땅히 누려도 괜찮은 것이지만) 상사에게는 그다지 기쁜 일이 아닐 수도 있다는 뜻이다. 그러므로 직장 내 누군가에게 그 어떠한 소식을 전하더라도, 상대방이 어떻게 받아들이고 생각할지를 먼저 생각해보자.

 일머리 법칙

상황에 맞게 소식을 전달하자

있는 그대로 사실만 이야기하는 것은 중요하다. 하지만 이야기를 하기 전에 언제나 '감정을 담아야 함'을 잊지 말자. 말을 하기 전에 생각해보자. '내가 당사자라면 이 소식을 어떻게 받아들일까? 감정적으로 받아들일까? 만약 그렇다면 심경의 변화로 숨겨둔 의도가 있다고 생각하는 건 아닐까?'라고 말이다. 직장에서 벌어지는 모든 상황은 개개인에게 다른 영향을 끼친다. 그러므로 당신의 말이 그들의 귀에 어떻게 들릴지 미리 예상해보고, 상황에 맞게 소식을 전달하자.

16
....

상사를 뒤에서
욕하지 마라

이제 직장에서 할 수 있는 가장 손꼽히는 유희에 관해 이야기할 시간이다. 이 행동, 당연히 즐겁고 긴장도 풀리며 이야기를 나누는 사람끼리 끈끈한 동지애도 생긴다. 하지만 대부분의 사람들이 이 행동이 결국 자신의 능력치를 일찌감치 결정지어 버린다는 사실을 알지 못하는 것 같다. 이토록 위험하고 폭력적이며 '당신의 능력과 커리어를 제대로 망쳐버리는' 행동은 과연 무엇일까?

답은 굉장히 간단하다. 바로 당신의 상사를 험담하는 것이다. '하지만 누구나 다 그러잖아요'라고 말하고 싶은가? 맞다, 하지만 그 '누구나'들은 바로 그런 이유로 성공하지 못한다. 당신이 상사에 대한 불평을 늘어놓으면 동료들이 그 말에 공감하고 동의할지 몰라도, 그 순간 당신에 대한 평가는 순식간에 하락한다.

강연을 열 때마다 '상사를 대하는 법'에 대한 주제를 시작하면 대다수의 수강자가 주먹을 불끈 쥐거나 목을 주무르거나, 단단히 팔짱을 낀다. 그 수많은 사람들이 상사 때문에 골머리를 앓고 있다는 것은 심리학자가 아니더라도 확실히 알 수 있다. 발표를 위해 손을 드는 이들의 손바닥은 식은땀으로 축축하고, 모두들 자신의 상사가 얼마나 지긋지긋하고 혐오스러운 인간인지 이야기하고 싶어 죽을 지경이다.

특히 대중 강연을 펼칠 때 유독 그렇다. 사람들은 보통 이런 식으로 불쾌함을 드러낸다. "어제 제가 메일을 세 통이나 보냈거든요? 답장이 없어요! 절대 답장을 안 해요." 또 다른 사람이 그 말을 듣고 이렇게 탄식한다. "저희 팀장님은 그걸 읽지도 않아요." 그럼 다른 사람이 이렇게 첨언한다. "그 정도면 행복한 거죠. 저희 차장님은 매일 1분마다 와서 제 어깨너머를 들여다봐요. 제발 오지랖에 대해 토론하면 안 될까요!" 그리고 이런 푸념은 단골손님처럼 등장한다. "프로젝트 하나를 놓고 승인 결정을 내리는데 하루 종일 걸려요", "저희 과장님은 도무지 줏대가 없어요. 저희 팀 잘못이 아닌 걸 알면서도 나서서 변명도 못한다니까요." 또는 "저는 월급이 잘못 책정되었다는 증거도 있어요. 근데 사장님은 듣지도 않아요, 그냥 귀를 닫아버려요. 완전 나쁜 놈이에요."

그래서 가끔은 의사소통 관련 세미나가 세상 가장 최악의 상사를 뽑는 경연대회로 탈바꿈되기도 한다. 하지만 이 대회에 승자는 없다. 오직 패배자들뿐이다. 그중엔 자기 상사를 뒤에서 씹다가 걸린 경우도 있었다.

회계팀에서 경리 일을 한다는 한 수강자가 자신의 일화를 이야기해주었다. "두 달 전쯤에 제 친구 미셸Michelle과 주말에 영화를 보러 갔어요. 표를 사려고 줄을 서 있으려니까 좀 지루해서 수다를 떨기 시작했어요. 직장 이야기를 하면서요. 저도 친구한테 제 상사가 얼마나 짜증이 나는지에 대해 말했죠. 그 여자 완전히 미쳤다고요. 쉬지 않고 잔소리를 해대고 사람을 조목조목 평가하거든요."

"그런데 갑자기 뒤에 서 있던 사람이 너무 큰 소리로 웃는 거예요. 그래서 제가 돌아봤더니 세상에, 저희 회사 사장님이 사모님과 함께 제 뒤에 서 계셨어요."

"사장님이 껄껄 웃으시면서 '그래서, 자네 생각엔 그 직원이 '미' 자로 시작하는 여자 같다 이거구만?' 이러시는 거예요. 저는 얼굴이 벌게져서 죄송하다고 사과드렸어요. 근데 사장님은 괜찮다면서 그냥 계속 웃으시더라고요. 그날 서로 사담을 좀 나누었죠."

"근데 월요일 아침에 출근하자마자, 상사가 저를 방으로 부르는 거예요. 완전히 열이 받아서는 내가 자기를 '미친년'이라고 했다면서 조목조목 따져대는 거죠. 그 이야기를 사장님한테 듣고 자기가 얼마나 창피하고 모욕적이었는지 모른다면서, 저를 완전 이중인격자에 아마추어 취급을 하더라고요. 그날 이후로 저를 대하는 태도는 훨씬 더 안 좋아졌고요. 열심히 만회해보려고 해도 그 사람이 저를 결코 용서하지 않으리라는 걸 깨달았어요. 그래서 이직을 준비했고요."

이 일화를 시작으로 다른 수강자들마저 뒤에서 상사에 대한 푸념

을 늘어놓았다가 맞이한 슬픈 결과를 하나둘 털어놓았다. 그중 소수
는 원하지 않았던 부서로 이동하게 되었고, 또 어떤 사람들은 '트러
블 메이커'라는 낙인이 찍혔으며, 상사의 신뢰를 다시 얻지 못했다
고 했다. 많은 사람들은 승진의 기회 자체를 박탈당했다고 확신했으
며, 그것보다 더 많은 것을 잃은 이들도 있었다. 그렇다면 해결책은
무엇인가? 그 어느 때보다도 간단하고 훌륭한 방안이 있다.

 일머리 법칙

상사를 뒤에서 욕하지 말 것, 절대!

당연히, 당신에게 숨 쉬지 말라는 것과 비슷한 소리라는 것을 알고
있다. 하지만 상사의 뒤에서 상사에 대한 불평불만을 늘어놓는 것
은 절대 하면 안 되는 일이다. 대신 집으로 돌아가서 베개를 주먹
으로 내리치거나, 느리고 깊은 심호흡과 함께 긴 산책을 떠나보자.
절대 동료 또는 직장 내 아무에게도 상사에 대한 불평을 늘어놓지
말자. 사실 아주 친한 친구들에게도 상사의 이야기는 하지 않는 것
이 좋다. 불평을 꺼내는 것만으로도 당신이 사회생활을 제대로 하
지 못하는 사람처럼 보일 수 있기 때문이다.

상사나 직장에 대한 불평불만을 인터넷에 올려서는 절대 안 된다

는 이야기를 굳이 할 필요가 있을까? 인터넷에 올라와 있는 관련된 일화들을 몇 가지 찾아 읽어보자. 그 사람들 중 대부분이 지금은 실직 상태이니 말이다.

사내문화가 발전함에 따라 상사와 관련된 문제들도 조금씩 나아지고 있다. 수많은 회사와 가족경영체계 기업에서는 여전히 확실한 '의사결정권자'가 존재하긴 하지만, 요즘은 협력적 분위기로 점차 바뀌고 있다. 모든 사람이 연결되어 있는 인터넷과 빅데이터의 효용성을 충분히 이해하는 세대가 사내에서 영향력을 끼치는 자리까지 올라섰다는 점이 사내문화의 변화요인 중 하나일 것이다. 하지만 기업문화가 이토록 눈이 부시게 성장하는 동안, 어떤 사람들은 오히려 겁을 먹기도 한다. 그러므로 책을 마무리하기 전에 당신이 직장에서 앞으로 맞이할 모습들을 아주 짧게나마 다루어보자.

모든 일 뒤에는
사람이 있다

나는 어릴 적 폭설 때문에 모든 것이 마비되고 나면 달리 할 일이 없어 아버지의 사무실로 놀러 가곤 했었다. 기억나는가? 그곳에 가면 비서들이 상사를 위해 '각종 편지'를 대신 수신해주었다. 그때만 해도 상사는 주로 남성들이었고, 팩스는 경이로운 마음에 쉽사리 손을 갖다 대기도 까다로운 최신 문물 중 하나였다. 만약 여러분이 그때 그 시절로 시간 여행을 떠난다고 해도 당시 그 공간을 보며 '사무실'이라고 여길 것이다. 하지만 방향을 아주 조금만 틀어보면 그곳은 지금 우리가 '사무실'이라고 부르는 것과는 매우 다르다는 것을 금방 깨달을 수 있다.

이번에는 '미래의 사무실'을 방문했다고 가정해보자. 종종 자택 근무를 하지만 오늘은 출근했다 치고, 사무실에 들어서면 카메라가 당신의 얼굴을 인식하고 나서야 문이 열린다. 그때 인공지능AI 접수원이 당신의 이름을 부르며 좋은 아침이라고 인사를 건넨다. 그 순간 동료들의 전자기기에 당신이 출근했다는 메시지가 떠오른다. 당신의 책상이 자리 잡은 곳은 널찍하며 당신의 상사를 포함한 모두가 함께 쓰는 공간이다. 공간을 공유하는 모든 이들이 자신만의 노트북이나 다른 전자기기를 이용하여 바삐 업무를 보는 중이다. 지금보다 훨씬 쾌적하고 협동적인 분위기를 자아낸다. 그곳엔 어쩌면 커피머신이 놓여 있는 테이블과 간단한 간식거리가 있을지도 모른다.

이번에는 더 먼 미래로 가보자. 증강현실로 구현된 사무실에 적응하느라 애를 좀 먹을지도 모르지만, 콧등 위로 걸쳐 쓴 안경 너머로 컴퓨터 모니터 화면이 떠오른다. 화면엔 인공지능 비서가 전달해준 새로운 메시지가 떠 있다. 비서가 자체적으로 계산하여 당신의 능률이 최적으로 발휘되는 시간을 그날 아침으로 정한 것이다. 증강현실 속 사무실 벽면은 가족사진이나 백상아리가 수영하는 모습 따위를 액자에 넣어 당신이 원하는 대로 꾸밀 수 있다.

또한 받은 메시지는 언제든 빠르게 훑어내릴 수 있다. 인공지능 비서는 당신이 편지함을 열어보기 전에 각각의 메시지를 취합하여 가장 중요하고 핵심적인 내용만 추려내 전달하기 때문이다. 게다가 비서가 미리 정리해준 덕에, 회신이 필요한 정보들은 따로 화면상에 표시되어 있다. 본인이 너무 '구식'이라 비서에게 감사인사라도 하고 싶지만 그럴 필요가 없다. 당신의 비서는 가상의 인물이기 때문이다. 게다가 비서의 성별도 당신이 원하는 대로 정할 수 있다.

이제 본인이 맡은 프로젝트의 개요를 상사에게 설명하기 위해 화상회의를 준비해야 할 시간이다. 당신의 비서는 이미 스케줄을 고려하여 두 사람 모두 가능한 시간으로 회의를 잡아 놓았다. 그동안 두 사람이 주고받은 이메일과 프로젝트 참고자료, 메신저 대화와 문자까지도 전부 준비되어 있다. 그뿐만이 아니다. 당신의 비서는 발표자료에 들어가는 그래프를 보기 좋게 손보고, 잘못된 서식을 바르게 고쳐놓았다. 두 사람이 거주하는 각 지역의 날씨를 확인해 놓았으며, 그에 따라 상사에게 건넬 법한 효과적인 인사말도 미리 추천해주었다.

점심을 먹고 나니 살며시 식곤증이 몰려온다. 그래도 문제없다. 사실 낮잠은 최상의 효율을 끌어올리는 용도로써 회사에서 적극 추천하는 중이다. 당신은 반짝이는 밤하늘의 별과 조용한 선율의 음악이 흐르는 수면 캡슐을 예약하고 20분 후 깨워달라고 설정해놓았다. 더 이상 과거로 돌아가고 싶지 않은 당신에게 인공지능 비서는 남은 오후를 가장 효과적으로 보낼 수 있는 방법을 알려준다.

여기까지만 생각해보면 그럴듯해 보이나, 모든 기술 발전에는 늘 문제점이 따르기 마련이다. 이 세계도 마찬가지이다. 많은 직장인들은 자신의 상사가 부하직원의 업무 강도를 측정할 목적으로 빅데이터를 수집하고 있다는 사실을 알고 스트레스를 받는다.

그뿐만이 아니다. 당신은 자율주행 자동차가 출근길에 낸 교통사고로 골머리를 썩고 있다. 지난날 키보드 때문에 발병하던 고질병 손목터널증후군은 가상현실의 후유증인 '시뮬레이터 멀미'로 대체되었다. 당신의 뇌와 신체 사이에 자꾸만 충돌이 일어나기 때문이다. 가상현실 속에서 움직이는 당신, 뇌와 신체의 연결고리가 서로 상충

한다. 예를 들어, 당신의 뇌는 '우리가 움직이고 있다'고 인식하는 반면 신체는 '움직이지 않는다'고 생각하기 때문이다. 신체와 뇌는 각각 혼란에 빠지고 결국 멀미를 유발하는 것이다. 하지만 이렇게 세세한 것들을 굳이 지금 고민할 필요가 없다. 머지않아 직접 겪게 될 것들이므로.

하지만 크게 걱정할 일도 아니다. 내일의 업무환경을 경험하고 나면 당신은 결국 기계적 발전이 불러온 효율성에 크게 고마워할 수밖에 없다. 덧붙여 열린 공간에서 동료와 함께 협동하는 분위기마저도 즐길 수 있을 것이다. 하지만 그 어떤 어려움이나 다양한 기회들이 당신의 앞날에 놓인다고 할지라도, 이 책은 여전히 당신의 고민에 직접적인 도움을 줄 것이다. 왜? 단 한 가지 절대 변하지 않는 것이 있기 때문이다. 당신이 지루하게 반복하던 허드렛일을 로봇이 대신 해결해준다는 것을 제외하면, 결국 당신이 함께 얼굴을 맞대고 함께 일해야 하는 대상은 사고하고 감정을 느끼는 사람이다. 그것만은 절대 변하지 않는다.

자, 여러분은 이 책을 통해 직장에서 또는 각자의 업계에서 성공할 수 있는 여러 기술을 얻었다. 자신감을 자연스럽게 드러내며(PART 1), 동시에 타인을 배려하고(PART 2), 본인이 말하고자 하는 바를 명확하게 제시했다(PART 3). 뿐만 아니라, 업무적으로 무슨 상황이 닥쳐도 믿을 만한 사람이라는 것과(PART 4), 온·오프라인에서 상사와 동료들을 다루는 능력까지 증명해냈다(PART 5). 그러므로 어떤 미래가 펼쳐지든 함께 일하는 놀라운 영장류 '인간'을 제대로 이해하는 한, 절대 그 무엇도 당신의 성공을 방해할 수 없다.

사람이란 동물을 이해하는 법

호스 위스퍼러(말의 마음을 읽는 조련사)라는 직업에 대해 들어본 적이 있는가? 이들은 말馬의 행동과 욕구를 파악하여 말을 훈련시키고 치유하는 굉장히 드물고 특수한 직업을 가진 사람들이다. 과거의 말 조련사와는 달리, 호스 위스퍼러는 끈기를 갖고 가르치며 말의 심리를 굉장히 깊이 있게 파악하고 꿰뚫어 본다. 본인이 소유한 상당한 지식을 바탕으로, 말의 협동심을 이끌어내고 진심으로 동물을 이해하고 존중하며 훈련을 거듭한다. 다시 말해 호스 위스퍼러는 '말이 어떤 감정을 갖고 있는지 파악하는, 말의 마음을 읽는 사람들'이다. 말의 귀가 뒤로 접혀 있는가, 콧구멍이 벌렁거리지는 않는가, 꼬리가 제대로 흔들리는가, 뒷다리가 제대로 올라가는가 등 호스 위스퍼러는 말이 표현하는 경고의 시그널을 잡아낸다! (말 위에 올라탄 기수들은 당연히 이런 신호들을 놓칠 수밖에 없다).

여러분과 함께 일하는 영장류는 사람이지만, 이들을 조련하는 기술만큼은 그 이치가 같다. 그들을 유심히 관찰해야 하고 개인마다 표출하는 신호의 각기 다른 의미를 익혀야 하며, 문제는 미연에 방지해야 한다.

지난 몇 년간 나는 호스 위스퍼러가 근무하는 경마장에서 승마를 배웠다. 언젠가 그곳에서 만난 호스 위스퍼러 테일러Taylor와 이야기를 나눌 기회가 생겼다. 그는 내가 무슨 일을 하는지 물었고, 나는 의

사소통과 커리어 관리, 본인의 생각을 보다 효과적으로 표현할 수 있는 방법에 관한 강연을 열고 수업을 한다고 대답했다. 그때 함께 나눈 농담 몇 마디가 기억난다.

나는 말은 거짓말을 할 수 없고 사람처럼 감정을 속이지도 않으니 그의 직업이 얼마나 편하겠냐고 했었다. 테일러가 곰곰이 생각에 잠긴 표정으로 말에 안장을 얹더니 말했다.

"하지만 사람은 어떤 목적을 갖고 있을 때만 표정을 감추거나 꾸며내잖아요. 만약에 상대가 정말 어떤 감정을 느끼고 있는지 알고 싶을 때면, 저는 그 사람이 저에게 이야기하지 않을 때의 모습을 지켜봐요."

그 순간 테일러의 말에 뼈가 있다는 생각이 들었다. 나는 계속해서 그에게 물어보았다.

"그게 무슨 뜻인가요?"

"글쎄요. 누구나 자신을 보지 않는다고 생각하고 안심할 때 비로소 진가를 드러내요. 사실 제 직업과도 굉장히 비슷해요. 저는 말들을 관찰하죠. 다른 점이 있다면 제가 지켜보고 있다고 해서 다르게 행동하는 건 아니라는 거죠."

설명을 마친 그는 나를 돌아보며 장난스럽게 윙크를 건넸다. "누군가를 제대로 파악하고 싶으시면 '사람의 마음을 읽는 조련사'가 되어보는 건 어떠세요?"

테일러의 비유로 나는 굉장히 단순하지만 놀라운 진실 하나를 깨달을 수 있었다. 사람의 입술이 거짓말을 할 때 얼굴과 몸짓은 진실을 이야기한다. 아무도 본인을 바라보고 있지 않다고 안심할 때 더욱 그렇다. 그 찰나의 순간을 두고 과학계는 끊임없는 관심과 연구를 거듭하였으며, 하루에도 수천 번씩 스쳐가는 찰나의 얼굴을 가리켜 '미세표정'이라고 명명했다. 더욱이 특수정밀기계로 뇌의 움직임을 연결하여, 신경과학자들은 이른바 '사람의 마음을 읽을 수 있는 기술'을 발견했다고 한다. 특히나 본인을 지켜보는 사람이 아무도 없다고 생각할 때, 마음을 읽을 수 있다는 것.

언젠가 나는 테일러에게 왜 그의 직업을 가리켜 '호스 위스퍼러'라고 부르는지 물어본 적이 있다. 장난삼아 "한 번도 말에게 무언가를 속삭이는 모습은 본 적이 없는데요"라고 그를 놀려댔다(위스퍼whisper의 사전적 의미는 '속삭이다'이다. 따라서 말에게 속삭이는 사람이라고 직역할 수 있음. -역주)

그러자 테일러는 단어의 유래를 설명해 주었다. 말과 대화하는 법에 무지한 사람들이 보기에 '야생마'에게 거리낌 없이 다가가 비밀스러운 암호를 속삭이면, 마치 마법처럼 말에게서 충성심과 협동심을 얻어내는 조련사들이 있었다는 것이다. 그래서 그런 사람들을 가리켜 이런 특별한 단어가 생겨났다는 것이다. 함께 일하는 사람들에게 무언가를 속삭여서 마치 마법처럼 그들의 충성심과 협동심을 얻어낼 수만 있다면 얼마나 좋을까? '사람 마음 조련사'가 되는 방법은 어렵지 않다.

우선 테일러가 말에게 사용하는 기술을 조금 더 살펴보고, 나중에

이 기술을 당신과 함께 일하는 동물에게도 접목시켜보자. 테일러가 설명을 해주었다. "세상에 절대 마법 같은 것은 없죠. 그냥 동물의 본능과 생각을 알아차리는 수밖에 없어요. 도대체 무슨 이유로 말이 그런 행동을 하는지 알아차려야 해요. 그러려면 무리 안의 말들이 서로 어떤 관계를 맺고 있는지 지켜보고, 사고가 나기 전에 미리 징후를 파악해 놓아야 해요. 연습을 거듭하다 보면 말에게 사람을 보호하는 법을 배우게 됩니다. 그렇게 말에게서 나를 존중하는 마음과 함께 달리고 싶은 협동심도 이끌어내는 거죠."

"첫 번째 규칙, 억지로 말에게 무언가를 시키려고 하면 안 됩니다. 프로그램을 함께 따라보자고 동의를 구해야 해요. 함께 훈련하다가도 말이 거부하는 순간이 오면, 무엇이 문제인지 먼저 파악하고 이유를 분석해서 고쳐나가야 합니다. 말들이 먼저 당신이 알아야 하는 것들을 말해줄 거예요. 그 대신 당신은 말을 유심히 바라봐야 하고요."

"말을 상대할 때는 항상 차분한 자세를 유지하며 말에게 확신을 심어줘야 합니다. 절대 소리를 지르거나 때려서는 안 됩니다. 기수가 성질을 부리면 말은 겁을 먹어요. 그리고 학대당한 모든 동물들이 그렇듯이 말도 조련사를 되받아치거나 도망가겠죠."

이번 장에 실릴 마지막 법칙은 내가 쓴 것이 아니다. 테일러의 말을 그대로 인용했다. 내가 한 것이라고는 그가 '말馬'을 '동료'로 고쳐 쓴 것 외엔 없다. 여러분도 원한다면 '동료'를 '상사'로 대체해도 무방하다. 당연히 '동료'라는 단어 안에는 '상사'도 포함되어 있으므로.

사람의 마음을 읽는 조련사가 되어보자

"세상에 절대 마법 같은 것은 없죠. 그냥 그들의 동물적 본능과 생각을 알아차리는 수밖에 없어요. 도대체 무슨 이유로 동료들이 그런 행동을 하는지 알아차려야 해요. 그러려면 무리 안의 그들이 서로 어떤 관계를 맺고 있는지 지켜보고, 사고가 나기 전에 미리 징후를 파악해 놓아야 해요. 연습을 거듭하다 보면 그들에게 당신을 드러내는 법을 배우게 됩니다. 그렇게 동료들에게서 나를 존중하는 마음과 함께 일하고 싶은 협동심도 이끌어내는 거죠."

"첫 번째 규칙, 억지로 동료에게 무언가를 시키려고 하면 안 됩니다. 프로그램을 함께 따라보자고 동의를 구해야 해요. 함께 일을 하다가 문제가 발생하면, 먼저 이유를 파악하고 분석해서 고쳐나가야 합니다. 동료들이 먼저 당신이 알아야 하는 것들을 말해줄 거예요. 그 대신에 당신은 그들을 유심히 바라봐야 하고요."

"동료들을 상대할 때는 항상 차분한 자세를 유지하며 상대에게 확신을 심어줘야 합니다. 절대 소리를 지르거나 때려서는 안 됩니다. 당신이 성질을 부리면 동료들은 겁을 먹어요. 그리고 학대당한 모든 동물들이 그렇듯이 직원들도 당신을 되받아치거나 도망가겠죠."

사람과의 관계에서 성공을 거머쥐는 비법은 별반 다르지 않다. 바로 함께 일하는 동료들의 동물적 본능 그리고 당신의 말과 행동에 반응하는 그들을 이해하려는 자세이다. 그러나 이 일머리 법칙을 그저 읽는 것만으로는 절대 훌륭한 의사소통 전문가가 될 수 없다.

연습하라. 이 기술이 당신의 제2의 천성이 될 때까지 끊임없이 숙련하자. 그렇게 하다 보면 언젠가 스스로 '대체 내가 이 상황을 어떻게 풀어나가야 하지?'와 같은 질문을 되뇌이지 않아도 될 때가 올 것이다. 문제를 바로 잡는 올바른 해답을 자연스럽게 실천하고 있을 테니 말이다. 그것이 바로 이 책을 집필한 이유이기도 하다. 그러므로,

습관이 될 때까지 반복하라.

습관이 성격을 만든다.

성격이 미래를 결정한다.

그리고 성공이 당신의 미래가 될 수 있도록 노력하라.

옮긴이 김나연

영미문화와 영문학을 공부하고 번역에 처음 뜻을 품었다. 서강대학교 영어영문과에서 20세기 현대미국소설을 전공하여 석사 학위를 취득하였다. 이후 전문 번역가로서 첫 발을 내딛었으며, 현재 출판번역 에이전시 베네트랜스에서 리뷰어 및 번역가로 활동 중이다.

능력을 두 배로 인정받는: 최강의 일머리

1판 1쇄 발행 2019년 7월 8일
1판 3쇄 발행 2019년 9월 16일

지은이 레일 라운즈
옮긴이 김나연
발행인 오영진 김진갑
발행처 토네이도

책임편집 박수진
기획편집 이다희 김율리 박은화 지소연 진송이 허재희
디자인팀 안윤민 김현주
마케팅 박시현 신하은 박준서
경영지원 이혜선

출판등록 2006년 1월 11일 제313-2006-15호
주소 서울시 마포구 월드컵북로5가길 12 서교빌딩 2층
전화 02-332-3310 팩스 02-332-7741
블로그 blog.naver.com/midnightbookstore
페이스북 www.facebook.com/tornadobook

ISBN 979-11-5851-137-1 03190

이 도서의 국립중앙도서관 출판예정도서목록(CIP)은 서지정보유통지원시스템 홈페이지
(http://seoji.nl.go.kr)와 국가자료공동목록시스템(http://www.nl.go.kr/kolisnet)에서
이용하실 수 있습니다. (CIP제어번호: CIP2019022787)